U0910974

文学场域变革中的交融共生

——扫叶山房说部及杂志刊行研究

文娟 著

上海大学出版社
Shanghai University Press

图书在版编目(CIP)数据

文学场域变革中的交融共生：扫叶山房说部及杂志刊行研究/文娟著.—上海：上海大学出版社，2015.11

ISBN 978-7-5671-1951-2

Ⅰ.①文…　Ⅱ.①文…　Ⅲ.①出版发行-研究-中国-近代②小说研究-中国-近代　Ⅳ.①G239.2②I207.42

中国版本图书馆 CIP 数据核字(2015)第 252013 号

责任编辑　农雪玲
封面设计　张天志
技术编辑　金　鑫　章　斐

文学场域变革中的交融共生
——扫叶山房说部及杂志刊行研究
文　娟　著
上海大学出版社出版发行
(上海市上大路 99 号　邮政编码 200444)
(http://www.press.shu.edu.cn　发行热线 021—66135112)
出版人：郭纯生
*
南京展望文化发展有限公司排版
江苏句容市排印厂印刷　　各地新华书店经销
开本 890×1240　1/32　印张 9.5　字数 229 千
2015 年 11 月第 1 版　2015 年 11 月第 1 次印刷
ISBN 978-7-5671-1951-2/G·1960　定价：48.00 元

本书为2013年国家社科基金青年项目
“近代商务印书馆与中国小说发展演变研究”
（项目号：13CZW059）阶段性成果

序言
PREFACE

岁月迅行，回顾文娟自博士毕业留校，选派对外汉语学院任教至今已经多年了。长期以来我留有个很突出的印象，她始终坚持在教学第一线，可谓紧紧地抓住了第一要务，同时又能抓紧时间从事科研。在我看来，大学老师教书又兼编书甚为妥适，很应予以肯定、表扬。近时她又有新书即行出版，值得高兴、欣慰，期望文娟继续奋力前行，为教育事业多作奉献。

二〇一五年六月 八二老人郭豫适题

于丽娃河畔半砖园寓所

岁月迅行，向颀文娟自博士毕业留校，选派对外汉语学院任教至今已经多年了。长期以来，我留有个很突出的印象，她始终坚持在教学第一线，可谓紧紧地抓住了第一要务，同时又能抓紧时间从事科研。在我看来，大学老师教书又兼编书甚为必要，很应予以肯定、表扬。近时她又有新书即行出版，值得高兴、欣慰，期望文娟继续奋力前行，为教育事业多作奉献。

二〇一五年六月八十二老人郭豫適题于丽娃河畔华师园寓所

目　录
CONTENTS

绪 论

近现代上海是全国的印刷中心和出版重镇，形形色色的出版机构云集于此[①]，其中不乏新闻报馆、申报馆、商务印书馆、中华书局、文明书局等新式出版机构，也有东壁山房、醉六堂、蜚英馆、十万卷楼、仓海山房等传统书坊。它们或者在所发行的报纸中登载小说文字，或者在所创办的杂志上刊发小说作品，或者直接出版各种类型的说部书籍，共同构成了近现代小说繁盛的局面。

目前学术界对于近现代小说的研究，正在逐渐突破作家——作品的研究模式，转而从小说的出版刊行以及销售传播入手，通过深入研究近现代小说“创作——传播——创作”的发展环节，探讨传播方式、传播媒介的变革与近代小说发展之关系。作为近现代小说发展的重要参与者，上海众多出版机构自然成为研究者关注的对象。由于新式出版机构发行出版连载小说的报纸杂志，以及出版新著新译小说方面，都远远走在传统书坊前面，同时它们也更善于宣传自身的小说书籍与杂志，研究资料收集也相对容易，因此成为首选研究对象，如申报馆、商务印书馆、亚东图书馆都先后有研究者涉足；不过，像潘建国《晚清上海书坊东壁山房与〈今古奇

① 根据《清朝书业公所同业挂号原函汇存簿》（上海市档案馆藏，档案号S313－1－76）以及《书业同行一览表（丁巳秋季调查）》（上海市档案馆藏，档案号S313－1－26）统计，1906年和1917年上海地区出版机构分别为119家与274家。

闻〉小说》那样,研究传统书坊小说刊行情况的著述却并不多见。实际上,传统书坊也曾经刊行过不少小说书籍,编辑过登载小说作品的文学刊物,它们这方面的出版活动同样是近现代小说发展的重要组成部分。如果说由于 1872 年至 1902 年这 30 年间,众多出版机构在申报馆刊行《儒林外史》获得成功[①]的影响下,在巨大经济利益的驱动下,积极翻印各种旧小说,才使小说这种文学形式得到了广泛的传播,并且刺激了小说创作,进而为 1902 年小说界革命的出现,继而很快被知识分子和民众所接受,奠定了社会心理基础,那么传统书坊作为翻印旧小说活动的积极践行者之一,不仅在当时积极响应,还将旧小说的刊行活动一直持续至民国年间,因此,它们应该成为研究领域中不可忽视的一环。

作为近现代上海地区传统书坊的典型代表,创办于乾隆年间[②]的扫叶山房,在同治元年(1862)遭受太平天国运动的重创[③]之后,从苏州搬迁至上海,重新开业,随后凭借铅石印技术逐渐普及的契机与自身出版刊刻资源上的优势,重整旗鼓,融入上海出版业之中,书籍刊刻事业逐渐恢复且蒸蒸日上,在光绪年间一度成为传统书坊的领头人,于光绪二十年(1886)倡导成立了上海第一个书业同业组织——崇德公所,并成为实际组织者,在当时的出版行业有着举足轻重的地位。后来,这个崇德公所还发展成为几乎涵盖整个上海地区出版行业的上海书业公所,而扫叶山房也是其中的

---

① 关于上述情况的详细论述,参见拙作《结缘与流变:申报馆与中国近代小说》第四章《早期申报馆的小说出版》,广西师范大学出版社,2009 年。

② 此前一般认为扫叶山房创办于明朝。最近学界根据新的资料,提出了该书坊创办于清朝乾隆年间的观点,本书采用此观点,并且在第一章中,根据《申报》以及《文艺杂志》中的资料,对此观点进行了进一步的阐释与论述。

③ 据席元章外甥张锡恭在《茹荼轩续集》卷五"席晦甫先生述略"中所言,咸丰十年(1860)时任扫叶山房主人的席元章为太平军所质,放归之后又于同治元年(1862)被俘虏,再无音讯;而扫叶山房此前所刻的书板,也在战乱中遭到了损毁,损失惨重。

理事之一[①]。

扫叶山房在古籍刊刻上所取得的成就众所周知，学界对此进行了一些研究，如杨丽莹《扫叶山房史研究》就从保存古籍的角度，考察了该书坊所刊印主要古籍的内容与版本特点；沈冬丽《17世纪末—19世纪初苏州书坊刻书》中借鉴了前者的一些研究成果，探讨扫叶山房苏州时期的古籍刊刻活动。不过，对于扫叶山房的说部与杂志的刊行研究，至今却尚未有人关注。

笔者在参考上海图书馆馆藏目录、国家图书馆馆藏目录、上海档案馆藏《光绪三十年上海书业公所书底挂号簿》、《申报》和《文艺杂志》所刊扫叶山房广告、王清原等《小说书坊录》以及杨丽莹《扫叶山房史研究》的基础上，对扫叶山房的说部作品以及杂志刊行和代售情况进行了整理，发现这家以刊刻经史子集为主的传统出版机构，在上述方面也颇有建树。据现有资料统计，该书坊共计刊行过长篇通俗小说33种，笔记小说96种；出版过《文艺杂志》和《织云杂志》2种登载若干小说作品的文学刊物。同时，它还为各个书局代为销售过91种说部书籍以及《新剧杂志》、《小说丛报》、《秋罗》等登载小说作品的3种刊物[②]，甚至为杜文馨代为发行过他组稿并编辑的《小说杂志》。可以说，从小说史发展的意义上而言，扫叶山房的说部与杂志刊行同样也具备研究的价值。扫叶山房所刊行和代售的这些说部作品与杂志，是中国小说发展过程中的重要组成部分，值得挖掘整理以还原当时小说发展的一种原始面貌；而这其中所反映出来的扫叶山房在发展进程中的保守性与开拓性并

① 《民国三年书业公所职员表》(上海市档案馆藏，档案号S313-1-23)显示，书业公所的总董是高翰卿，理事12人，其中有扫叶山房主人席少吾(职员表中记作“席君少梧”)。

② 民国二十三年(1934)扫叶山房还曾代为销售过《东方漫画》，该刊以登载漫画作品为主，几乎未刊载过小说作品。由于史料难免存在散佚的情况，且统计过程中涉及材料范围所限，实际数字应该超过本书的统计。

存的特点则更是值得关注,即该书坊如何在保守中进行开拓创新实现变革,在创新中又力图保留传统品格,融入小说勃兴的时代大潮之中,进而影响小说发展。

小说是近现代文学发展中非常重要的组成部分,而扫叶山房的发展与变革,与“文学场域”息息相关。“场域”是一种相对对立的社会空间,在布迪厄看来,“所谓文学场,是由不同资本的持有者角斗的社会空间,一个实力场有统治者和被统治者,有在此空间起作用的恒定、持久的不平等关系,同时也是一个为改变或保存这一实力场而进行斗争的战场”①。本书所言的“文学场域”,也是一种“社会空间”,但这一空间的构成要素,不是统治者和被统治者及其不平等关系,而是影响文学发展的各种具体因素,如出版传播、作者、理论、官方的文化政策、读者及其多元互动的关系,它们都是构成“文学空间”的基本要素,成为“文学场域”的内在构成。

不过,研究的开展却遇到了两个困难。其一是资料收集的不易。由于学界并未对扫叶山房的说部及杂志刊行情况予以过关注,因此研究伊始面临的首个严峻挑战就是必须收集第一手原始资料。由于近代四大报刊(《申报》、《新闻报》、《时报》、《神州日报》)中,《申报》的出版时间最早,持续时间较为长久,传播面较为广泛,读者群体也较为庞大,一般的书局都将其作为刊登书籍广告的首选②,因此,本书选择了以扫叶山房刊登在《申报》上的说部及杂志广告作为整理对象。查阅之后发现,1872 年至 1948 年《申报》上均有与扫叶山房相关的广告刊登,包括书目登载、书籍内容介绍、打折优惠活动、说部作品预约发售、

---

① 布迪厄.关于电视[M].许钧,译.沈阳:辽宁教育出版社,2000:46.

② 例如 1915 年 12 月 14 日《申报》所刊《〈金屋梦〉出版》广告中就称:“是书紧接《金瓶梅》一百回编起共六十回,回目已全登过申、时、新、华四报。”又如商务印书馆新出版的各种翻译小说以及“说部丛书”的广告,在《新闻报》、《时报》刊登的同时,必定也会在《申报》上刊登,往往还出现商务印书馆的小说广告只在《申报》上出现,而未在其他几种报纸中刊载的情况。

杂志出版预告、代售书籍、遗失声明、赈灾捐助、文具销售、书画家现场作画等内容，总量有将近 6 000 多则（重复出现的不计），如何从海量的信息中梳理出所需要的内容，无疑是一种巨大的考验。

其二，资料辨析的繁复。一方面，由于当时书籍发行情况较为混乱，或者不标注发行书局，或者几家书局共同发行一种书籍，或者同一种书不同时期会发生版权转移的情况等。例如 1918 年出版的《随园戏墨》，发行所有上海棋盘街扫叶山房、中华图书馆、江左书林、四马路国华书局与汉口黄陂街扫叶山房（见图 0－1）；而《亡国痛史》、《六十四奇案》与《天涯异人传》等作品，在 1919—1927 年的《申报》广告中大部分标注“上海交通路交通图书馆发行”（见图 0－2），但是 1928 年 10 月 4 日这几种作品的宣传广告中

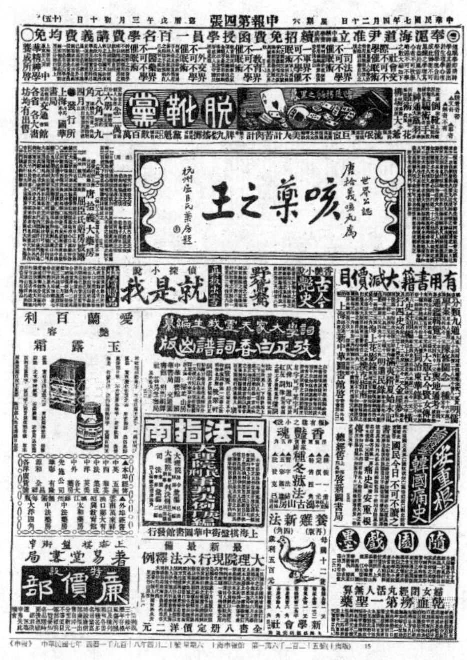
申報第四張
脫靴黨
咳藥之王
就是我
有用書籍大減價目
玉露霜
司法指南
韓國痛史
隨園戲墨
廉價部

图 0－1 《随园戏墨》广告

却明确出现“扫叶山房发行”的大号字体落款。另一方面，扫叶山房的书目广告中，夹杂了一些为其他书局所代售的书籍，例如1923年12月2日、1928年10月28日与1928年11月24日的书目广告中先后出现的《老残游记》、《二十四史演义》与《九义十八侠》，分别由百新公司出版、世界书局、校经山房出版，像这样的例子还有不少。以上情况就决定了必须对收集而来的资料进行逐一辨析，而这个不得不展开的工作又是相当繁复琐碎的。

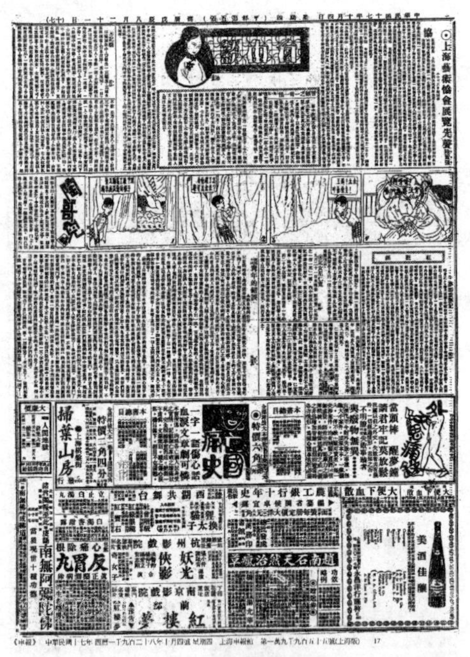

图0-2　外亡国痛史等书籍出版广告

经过长时间耐心细致的努力，在对存量巨大的报刊数据信息进行爬梳与整理后，形成了本书书末的4个附录，包括《扫叶山房说部作品知见录》、《〈申报〉所刊扫叶山房说部及杂志广告编年》、

《〈申报〉所刊扫叶山房代售小说及杂志广告编年》、《〈申报〉所刊雷瑨的谢赠文字》，这既是开展研究的坚实基础，也成为研究的有机组成部分。在此基础上，本书将扫叶山房置于近现代文学发展与变革的"场域"之中，对该书坊进行了如下五大板块的研究：

第一，长篇通俗小说刊行。从扫叶山房受到申报馆刊行《儒林外史》所带动的旧小说翻印潮流影响，开始关注公案侠义类小说入手，以其小说题材选择为线索，在与同时期其他书局的比较中，对扫叶山房的长篇通俗小说出版特征、刊行方式的变革进行研究，分析"文学场域"中的各种因素对于传统书坊小说出版的影响，探讨书坊在出版题材、刊行技术、宣传策略等方面应变的同时，如何坚守自身出版宗旨与原则。

第二，笔记小说刊行。按照不同时期扫叶山房笔记小说刊行的特点，将该书坊的笔记小说分为严肃性选择倾向明显、应潮流而动的改变，以及学者型笔记小说出版回归三个时期进行考察，探讨不同时期扫叶山房笔记小说出版的特点，分析该书坊如何在民国初年通过若干种世俗化笔记小说的出版，试图融入市民化的出版潮流，又如何以一系列学者型笔记小说的出版，回归至百余年前《容斋随笔》刊刻所开启的书坊出版传统之中，并且在与文明书局等其他出版机构的笔记小说比较中，凸显扫叶山房的特色。

第三，说部书籍宣传销售。一方面，探讨民国年间扫叶山房如何借鉴商务营销方式，围绕文言文与白话文之争等社会潮流，有针对性地创作长篇幅宣传广告；同时又采用发售购书预约券、季节性打折与购书抽奖等促销方式销售说部作品。另一方面，分析这些营销策略的变革如何成为定价较高的说部作品的销售助力，从而有效地扩大民国时期扫叶山房版《太平广记》、《五朝小说大观》等小说丛书以及《三国演义》、《东周列国志》等传统长篇通俗小说的销售，成为扫叶山房变革最典型的标志。

第四，杂志刊行。《文艺杂志》与《织云杂志》是扫叶山房融入近代出版潮流的一次转型与尝试。该部分的研究，在比较两种杂志相同办刊背景与不同办刊宗旨的基础上，一方面，分析前者通过何种举措吸引传统文人关注，同时又以文学期刊为载体宣传所出版的书籍，从而成为扫叶山房古籍出版在文学期刊发行上的投射；另一方面，分析后者怎样“以至理至情寓于诙谐文字，唤醒痴聋”，从而成为扫叶山房在新的历史条件下，书籍出版新方向的尝试在杂志创办上的一种投射。

第五，代为销售的说部作品和代为发行的杂志。在统计不同时期扫叶山房代售说部书籍的基础上，探讨该书坊如何使代售作品成为自身出版书籍之外的有效补充，如何通过代售活动的开展，逐渐从传统题材和颇具教化色彩的小说，转变为追随时代潮流的作品，即销售新剧改编小说、黑幕、武侠、宫闱秘史等类型的作品，在丰富书坊实体门店销售小说作品种类的同时，又以代售和代发行为契机，融入时代潮流。

五大研究部分以及附录之外，书中还出现了大量注释，有的是一些较少见诸著录的文学期刊出版广告，如《百新新话》、《快乐杂志》、《东方漫画》、《莺花杂志》等；有的是对于刊物(如《文艺杂志》)各期出版时间的考证；有的是对于扫叶山房书目广告中一些存疑作品的辨析；有的是对当时的社会文化环境进行说明；有的则是对某些概念进行一定的阐释，因此每一章的注释也是本书不可忽视的组成部分。

由于中国古代文人对于“小说”的定义相当宽泛①，因此必然

① 例如，庄子言“饰小说以干县令”，桓谭曰“残丛小语”，《汉书·艺文志》称“小说者，街谈巷议之说也”，胡应麟将小说分为志怪、传奇、杂录、丛谈、辨订、箴规六类，而《四库全书总目提要》则将小说总结为“叙述杂事”、“记录异闻”与“缀辑琐语”三类等。1895 年 5 月 25 日傅兰雅在《申报》上刊登《求著时新小说启》之后，山东济南府长山县的优廪膳生李凤祺就给傅兰雅写信表达自己对于征文启事中“小说”概念的疑惑，他写道：“其难小说体例不一。其上者如《琵琶记》、《绿牡丹》、东坡《艺林杂志》、(转下页)

导致笔记小说的外延也是如此。这样,一些笔记小说尤其是其中杂录性质的作品,按照今人关于“小说”的认识,其中的“小说”成分不多,有一些作品甚至考据与校订的内容和有“小说”成分的篇目同时存在,对此类作品,笔者在书中称之为“学者型笔记小说”,即作者本身为学者,作品在内容上以名人轶事、历史人物、典章制度以及学术考辨为主,较为注重写实,在创作形式上长于描述、议论与辨析;而将“小说”成分居多的笔记小说称为“通俗型笔记小说”,即以记载各种神仙狐鬼、奇闻异事、江湖骗术、青楼艳史、官场黑幕以及滑稽笑话为主,作品的虚构性、情节性与故事性较强,并且将其中民国时期一些专注揭露江湖骗术与官场黑幕,通篇皆滑稽笑话的作品,称之为世俗化笔记小说。另外,由于扫叶山房刊行的杂剧传奇作品非常少,仅有《西厢记》、《牡丹亭》、《还魂记》等数种,因此,本书未将其列入研究范围之中,在此一并说明。

从 2008 年关注扫叶山房并着手研究开始,到至今付梓,资料收集、整理、辨析,以及随着新发现的材料,调整研究思路,不断修改文稿的工作,持续了很长时间。这是一个不断出现挑战,继而迎接挑战,不断遇到困难,继而克服困难的过程,当中甘苦交织。非常期待这本用心写作的小书,能为传统书坊的研究提供一种新的视角与新路径。

虽然付出了很多努力,但是本书从小说发展史的角度,从传统书坊保守与变革的问题域,以文学场域变革中的交融共生作为主线,对于扫叶山房的探讨与研究,还有很多有待完善之处,也非常期待后续研究者更多的突破。

(接上页)渔洋《池北偶谈》、《西域闻见录》、《栾洋消夏录》、《如是我闻》、《姑妄言之》、《红楼梦》、《聊斋志异》以及各种衍义,皆可以小说名之。其下者则《义侠传》、《响马传》、《史公案》、《刘公案》、《包公案》以及《千里驹》,各种带唱词者,笔墨虽卑,摹抚却难。”可见,他将通俗小说、文言小说、戏曲、杂录以及“各种带唱词者”等作品都视为小说。

第一章
扫叶山房与小说出版的结缘

国初汲古阁毛氏所刊书籍，如《十三经》、《廿一史》等不下数百余种。后板张全归吴中席氏。席氏既得此书板，即开设书肆于江苏省垣，牌号曰扫叶山房。……校印精善，士林称之，因之行销遍天下，声名播四海。

——《上海著名之商场（五）》[①]

19世纪末20世纪初的上海，大大小小的出版机构林立，根据近代上海书业公所[②]汇总的《清朝书业公所同业挂号原函汇存簿》[③]记录，光绪三十二年（1906）上海地区登记在册[④]的书局及书

---

① 《图画日报》第5号，宣统元年环球社石印本，转引自杨丽莹. 扫叶山房史研究[M]. 上海：复旦大学出版社，2013：8.

② 上海书业公所成立于光绪三十一年（1905），会员以经营木刻及墨色石印业为主。公所对于协调各会员之间的利益，增强其行业竞争力，推动上海地区出版事业的发展，曾发挥过积极作用，而它的前身即是由扫叶山房执事朱槐庐等人倡导，依照苏州书业旧例，于光绪十二年（1886）在上海地区所成立的首个书业同业组织——崇德公所。

③ 《清朝书业公所同业挂号原函汇存簿》（上海市档案馆藏，档案号S313-1-76）。

④ 1906年3月20日至4月7日，《申报》头版连续14天刊发《书业公所紧要广告》："本公所接准商务总会来函，嘱将各同业牌号、经手人大名、台篆以及开设地址、门牌号数、有无德律风，详细查明，分别开单呈报总会，以便汇报商部察核，并由总会随时保护等因，为特登报广告。凡我同业各店，请照以上所开各节详细抄录，于每日午后两点钟后、四点钟前，送交英大马路泥城桥东首五十二号洋房本公所暂时办事处（转下页）

坊共计119家，到了民国六年(1917)更增加至274家[①]。以刊行古籍闻名的扫叶山房就是近代上海形形色色的出版机构中较为特别的一家。这家书坊的特别之处在于，它于乾隆年间在苏州创办，后搬迁至上海，历史比其他出版机构更为悠久，是一家典型的传统书坊；校经山房、文渊山房、江左书林等书坊都是经由它而产生[②]，与其有着千丝万缕的联系。本章在辨析这家传统书坊创办时间的基础上，阐述其选择刊刻的第一种说部作品《容斋五笔》与首任书坊主人席世臣人生阅历之间的关系，以及该作品对于此后扫叶山房说部书籍出版，尤其是民国年间笔记小说出版的标杆意义。

第一节　扫叶山房的创办历史[③]

扫叶山房是一家出版、印刷与销售兼而有之的传统书坊。最初席氏家族于苏州开设书坊，此后在清朝同治年间由于受到太平天国运动的影响而搬迁至上海，逐渐发展为近现代上海最著名的以古籍出版、印刷和销售为主的民间出版机构(见图1-1)。所谓"扫叶"，意思是"校书如扫落叶，随扫随落"，以此表示书坊主人印

(接上页)查收，以便汇报商务总会转详商部，俾得同受保护之利益。限三月十五日(4月8日)截止，届期不报，恕不再候。"这些当年各出版机构在书业公所进行登记并且汇总的材料，为上海市档案馆所保存。

① 根据《书业同行一览表(丁巳秋季调查)》，上海市档案馆藏，档案号S313-1-26。

② 其一，校经山房的创办人朱槐庐曾经是扫叶山房的执事；其二，文渊山房的创办人黄熙庭曾经是北扫叶山房的第一任经理；其三，据叶九如《书业公所创立经过事实略记》所言："江左书林与扫叶山房联号，后来拆股，归了谢桂生。"

③ 该节写作参考了《申报》所刊扫叶山房广告、《文艺杂志》所刊雷瑨《懒窝笔记》和《娱萱室随笔》，以及杨丽莹《扫叶山房史研究》。

书态度的认真严谨。作为一家历史悠久的传统书坊，扫叶山房以其“刊刻秘籍，以惠学林”的宗旨，出版了大量品质上乘的书籍，在出版界有着相当重要的地位。

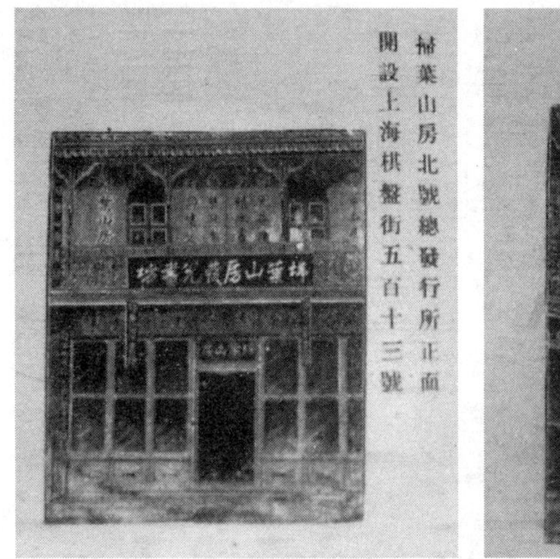

图 1－1　扫叶山房北号总发行所正、侧面图

关于扫叶山房的创办时间，不少著述都认为其创立于明代，如民国著名报人郑逸梅在《书报话旧》中一篇题为“具有四百年历史的扫叶山房”的文章中说：“在苏沪一带，书店最老的，要推扫叶山房了。扫叶山房是明朝万历年间苏州洞庭山席氏所开设，地点在苏州阊门内”①，此外叶九如、朱联保等民国中人也均持此种观点，而宋原放等主编的《上海出版志》中则云：“扫叶山房初见于明季刻书。时吴中（今苏州、常熟一带）席启寓雕板印行《十三经》、《十七史》行于世，又辑唐人诗百家付梓

① 郑逸梅. 书报旧话[M]. 上海：学林出版社，1983：79.

印行。”①

然而，1882 年 3 月 25 日《申报》上刊登的一则《扫叶山房告白》，对于自家书坊的历史却是这样介绍的：

> 窃本坊创建历百数十载，家藏经史子集各书籍板，乾嘉年间已驰名远近，发兑各省书店。庚申之乱，于上海重整规模。苏省肃清，旋复旧业。迄今又二十年矣。烬余板片，修补重刊，不遗余力。虽未遽复旧规，而精华略备。

从这一则广告中“历百数十载”的描述，以其刊登时的光绪八年(1882)为起点，即使按照 180 年来往前推算，扫叶山房的创设时间最早也只能上溯到清康熙四十年(1701)。而民国六年(1917)所修纂的《青浦县志》卷十六中称席威“家故有扫叶山房书肆，历百余年”②，也提供了一条旁证。另外，在光绪年间《申报》上的扫叶山房广告中多次能看到类似的文字，例如 1885 年 8 月 5 日《扫叶山房分设武昌考棚》广告中称“本坊创建历百数十载”，1905 年 3 月 11 日《搜买旧书》广告中称“本坊开设苏沪百有余年”。

情况的改变发生在民国年间。1914 年 7 月《文艺杂志》第一期所刊告白如下：

> 本坊创自明季，迄今三百余年。先设于苏垣，继分于沪城。迨沪北开作商埠，又于租界设立支店，今又分设于松江，通计苏申南北及松只四家，各省虽名城大埠，并无分出

---

① 宋原放，等. 上海出版志[M]. 上海：上海社会科学院出版社，2000：226.

② 转引自杨丽莹. 扫叶山房史研究[M]. 上海：复旦大学出版社，2013：9.

之店。[①]

《文艺杂志》是一本民国初年由扫叶山房创办发行，以文人读者为受众，专门向他们宣传该书坊及其所出版书籍的刊物[②]，扫叶山房"创自明季"的说法，随着刊物的传播而传播，自然在文人中间不胫而走。

此外，同一期《文艺杂志》所刊《懒窝笔记》中有一则题为"扫叶书肆以献书得名"的文字，其中称"闻扫叶创自明季，主人为洞庭东山席氏，当时因得常熟毛氏汲古阁书板，遂设书肆于苏垣"。这部专门叙述古籍刊印以及书肆沿革的《懒窝笔记》，作者是雷瑨，而他恰好就是扫叶山房的编辑，他为所效力的出版机构写下一些溢美之词，也在情理之中；另一方面，雷瑨还曾担任过《申报》主笔，在报人圈子中以及在出版界都交游甚广[③]，与其他出版人互相闲聊之间，或许已经将扫叶山房"创自明季"的观念传递给了对方。

1928年之后，类似以上这种"创自明季"的说法更是以广告的形式，堂而皇之地屡屡见诸报端，例如"本局自创办至今，已历三百余载，信用昭著，出版精良，久为各界所推许"[④]，"上海扫叶山房书局，创业至今已三百多年；有价值之国学书籍，大半俱系本局出版的"[⑤]，"始业至今已有三百多年老店出版的书，十有八九用国货连史纸印成的，挽回利权之好模范，提倡国货，采用国货。开店要开

---

① 扫叶山房特别广告[J]. 文艺杂志，1914，(1).

② 具体分析论述详见本书第五章。

③ 从1905—1907年《申报》众多的"谢赠"文字中可以看到，雷瑨与商务印书馆、乐群书局、广智书局、时报馆等都有往来。

④ 上海扫叶山房大廉价大赠品[N]. 申报，1928-03-15.

⑤ 劝君惜取少年时，劝君速购扫叶书，扫叶山房书局春季廉价削低折扣[N]. 申报，1929-03-02.

图 1-2　扫叶山房商标广告

三百年，年龄要活三百岁”(见图 1-2)①，“本局创设至今已三百余年，为上海最老之大书局。近五十年以来依潮流需求，由本版改为影印售价减低一半”②，“上海实业创始者，三百年来第一次，扫叶山房书局研究国学之最佳工具，廉价又赠彩之好机会”③。若干年之间扫叶山房广告使用不同的描述文字，持续不断刊登，循环反复，最后必然就出现了麦克卢汉所言的广告的“鼓噪”效应，从而在民国年间成功地帮助该书坊树立了具有“三百年”的悠久历史与“创自明季”的传统形象。

综上所述，不难发现，扫叶山房的历史从光绪八年(1882)时的“历百数十载”，经过三十余年，到民国三年(1914)变成“三百余年”，应该是出自书坊主人为了凸显老字号的品牌优势而有意为之的夸大，在针对文人读者发行的《文艺杂志》和扫叶山房编辑雷瑨的推波助澜下，加上 1928 年以后《申报》所刊扫叶山房广告潜移默化的信息传递，这种观念的影响日益扩大，逐渐深入人心。其实在《懒窝笔记》中宣称“闻扫叶创自明季”的雷瑨，同时也在《娱萱室随

① 扫叶山房商标[N]. 申报，1930-09-14.
② 文学权威丛书廉价[N]. 1932-12-02.
③ 购书不收书价[N]. 1934-08-16.

笔》中不经意写道："(扫叶山房)在清初得常熟毛氏汲古阁书板，遂从事枣梨，广刊古籍。"这样看来，所谓"本坊创自明季"的说法也就不能完全相信了。

因此，本书取杨丽莹《扫叶山房史研究》中的观点，即"扫叶山房的创立时间应不早于乾隆四十九年(1784)"①。当年席世臣首先设店于苏州阊门内，在光绪六年(1880)太平天国运动之后，迁至上海，先后于城内彩衣街以及租界棋盘街设店②，之后又在苏州、松江、汉口开设了分店，业务逐渐扩展至全国③。

表1-1将席氏家族中与扫叶山房相关的人物进行了简单的统计，并对一些事件进行了梳理与总结。

表1-1 扫叶山房相关席氏人物统计表

时 间	人 物	事 件
明万历中	席端攀	经商，为创办书坊积累资金
康熙年间	席启寓	创办琴川书屋，刻《唐诗百名家全集》等书籍，并将《唐诗百名家全集》进献康熙，获赠兰花
乾隆后期	席绍容	购《十七史》，成为扫叶山房创办契机
	席世臣	创办苏州扫叶山房，印经史秘籍，扫叶山房逐渐开始兴盛，席氏与钱泳、阮元等人交游密切

① 杨丽莹. 扫叶山房史研究. 上海：复旦大学出版社，2013：42.

② 后来扫叶山房以棋盘街的北号为总店，彩衣街的南号为分店。

③ 雷瑨《娱萱室随笔·扫叶山房》中称："(扫叶山房)初时设于苏垣，洪杨乱后，上海作商埠，轮舶往来交通便捷，南迄闽广，北达津沽，西由长江至楚蜀之交，凡湖海雅流，文坛俊侣，相率出于其途。席氏乃又设分肆于沪城之彩衣街，以便购者。……今则汉口、松江均有分肆。在发行旧籍之书肆中，固堪首屈一指焉。"载文艺杂志[J]. 1915，(11).

续　表

时　间	人　物	事　　件
道光中期	席元章	习禅。书坊受太平天国运动影响,一度衰落
同治元年(1862)	席威	上海重开扫叶山房,之后逐渐扩大,开设苏州、松江等分号,朱记荣主持
戊戌变法后	席裕琨	英年早逝,仅在任6年左右
光绪后期至民国初年	席少台、席悟奕	代席裕琨幼子席念曾接管。光绪三十年(1904),朱记荣离开,自创校经山房
民国年间	席念曾	出版大量石印书籍,雷瑨任编辑

第二节　席世臣的人生阅历与首刊说部书籍的选择

扫叶山房是一家以“刊刻秘籍,以惠学林”为宗旨的传统书坊,成立伊始,对于说部书籍的关注甚少。在席世臣主持期间,出版的唯一一种说部书籍就是宋人洪迈的笔记小说《容斋五笔》[①]。席世臣之所以选择笔记小说而且是洪迈这部《容斋五笔》而非其《夷坚志》作为扫叶山房出版的第一种说部书籍,与他本人所受的家族影响和人生经历有密切关系。

作为扫叶山房的创设人,席世臣出生在几代都从事商业经营的洞庭席家。其先祖席洙亦商亦文,他以其丰富的阅历,撰写了一

① 《容斋五笔》包括《随笔》、《续笔》、《三笔》、《四笔》、《五笔》,共5集74卷,因洪迈在《随笔》卷首曰:“余老去习懒,读书不多,意之所之,随即纪录,因其先后,无复全次,故目之曰随笔。”因此,后世也将《容斋五笔》74卷称为《容斋随笔》。

部名为“居家杂仪”的书。这部成书于万历元年(1573)的《居家杂仪》,既讲礼仪,又教族人如何面对社会,还谈到了读书,被席家后人视为“家训”。席洙在书中所反映的重读书、重经营的观念,在后来的席家弟子中得到了很好的体现。经商的大族洞庭席家在富裕之后,所思量的就是要营造书香氛围,席家人喜欢藏书、刻书、读书和著书,并将此作为一种传统一直延续下来。早在康熙十年(1671)左右,席世臣的先辈席启寓就开始用琴川书屋之名刊刻《唐诗百名家全集》和《三鱼堂文集》[①]。康熙三十八年(1679),康熙帝第三次南巡,途经太湖的时候,席启寓进呈所刻的 4 册《唐诗百名家全集》以供御览[②],受到康熙的褒奖,该事件给席家带来了莫大的荣耀,即雷瑨在《娱萱室随笔》中一则题为“扫叶山房”的文字中所言:“圣主南巡献新雕《全唐诗》,蒙赐兰花两盆,此见之吴氏《养吉斋丛录》所载。天章褒美,海内荣之。于是士大夫之喜购古籍者,辄恃扫叶为取求,贸易盖蒸蒸日上焉。”[③]

席氏家训的影响和家族所获得的荣耀,使席世臣所主持的扫叶山房,不可能刊刻那些在时人看来根本不入流的通俗小说。不过,笔记小说则是当时文人心目中较为雅致脱俗的说部书籍,与吻合市民大众审美趣味的通俗小说层次有所不同,更何况《容斋五笔》“其书自经史典故,诸子百家之言,以及诗词、文翰、医卜、星历之类,无不记载,而多所辩证”[④],十分符合讲究正统的知识分子的审美趣味;书中对经史诸子作了诸多辩证考据,也颇有精到之处,

---

① 清末民初扫叶山房负责人之一席悟奕的书房以“三鱼书屋”命名,可见席氏先祖所刊刻的两部书籍对于席家后人影响之深远。

② 此处转引自杨丽莹. 扫叶山房史研究[M]. 上海: 复旦大学出版社,2013: 26,该书称“康熙三十八年(1699),康熙帝第一次南巡”,本书据史实改为“康熙三十八年(1699),康熙帝第三次南巡”。

③ 文艺杂志[J]. 1915,(11).

④ 洪璟. 重刻容斋随笔纪事[M]. 转引自张祝平. 夷坚志论稿[M]. 北京: 中国文史出版社,2002: 2.

如《宣发》一则论证《易经》中的“寡发”应为“宣发”,《太白雪谗》一则提出作者自己对李白《雪馋诗》的独到见解,如此种种又与乾隆年间考据学盛行的时代风气非常吻合。

另一方面,席世臣本人的经历,对于扫叶山房首刊说部书籍的选择也造成了深刻的影响。

“席世臣,字邻哉,一字郑客,启宇(寓)曾孙,补商籍学生,乾隆癸卯省试荐,不售。以分校《四库全书》三分书。钦赐举人候补主事。世臣气宇伟然,吐属隽稚。”[①]乾隆四十九年(1784)他以国子监生的身份,入选《四库全书》文渊阁三分书总校。在京校书的3年中,他得以阅览大量内府藏书,这对其后来创设扫叶山房与刊刻书籍影响甚大。席世臣校书期间,其父席绍容购得汲古阁的《十七史》书板,他校三分书结束荣归故里之后[②],斥资创设扫叶山房,为补《十七史》而刻《宋辽金元别史》,有人写诗称他:“白米酿酒因好客,黄金散尽为收书。”[③]纵观扫叶山房乾隆、嘉庆年间的刻书,不少都是根据武英殿本重刻的,如《春秋释例》、《东观汉纪》、《西汉年纪》、《钱塘遗事》等,而《四朝别史》中有3种“录自秘中”,即以内府藏书为底本,席世臣入京校《四库全书》文渊阁三分书所受到的影响由此也可窥见一斑。而洪迈的《容斋五笔》正是一部被《四库全书》总纂官纪晓岚称为“南宋说部终当以此为首”的书籍,同时还被纪氏辑入了《四库全书》,甚至在光绪年间点石斋打算刊行一批殿板书籍所开列的书单中,这部《容斋五笔》也是赫然在列[④]。因此,席世臣选择该书作为扫叶山房的首刊说部也在情理之中。

---

① 周郁滨.珠里小志[M]//上海市地方志办公室.上海乡镇旧志丛书(七).上海:上海社会科学院出版社,2005:152.

② 据《纂修四库全书档案》第1767页所记录的永瑢等人的奏折可知,席世臣在乾隆五十一年(1786)校书结束之后被钦赐为举人。

③ 转引自杨丽莹.扫叶山房研究史[M].上海:复旦大学出版社,2013:48.

④ 发兑家藏真正殿板初印桃花纸各种精本书籍开列[N].申报,1889-07-01.

王鸣盛在《十七史商榷》中有言曰，“搜罗偏霸杂史，稗官野乘，山经地志，谱牒簿录，以暨诸子百家，小说笔记，诗文别集，释老异教，旁及于钟鼎尊彝之款识，山林冢墓，祠庙伽蓝，碑碣断阙之文，尽取以供佐证”[①]。可见，笔记小说属于正史之附翼，在席氏看来，其对于治学者来说是一种不可或缺的书籍，因此，刻印这部《容斋五笔》也符合他创办该书坊“刊刻秘籍，以惠学林”的宗旨。

除了以上的原因之外，席世臣的选择或许还与《容斋五笔》的作者洪迈本身有关。

从洪迈的生平来看，他是宋高宗绍兴进士，曾任地方知州，后来在朝中任起居郎、中书舍人兼侍读，被贬之后又应诏入史馆，参与《四朝国史》等书的修撰工作，终以端明殿学士致仕。他创作及编撰的书，除了《容斋五笔》之外，还有《野处类稿》、《夷坚志》、《万首唐人绝句》等。一方面，洪迈凭借为皇家修撰书籍而仕宦的经历，与席世臣有几分相似；另一方面，他又曾经编撰过《万首唐人绝句》，与那部给席家带来荣耀的《唐诗百名家全集》有些渊源。

如上文所述，洪迈所著说部书籍还有著名的《夷坚志》。不过，《容斋五笔》在问世伊始，就受到当时最高统治者的称誉[②]，成为历代皇家必藏珍籍，又为学界津津乐道，而《夷坚志》与之相比，显然格调不够高雅，因为这部志怪小说集不仅取材繁杂，凡梦幻杂艺、冤对报应、仙鬼神怪、医卜妖巫、忠臣孝子、释道淫祀、贪谋诈骗、诗词杂著、风俗习尚等，无不收录，而且大多神奇诡异，虚诞荒幻，宋末周密就曾批评此书“贪多务得，不免妄诞”[③]，所以该书自然被排除在乾隆年间扫叶山房的说部书籍出版计划之外。

---

① 王鸣盛. 十七史商榷 · 序[M]. 黄曙辉，点校. 上海：上海书店出版社，2005：2.

② 《一笔》成书于孝宗淳熙七年(1180)，刊刻于婺州，传入禁中后为孝宗“御览”，且得到称赞。

③ 周密. 癸辛杂识 · 序[M]. 北京：中华书局，1997：1.

第三节　《容斋五笔》的说部特色及出版的时代背景

《容斋五笔》是扫叶山房出版的第一种说部书籍。该书是宋代洪迈撰写的一部关于历史、文学、哲学、艺术等方面的笔记，其被后人称为“并时说部，最为可观”①。洪迈一生涉猎广博，据《宋史·洪迈传》称，其“幼读书日数千言”，“博极载籍，虽稗官虞初，释老傍行，靡不涉猎”②，而这部《容斋五笔》是洪迈“意之所之，随即记录”③的作品，前后历时40年完成。此书宋代即有刊行，最初的刻本由洪迈的重孙在宋宁宗时刻于赣郡斋；明代弘治年间，有御史李翰作序的刻印本，到了崇祯三年(1630)，马元调又重刻了该书；有清一代，乾隆、同治、光绪年间均有刊本。其中乾隆年间的刊本，即为扫叶山房在乾隆甲寅年(1794)重刊本，共计2函18册，是翻刻明崇祯年间马元调的刻本。在众多版本的《容斋五笔》中，乾隆年间扫叶山房的刊版，影响甚为广泛，不仅成为很多书局影印刊行的底本，甚至扫叶山房也在民国三年(1914)、民国六年(1917)与民国十年(1921)又将此书石印出版。

1895年10月14日《申报》刊载过一则《跋〈容斋随笔〉》对该书进行宣传，其中评论说：“是书为宋学士洪文敏公迈所著，上自经史，下迄诗词，杂以里巷琐谈，历朝掌故，以迄谶纬医卜，谈笑诙谐，信笔所书，加以品藻益之。”可见《容斋五笔》的内容比较驳杂，其所涉及的具体方面及其条目统计详见表1-2：

① 李慈铭.越缦堂读书记[M].上海：上海书店出版社，2000：670.
② 转引自孔凡礼.容斋随笔·前言[M]//洪迈.容斋随笔.北京：中华书局，2005：2.
③ 洪迈.容斋随笔[M].北京：中华书局，2005：1.

表 1-2 《容斋五笔》内容统计表[①]

内容	条数	内容	条数
历史事件及人物	320	科举及教育	40
历代文人轶事或遗文	200	天文地理	20
官制及官府机构情况	200	历代文物	20
考证或评论经史诸子作品	120	有关佛教方面	20
卜算医学	40	神怪传说	10
各地风俗及特产	40	其他	90

通过表 1-2 中的统计不难发现,虽然书中神怪传说这类现代意义上的小说文字不多,所涉及的条目只有 10 条,而且官制及官府机构情况,以及考证或评论经史诸子的作品,也与故事性无涉,但是历史事件及人物,还有历代文人轶事或遗文,这类中国传统意义上的"小说"文字却占据了大部分,以至于民国年间扫叶山房在《申报》上刊登书目广告的时候,每次都将《容斋五笔》归入"笔记掌故类"书籍[②]。

所谓"掌故"常常用来指关于历史人物、典章制度等的遗闻轶事,其中关于历史人物的记录,在基于一定史实的基础之上,为突出其形象,多使用语言描写和场景渲染,不乏故事性和可读性。洪迈在《容斋五笔》中就通过生动的语言,塑造了不少可歌可泣的女性形象,比如《续笔 · 卷十二 · 妇人英烈》里 82 岁的姜叙之母,在得知姜叙与自己的侄子(姜叙的姑表兄弟)杨阜准备讨伐马超时,

① 该表格来源于高兴.洪迈笔记小说价值浅论[J].安徽大学学报(哲学社会科学版),1992,(4).

② 如 1921 年 10 月 5 日《申报》所刊《上海扫叶山房秋季廉价一个月》就是如此,类似将《容斋五笔》归入"笔记掌故"类的广告共计刊登 19 次,其中 1921 年 4 次,1922 年 5 次,1923 年 3 次,1924 年 3 次,1925 年 4 次。

深明大义，叫姜叙一切听妹夫的安排，并安慰犹豫不决的姜叙说："韦使君遇难，亦汝之负，但当速发，勿复顾我。"在被马超逮捕之后，临危不惧，大骂马超："汝背父之逆子，杀君之桀贼，天地岂久容汝，而不早死，敢以面目视人乎！"书中同时也通过简洁的场景描写，勾勒出忠义之士的英勇形象，如《随笔·卷十六·靖康时事》中所写，"邓艾伐蜀，刘禅既降，又敕姜维使降于钟会，将士咸怒，拔刀斫石。魏围燕于中山，既久，城中将士皆思出战。至数千人相率请于燕主，慕容隆言之尤力，为慕容麟沮之而罢。契丹伐晋连年，晋拒之，每战必胜。其后，杜重威阴谋欲降，命将士出陈于外，士皆踊跃，以为出战，既令解甲，士皆恸哭，声振原野"，令人过目不忘。此外，书中还树立了一大批临危不惧、舍生取义、忠于国家的臣子形象，例如持节不屈的苏武，捐身殉国的颜真卿，誓与南唐共存亡的李雄和吴主簿，北宋年间以死捍卫国家的李彦仙、张确、霍安国、史抗、杨震等。可见作为一种笔记小说，这部《容斋五笔》确实具备一定的说部特色①。

若按照杨丽莹《扫叶山房史研究》一书中的观点，席世臣创设扫叶山房的时间"不早于乾隆四十九年(1784)"，那么据此可以判断，该书坊是在设立近十年之后才开始尝试刊行第一种说部书籍，进而涉足说部书籍出版这一领域的，而且当年所选择的说部是收入《四库全书》的书籍，从某种意义上说就是经过皇家认可的"阳春白雪"，并非老百姓所喜闻乐见的"下里巴人"。同治、光绪年间创立的书局与扫叶山房完全不同，例如申报馆在同治十二年(1872)创办不久，就立刻出版了《瀛寰琐纪》连载长篇小说《昕夕闲谈》，继而又刊行《儒林外史》、《快心编》、《西游补》等通俗小说；商务印书

① 此段写作参考了王军. 论洪迈《容斋随笔》中的女性形象[J]. 淮北职业技术学院学报，2009，(4)；张郅婧.《容斋随笔》贤臣形象研究[D]. 临汾：山西师范大学硕士学位论文，2014.

馆则在光绪二十三年(1897)成立伊始,就开始大张旗鼓地出版翻译小说、发行小说杂志,并且在《申报》上刊登广告,发起小说征文活动,以此鼓励知识分子进行贴近市民读者的小说创作;更有像改良小说社这样,在创立之初就四处高价收取小说书稿,出版大量讽喻时局的新小说。对比之中,创立于不同时期的出版机构,对待说部作品大相径庭的态度与方式,显露无遗。

实际上,乾隆年间扫叶山房对于说部书籍出版的选择倾向,不仅与书坊主人席世臣的人生阅历有关,而且还与当时的出版环境密切相关。据文革红《清代前期通俗小说刊刻考论》,从顺治朝到雍正朝的 92 年间,共计出版小说 248 种,其中出版于雍正年间的不过寥寥 27 种而已,因为此时文字狱大兴,出版商噤若寒蝉。即使到了乾隆年间,文字狱也依旧存在,正如有的研究者所言:"据统计,乾隆时期文字狱一百三十多起,超过了顺治、康熙和雍正时期的文字狱的总和。其捕风捉影之荒唐,株连之广泛,处理之严酷,也超过了乃祖和乃父。"①不仅写书人获罪,出版商也会遭受牵连。小说中丰富的想象与生动的描绘,很容易被当局者查找出影射的罪状,当时的说部书籍出版情形也与雍正年间相似。因此,乾隆年间虽然有不少后来为人所熟知的说部书籍问世,例如《儒林外史》、《红楼梦》、《说岳全传》、《野叟曝言》等,不过,《儒林外史》对于士林所进行的批判,《红楼梦》为封建王朝所唱的哀歌,《说岳全传》记述的抗击外族入侵的义举,《野叟曝言》描写的神鬼魔怪情景,使得这些小说在当时根本无从出版,也绝对不可能进入当时扫叶书坊主人席世臣出版说部书籍的选择视线。相反,符合乾嘉学派考据风格,同时又具有一定说部特色的《容斋五笔》,"可劝可戒,可喜可愕,可以广闻见,可以证讹谬,可以祛疑贰,其于世

---

① 李凌.乾隆时期文字狱及其后果[J].书屋,2013,(7).

教未尝无所裨补"[①],对于席世臣来说是一种最佳选择。

乾嘉时期扫叶山房出版的书籍,现存刻本一共 19 种,其中史部 10 种,占一半以上,而笔记小说仅有《容斋五笔》1 种。这之后,在相当长一段时间中,太平天国运动对于苏州刻书业的破坏、印刷技术滞后所产生的局限性、轻视说部书籍出版的社会环境等原因,造成扫叶山房说部书籍的刊刻长期处于停滞的状态之中,直到光绪五年(1879),该书坊的事业呈现出蒸蒸日上之势的时候才得以重新恢复。

与光绪年之前扫叶山房对于说部书籍出版的漠然态度形成鲜明对比的是,在小说出版蔚然成风的清末民初,扫叶山房也加入了此种书籍刊行的潮流之中。不过,由于书坊历史渊源、首任书坊主人审美选择取向以及文化传承的影响,在新小说盛行的年代中,扫叶山房说部书籍出版所关注的仍然是旧说部,尤其是笔记小说。如果从光绪五年(1879)刊行《忠烈侠义传》开始计算,该书坊刊行笔记小说 96 种,长篇通俗小说 33 种,其中仅有《时髦现形记》1 种是新小说。

同治十三年(1874)九月申报馆开风气之先,铅印出版了广受读者欢迎的《儒林外史》,然后就刊发广告,称"鸿才硕彦好制说部等书,寄来后亦可代印,但书之体裁,必如《儒林外史》之一气相生,而又无淫乱语者为佳,若逐篇逐段如《聊斋志异》者,概从割爱"[②],其所出版的说部书籍,很长时间都以《儒林外史》为标杆。与此相仿,《容斋五笔》也成为民国年间扫叶山房笔记小说出版的一个标杆,甚至在宣传新出版的《粟香随笔》时,也将其与《容斋五笔》进行比较,称"金湝生先生《粟香随笔》赓续至于五次,盖仿洪氏《容斋五

① 李瀚. 容斋随笔旧序[J]. 转引自王军. 论洪迈《容斋随笔》中的女性形象[J]. 淮北职业技术学院学报,2009,(4).

② 本馆告白[N]. 申报,1875-06-19.

笔》之例,亘十余年而始成书,考订之精,搜采之富,为近代一大著作。在先生当日,虽系信手辑录,而遗闻轶事今日已不经见,诗词文字赖此书以传者尤多,诚耆旧之综录,文章之渊林也"[①]。

① 《粟香随笔》广告[N]. 申报,1916-02-18.

第二章
革新步履维艰：长篇通俗小说的刊行[①]

(《红楼梦》)是书久以脍炙人口，其描摹人情世故，可谓妙到秋毫，坊间版本虽多，而鲁鱼亥豕错伪，难免读者病之。敝号有鉴于此，特缮大字精本，付刊行世，迭经再版，均不胫而走，具见阅者欢迎之诚。兹于五版之际，敝号为精益求精计，复延通儒，重行精校，以期尽善尽美，藉副惠顾之雅意。

——扫叶山房发售十大预约[②]

虽然根据目前可见的资料，《容斋五笔》是扫叶山房出版的第一种说部书籍，并且这样展现才学的学者型笔记小说[③]成为民国时期该书坊的出版主流。不过，在同治十三年(1874)申报馆刊行长篇通俗小说《儒林外史》获得巨大成功，并且逐渐带动起这种潮流之后[④]，扫叶山房在光绪五年(1879)出版的第一种说部作品并

---

① 本章部分内容曾在《明清小说研究》2012年第2期上发表，本书根据新发现的史料，对一些观点进行了修正，并且对“刊行方式的变革”等内容进行了增补。

② 《申报》[N]. 1925-11-03.

③ 学者型笔记小说的作者本身为学者，作品在内容上以名人轶事、历史人物、典章制度以及学术考辨为主，注重写实，在创作形式上长于议论与辨析。

④ 详见拙作《结缘于流变：申报馆与中国近代小说》第四章《早期申报馆的小说出版》(广西师范大学出版社，2009)。

非笔记小说,而是与申报馆的《儒林外史》、《快心编》、《西游补》等相呼应的作品——《忠烈侠义传》,而且翌年又接着出版了《东周列国志》与《二度梅》2种传统旧小说。据统计,从光绪五年(1879)至民国十七年(1928),扫叶山房共出版公案、神魔、言情、讲史等类型的长篇通俗小说33种①。

由于目前除了王清原等编纂的《小说书坊录》中著录了扫叶山房出版的部分长篇通俗小说之外,尚无研究者对该书坊所出版的此类作品进行研究,因此,本章在整理近代扫叶山房所刊长篇通俗小说书目与其在《申报》上刊发的小说广告基础上,从该书坊缘何选择公案侠义类小说入手,以其小说题材选择为线索,在与同时期其他书局的比较中,探讨扫叶山房长篇通俗小说的出版特征及其刊行方式变革,分析"文学场域"因素对于传统书坊说部书籍出版的影响,进一步阐述书坊在出版与营销策略上的应变,以及对于自身出版宗旨与原则的坚守。

第一节 翻印旧小说风潮的呼应:首部长篇通俗小说的刊行

扫叶山房在席世臣主持期间,曾于乾隆五十九年(1794)刊刻过一种说部书籍,即宋人洪迈的笔记小说《容斋随笔》②。席世臣之后,其子席元章继续经营,在道光、咸丰年间,由于受到太平天国

---

① 王清原等编纂的《小说书坊录》所著录的扫叶山房小说书目中,不同版本的《东周列国志》和《三国演义》分别著录为4种和2种,本书均著录为1种;此外,各种《彭公案》及其续书著录为4种,本书根据《光绪三十年上海书业公所书底挂号簿》著录为《全彭公案》1种。

② 该版本的《容斋随笔》目前在河北省档案馆仍然可见,共两函18册。详见董国清. 馆藏《容斋五笔》介绍[J]. 档案天地,1999(增刊).

运动的影响，书坊的刻书事业一落千丈，直到同治元年(1862)席威于上海将其重新开业之后，书坊才逐渐恢复并日益发展。光绪五年(1879)扫叶山房出版了第一部长篇通俗小说——《忠烈侠义传》，它既是该书坊恢复说部书籍出版的标志，也是其首刊的通俗小说，对后来扫叶山房此种书籍的出版造成了深刻影响。

《忠烈侠义传》即后人所熟知的《三侠五义》，共计 120 回，题"石玉昆述"。石玉昆，字振之，天津人，清朝咸丰、同治间著名说书艺人，他善于说唱包公断案故事，其以明清以来流传的包公审案故事为基础的《龙图公案》[①]说唱表演，时人耳熟能详，当时有"编来宋代包公案，成就当时石玉昆"之说。根据《忠烈侠义传》书首"问竹主人"序、"退思主人"序、"入迷道人"[②]序可知，《忠烈侠义传》系"问竹主人"据石玉昆《龙图公案》删订而成，后"入迷道人"参加删订与校阅。由于该书源于说书底本，所以故事情节曲折，既跌宕起伏又环环相扣，对读者有较强的吸引力；同时，书中对于包拯与侠客们惩处权奸和贪官的种种描述，又能让读者获得一种大快人心的阅读感受。

不过，扫叶山房之所以选择一部由民间艺人根据自己的演出底本改编而成的通俗小说出版，除了故事本身吸引读者，能保证书籍畅销之外，还与光绪初年的出版环境有着密切关系。

同治年间，清政府先后颁布了三次小说禁令[③]，其中同治十年(1871)六月清廷颁布的上谕云："坊本小说，例禁綦严，近来各省书肆，竟敢违禁刊刻，公然售卖，于风俗人心，殊有关系，亟应严行查

---

① 《龙图公案》为说唱表演，另有抄本《龙图耳录》120 回，是石玉昆演出时的记录本，故名"耳录"，全书尽是白文，唱词于记录时略去。

② "问竹主人"姓名生平不详，"入迷道人"即文琳。文琳，字贡三，属汉军正黄旗，光绪二十四年(1898)以刑部右侍郎卒，时年约 70 岁。

③ 三次小说禁令颁布时间分别为同治七年(1868)四月、同治十年(1871)六月以及同治十一年(1872)正月。

禁。著各省督抚府尹饬属查明应禁各书，严切晓示，将书板全行收毁，不准再行编造刊印。”而同治十一年(1872)正月颁布的《军流徒不准减等条款一百四十六条》又明确规定：“造刻淫词小说及抄房捏造言词录报各处，罪应拟流者。”①

当时即使像申报馆那样，报馆主人美查是英国公民，不受大清律法的束缚，也不得不考虑到小说禁令的明文规定，首先选择一部与中国社会毫无瓜葛的外国翻译小说《昕夕闲谈》，作为该报馆通俗小说出版的最初尝试。

在此种情况下，扫叶山房选择《忠烈侠义传》出版无疑是规避陷入“淫词小说”之嫌的妙招。其一，这部小说的主要内容已经由石玉昆以说唱的形式在京城公开演出无数场，听众中不乏代表统治阶级的达官贵人；在扫叶山房出版该书之前的光绪二年(1876)，《龙图公案》也曾在上海丹桂茶园上演过多场②。因此，从某种程度上可以说书稿的内容是经得起政府部门审查的。其二，这部小说所塑造的宋代清官包拯的形象，及其为维护封建统治秩序所进行的努力，得到了历代统治阶级认可，因此，从某种意义上而言，书稿符合统治阶级对于清官宣扬的需要。为了更进一步突出该小说与当时清政府所提倡的道德规范相吻合，扫叶山房在为书稿取名的时候，特意使用了“忠烈”两字，并且将其冠于题目最前面。“忠烈侠义”这个书名与后来的书名“三侠五义”相比，其对于“忠烈”的强调显然具有颇为浓烈的时代色彩。此外，书首的“问竹主人”序还明确表示，该书“删除邪说之事，改出正大之文；极赞忠烈之臣，侠义之士。且其中烈妇烈女、义仆义鬟以及吏役平民僧俗人等，好

---

① 本段所引文字转引自陈大康. 中国近代小说编年史[M]. 北京：人民文学出版社，2014：73、79.

② 见《申报》1875年5月8日、11月18日、11月23日、12月6日、12月21日丹桂茶园所刊戏目广告。

侠尚义者不可枚举”[1]，“入迷道人”的序也称“叙事尚免冗泛，且无淫秽语言。至于报应昭彰，尤可感发善心，总为开卷有益之帙”[2]，更显示出该书对于读者的教化意义所在。而后来扫叶山房出版的《七侠五义》、《小五义》、《续小五义》、《彭公案》、《续彭公案》、《精忠演义说岳全传》、《小施公案》等无不围绕着“忠”、“孝”或者“侠”、“义”这些主题。例如“采香居士”在《〈续彭公案〉又叙》中就明确写道：“书中之节目，都是忠孝节义，感化人心风俗，无才无文，皆可正人，化恶为善；赞扬忠臣、孝子、义夫、节妇，报应逆子乱纪。”[3]这样的通俗小说完全符合教化的目的，是为统治者所提倡和赞赏的。

实际上，“刊刻秘籍，以惠学林”的扫叶山房，经过几代人的经营，已经脱颖而出，成为一家颇有口碑的以出版经史子集等古籍而著称的出版机构，从某种程度上说，它可以循规蹈矩地延续从前的出版路线，不必冒风险涉足小说出版领域。其主人之所以在光绪初年煞费苦心地选择一部通俗小说出版，一方面是书坊兴盛时期开拓出版书籍种类的需要，另一方面也与当时的图书销售市场情况有密切的关系。

同治末年到光绪初年，通俗小说的出版尚未形成兴盛的潮流。据陈大康先生《中国近代小说编年史》(六卷本)统计，同治十二年(1873)至光绪五年(1879)期间出版的通俗小说为数甚少，7 年间出版的此类书籍仅仅 14 部而已[4]。而另一方面，时人对于小说作品其实有着相当迫切的阅读需求，只是这种需求却因为小说禁令、

---

① 丁锡根. 中国历代小说序跋集[M]. 北京：人民文学出版社，1996：1542.

② 丁锡根. 中国历代小说序跋集[M]. 北京：人民文学出版社，1996：1544.

③ 丁锡根. 中国历代小说序跋集[M]. 北京：人民文学出版社，1996：1618.

④ 这 14 部分别是：《昕夕闲谈》、《儒林外史》、《快心编》、《西游补》、《红楼补》、《狐狸缘全传》、《林兰香》、《红楼梦影》、《后水浒》、《台湾外记》、《雪月梅》、《儿女英雄传》、《青楼梦》、《三侠五义》。

小说出版技术滞后等因素而导致的长篇通俗小说出版的荒芜局面，而不得不受到压抑。同治十三年(1874)九月，申报馆出版的1 000部《儒林外史》“不浃旬而便即销罄，在后购阅者俱以来迟弗获为憾”①——初版的《儒林外史》在极短的时间里被读者抢购一空，正是时人缓解“小说作品需求饥渴症”的一种表现。该书的畅销则给申报馆带来了近300元的可观利润②，之后申报馆不仅将《儒林外史》再版，而且还以《申报馆丛书》的形式陆续出版了一系列长篇通俗小说，每部作品几乎都受到了读者的热烈欢迎。可以说，作为一家创立于同治十一年(1872)的新兴出版机构，申报馆在出版界树立起了一面通俗小说出版的旗帜，逐渐带动了新兴书局的通俗小说出版，同时又在某种程度上打消了传统书坊的出版顾忌，使它们的加入出现了一定可能性，也预示着该类作品出版即将在不久之后形成一种趋势。

时任扫叶山房主人的席威，在申报馆版通俗小说热卖的触动下，觉察到了出版业的新动向，在申报馆初版《儒林外史》刊行之后的第五年，开始尝试出版在一般知识分子看来不登大雅之堂的通俗小说。

根据目前的资料，扫叶山房出版的《忠烈侠义传》销售情况尚不可知，而且这部作品在题材的选择上，从某种程度上也显示出传统书坊谨慎与保守的一面。不过，作为该书坊刊行的第一部通俗小说，《忠烈侠义传》的出版无疑具有标志性意义，即为这家传统的旧式书坊今后逐渐融入注重通俗小说出版这一出版新潮流之中，奠定了基础。这部书出版之后不久，扫叶山房就在席威的主持下，

① 《儒林外史》出售[N]. 申报，1875－04－15.

② 据申报馆在1876年2月18日《申报》上刊登的《代印书籍》广告所言，其代人印刷500本约4万字的书籍，收取工料银25元就可以盈利。按此标准推算，每部《儒林外史》的工料钱约为两角。

又陆续推出了《东周列国志》、《二度梅》等作品，从扫叶山房在《申报》上刊发的《新出书籍发兑》广告中来看，甚至还出现了当时由申报馆首次铅印刊行，引起巨大反响的《儒林外史》。虽然与扫叶山房所出版的其他种类的书籍相比，相对数量不多，但是此类大众喜闻乐见的作品正在逐渐进入该书坊的出版视野，却是显而易见的事实。

席威之后，扫叶山房不同时期的两任主持者——光绪二十四年(1898)继任的席威独子席裕琨，以及光绪三十年(1904)继任的席氏族戚席少吾、席悟奕，对于章回小说的出版方面也给予了关注和支持，使得扫叶山房此种书籍的出版日益丰富。从上海书业公所留存的书底挂号[①]记录中可以看到，光绪三十年(1904)扫叶山房此类小说的书底挂号有13种，占该书坊当时全部挂号书底的1/9[②]，对于一家以出版学术性书籍为主业的传统书坊而言，通俗小说在其出版书籍中所占比重的增加，无疑是一种突破性的变化。

第二节　教化、畅销、民间传统：小说题材的选择

在席威主持期间，扫叶山房出版了长篇通俗小说10部，包括公案侠义小说《忠烈侠义传》，历史传奇小说《东周列国志》、《三国志演义》、《隋唐演义》、《粉妆楼全传》，才子佳人小说《二度梅》、《云英梦传》以及神话志怪小说《封神演义》、《西游记》等。作为带领扫

① 书底挂号是近代上海书业同业组织——上海书业公所，为了保护各书局的版权，统一将各书局出版的书籍底板名称登记备案的一种做法。

② 光绪三十年(1904)上海书业公所存的扫叶山房书底挂号，包括经史子集各类书籍128种。

叶山房走向中兴的一位经营者，可以说他奠定了该书坊此种小说出版的基本类型，不仅如此，之后扫叶山房长篇通俗小说的出版也受到他极大的影响。扫叶山房的此类小说出版呈现出以下几个特征：

其一，高度重视传统题材作品的出版，提倡忠诚与侠义，尤其讲究惩恶扬善的教化性。

《忠烈侠义传》开启了扫叶山房公案侠义类小说出版的先河，此种类型的小说最初多由说唱、评书演变而来，是长篇通俗小说中比较传统的题材，其中大都蕴涵忠诚与侠义的主题，结局尤为善恶分明，此类作品也为席威的继任者席裕琨所关注。

最典型的例子就是，光绪二十四年(1898)左右，席威将扫叶山房交由席裕琨管理之后，席裕琨在上任的第二年就将同属于“龙图公案”系列的3部小说，即《七侠五义》、《小五义》、《续小五义》[①]同时付诸石印——这一做法既显示出首刊的通俗小说《忠烈侠义传》的影响所在，又反映了家族经营型传统书坊的继承性。作为宣扬忠诚与侠义的作品，《小五义》书前“文光楼主人”所作的序言声明：“此书虽系小说，所言皆忠义侠义之事，最易感发人之正气，非若淫词艳曲，有害纲常；志怪传奇，无关名教”[②]；《续小五义》中的“伯寅氏”序则明确表示：“忠烈侠义之气充溢行间，最足感动人心。人果借此为鉴，则内善之心随地皆是。”[③]

在席裕琨主持期间，扫叶山房还出版了公案小说《彭公案》(见图2-1)、《续彭公案》。正如孙寿彭在《彭公案》序中所云：“彭公是我朝显宦，实千古人才之杰出者也。其在任多有政声，不可枚举，

---

① 《七侠五义》即由俞樾修订的《三侠五义》，120回；《小五义》一名《续忠烈侠义传》，124回；《续小五义》又名《忠烈续小五义传》、《三续忠烈侠义传》，124回。

② 丁锡根. 中国历代小说序跋集[M]. 北京：人民文学出版社，1996：1553.

③ 丁锡根. 中国历代小说序跋集[M]. 北京：人民文学出版社，1996：1556.

而除暴安良，断一切奇闻奇事，犹如西山爽气，扑人眉宇。”[①]扫叶山房出版的这两部小说，以清朝名臣彭鹏的事迹为蓝本，讲述他在破案断案中，不畏权贵，秉公执法，打击、惩治贪官污吏和豪绅恶霸的故事，就其思想倾向而言，作者秉承的是“所论者忠臣义士得以流芳千古，乱臣贼子尽遭报应循环”[②]的创作观念，与扫叶山房通俗小说出版的理念颇为吻合。

图 2－1　《绘图彭公案全传》书影

虽然席裕琨英年早逝，掌管扫叶山房的时间并不算长，但是在他的主持下，扫叶山房除了公案侠义小说之外，还于光绪二十五年(1899)出版了一本颇为特别的弹词小说——《第一奇女》(又名《十粒金丹》、《宋史奇书》)。这部小说是苏州女性作者萧晶玉的作品，其特点之一在于“标题多用对偶，盖遵通俗小说之例，而中间杂以七言句若诗歌者，则又沿宝词格调”[③]，另一个特点则是生动地塑造了高梦鸾横枪跃马、出奇制胜、杀敌立功的形象，她在出征告捷

① 丁锡根. 中国历代小说序跋集[M]. 北京：人民文学出版社，1996：1616.

② 贪梦道人.《彭公案》自序[M]//丁锡根. 中国历代小说序跋集. 北京：人民文学出版社，1996：1614.

③ 新印《十粒金丹》出售[N]. 申报，1888－12－21.

后与未婚夫寇潜团聚，并且为父金殿鸣冤，这在同时期的小说中并不多见。虽然作者别具一格地将主人公高梦鸾描绘成一名花木兰式的女英雄，但是全书依旧紧紧围绕着“彰善瘅恶，劝忠劝孝”的主题思想——这或许也是席裕琨选择其出版的原因之一。

另外，扫叶山房光绪年间出版的《儿女英雄传》与民国年间出版的《侠义风月传》也是宣传教化的典型作品。前者“以天道为纲，以人道为纪，以性情为意旨，以儿女英雄为文章。其言天道也，不作玄谈；其言人道者，不离庸行；其写英雄也，务摹英雄本色；其写儿女也，不及儿女之私，本性为情，援情入性”[①]。后者即是那部由伏尔泰翻译介绍到欧洲，受到歌德称赞的《好逑传》，书中既有铁中玉和水冰心曲折的爱情故事，又饱含作者对于两人之间坚贞不渝爱情的赞美，将纲常名教与青年男女交往调和起来，使“名教生辉”，“以彰风化”。

光绪末年梁启超所提倡的“小说界革命”方兴未艾，不少书局都积极响应，例如，广智书局的小说出版“专在借小说家言，以发起国民政治思想，激励其爱国精神”[②]，商务印书馆印行的小说作品则“远摭泰西之良规，近挹海东之余韵”，“藉思开化夫下愚，遑计贻讥于大雅”[③]，而乐群书局所刊发的各种小说书籍也高举“借小说之趣味之感情，为德育之一助”[④]的旗帜，改良小说社“以去非存是之心，为因势利导之计，办法所在有异恒蹊，改良社会，义主惩劝”[⑤]。这期间，扫叶山房在长篇通俗小说出版上始终遵循着教化性原则，虽然所谓的“教化”表面上与“小说界革命”所蕴含的借小

① 《儿女英雄传序》，转引观鉴我斋.《儿女英雄传》序[M]//丁锡根.中国历代小说序跋集.北京：人民文学出版社，1996：1588.

② 中国唯一之文学报《新小说》[J].新民丛报，1902，(14).

③ 本馆编印《绣像小说》缘起[J].绣像小说，1903，(1).

④ 《月月小说》序[J].月月小说，1906，(1).

⑤ 改良小说社之开办原由及收稿广告[N].申报，1908-08-06.

说教育民众的理念有相似之处，却仍旧带着深深的传统性与保守性的烙印。

其二，选择出版其他书局业已印行的作品，借以保证通俗小说的畅销性。

作为一家传统书坊，扫叶山房在学术著作的出版方面具有突破精神，一直走在时代的前列，而且比较注重刊印流传不广的书籍，正所谓"刊印秘籍，以惠学林"。例如，席世臣主持期间曾经刊刻过《南宋书》，当时该书除了钞本外，仅有扫叶山房本刻本[①]。实际上，早在席世臣的四世祖席启寓以"琴川书屋"的名号刻书的时候，就奠定了该书坊刊印秘籍的传统——席启寓所刻的《三鱼堂文集》就是由席氏首刊的书籍。席世臣校书完毕回归乡里之后，更是为了刻书而不惜高价搜求珍本、善本书籍，几乎倾家荡产，以致时人在诗中称他："白米酿酒因好客，黄金散尽为刻书。"[②]但是在通俗小说的出版方面，扫叶山房却从来不曾追求独创性与特殊性，反而常常选择出版一些其他书局业已印行的畅销作品。

以席威经营期间扫叶山房出版的才子佳人小说《英云梦传》为例。该书是一部白话体小说，根据书首《弁言》所述，其完稿于雍正元年(1723)，所演绎的是苏州才子王云与佳人吴梦云、腾英娘的婚恋故事，结局是才子抱得佳人归，即二女同侍一夫的大团圆。在扫叶山房光绪十四年(1888)刻本之前，已经先后有康熙年间聚锦堂刊本[③]、嘉庆十年(1805)金昌书业堂刊本、道光元年(1821)绿荫堂刊本等多种版本。聚锦堂刊本正文半叶11行，每行22字，扫叶山房刊本与此类似，大约为此本的重刊本。而《东周列国志》、《封神

---

① 扫叶山房版《南宋书》书前席世臣序言云："世无刊本，世臣从述庵王少司寇家借钞本而梓行之。"

② 转引自杨丽莹. 扫叶山房史研究[M]. 上海：复旦大学出版社，2013：48.

③ 此刊本避康熙讳"玄"，不避乾隆讳"历"，由此推测大约刊于康熙年间。

演义》、《三国志演义》、《西游记》更是早有多种刊本,为一般民众所熟知的作品。

实际上,早在扫叶山房出版这些重刊本通俗小说之前,申报馆就预感到了晚清政府小说禁令的松弛,已经开始在《申报》上刊登广告,称"或鸿才硕彦好制说部,等书寄来后亦可代印,但书之体裁必如《儒林外史》,一气相生而又无淫乱语者为佳"①,明确向社会发出征集通俗小说的信号。而申报馆所出版的《快心编》,是该报馆花大价钱从东洋购得,"原自中国流传而去,但其板早经毁失,即东洋亦无翻刻,故特携回"②,此外,时人新撰的《绘芳录》"尚无刊本,极少流传,爰悬重金以购"③。当时印书局亦在《申报》上刊发《搜书》告白称:"通俗小说现无刊本者,本局亦拟印行,有旧本赐印,面议酬谢。"④但是在这样的时代背景之下,有着"黄金散尽为刻书"传统的扫叶山房,并未做出任何高价征求未刊或者书板损毁的通俗小说的举动。

席裕琨上任之后出版的通俗小说中,《七侠五义》在光绪十六年(1890)和光绪十九年(1893)曾分别由广百宋斋和新闻报馆刊行,还曾于光绪二十年(1894)三月在《字林沪报》上连载附送⑤;《彭公案》则有光绪十八年(1892)本立堂刊本、光绪十九年(1893)上海书局刊本以及光绪二十年(1894)民安堂和北京琉璃厂刊本;《小五义》曾有光绪十六年(1890)文光楼与申报馆刊本、光绪二十年(1894)新闻报馆、广百宋斋等多种刊本;《续小五义》也有光绪十六年(1890)申报馆、光绪二十年(1894)新闻报馆和光绪二十四年(1898)上海三槐书屋等刊本。

---

① 本馆告白[N]. 申报,1875-06-29.
② 新印《快心编》出售[N]. 申报,1875-11-13.
③ 新印《绘芳录》出售[N]. 申报,1880-01-06.
④ 搜书[N]. 申报,1875-11-10.
⑤ 接印《七侠五义》启[N]. 申报,1894-03-09.

作为“龙图公案”系列小说，《七侠五义》、《小五义》与《续小五义》受欢迎的程度自不待言。从近代《申报》以及《新闻报》所刊的广告中就可以看到，出售这几部小说的书局不仅有其发行书局申报馆、新闻报馆，而且在近代上海出版业聚集的四马路上，古香阁、文运书局、博文书局等也代为发兑，甚至威龙阁书林开业广告所列的代售书目中，它们都赫然在列。至于《彭公案》在当时的畅销性，从校经山房出版的《续彭公案》系列达到十续之多，而理文轩书庄在《申报》上刊登《书底招人租印》[①]广告（见图2-2），把该书作为通俗小说书底之一，明确列出价目，提供给同业翻印的做法中，都不难得到印证。

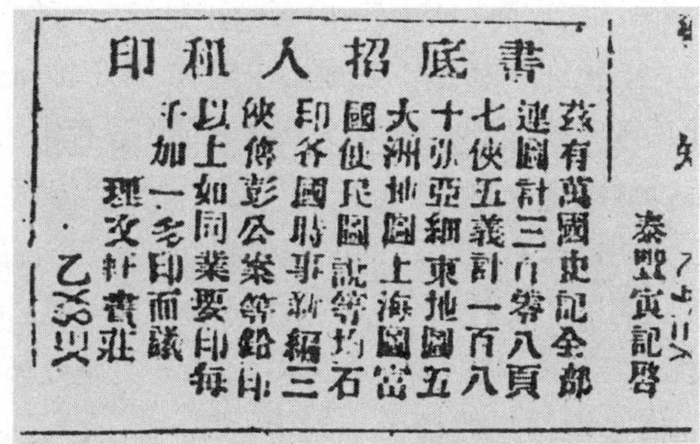

書底招人租印

玆有萬國史記全部
連圖計三百零八頁
七俠五義計一百八
十張亞細東地圖五
大洲地圖上海圖富
國便民圖說等均石
印各國時事新編三
俠傳彭公案等鉛印
以上如同業要印每
千加一多印面議
理文軒書莊

图2-2　理文轩书庄刊登在《申报》上的《书底招人租印》广告

由此可见，席威之后扫叶山房的经营者显然也继承了他关于通俗小说的出版理念，尤其是对于作品畅销性的注重与选择。

其三，强调作品的民间性与传统性，同时也尝试出版时人创

① 《书底招人租印》：“兹有《万国史记》全部，连图三百零八页；《七侠五义》计一百八十张，《亚细东地图》、五大洲地图、上海图，《富国便民图说》等均石印，《各国时事新编》、《三侠传》、《彭公案》等铅印。以上如同业要印，每千加一，多印面议。理文轩书庄。”见《申报》，1898-08-23.

作的与现实社会相关的作品。

根据目前资料可知的扫叶山房刊行的33种通俗小说中,绝大部分都是文人或者书坊主,根据民间艺人的说唱底本或者世代流传的相关故事改编而成的作品。例如上文所提及的《忠义侠烈传》就是典型一例,通过书首的3篇序言可知,该书是“问竹主人”据《龙图公案》删订而成,之后“入迷道人”又参加删订与校阅。《东周列国志》、《封神演义》、《说岳全传》等也是如此:早在元代就有一些有关“列国”故事的话本,明代嘉靖、隆庆时期,余邵鱼撰辑了一部《列国志传》,明末冯梦龙依据史传对《列国志传》加以修改订正,润色加工,成为108回的《新列国志》,清代乾隆年间,蔡元放对此书又作了修改,定名为《东周列国志》,而扫叶山房出版的正是蔡氏所修订的作品。《封神演义》为明代许仲琳所作,约成书于隆庆、万历年间,其原型最早可追溯至南宋的《武王伐纣白话文》,作者创作过程中可能还参考了《商周演义》、《昆仑八仙东游记》等作品。《说岳全传》则是钱彩与金丰等人在元明以来有关岳飞的民间说唱和戏曲、小说的基础上,重新加以编定的岳飞故事,是“说岳”系列小说中成就最高的一部。

此外,《三国演义》、《西游记》、《水浒传》等更是众所周知的世代累积型通俗小说。其他通俗小说中,《第一奇女》是弹词小说,《大八义》则是评书的传统书目,《彭公案》、《施公案》、《说唐演义》、《济公全传》都是一般民众喜闻乐见的作品,书坊主人出版通俗小说时,对于民间性与传统性的强调由此不难窥见一斑。

第三节 《时髦现形记》:题材转向的尝试与失败

从扫叶山房刊行《忠烈侠义传》的光绪五年(1879)到新小

说层出不穷的光绪三十三年(1905)，这 20 余年之间，清政府对于小说出版的管制逐渐松弛，甚至形同虚设，铅石印技术的普及使小说书籍的出版甚至盗版快速便捷，印刷成本的下降使普通民众亦有能力购置过去售价昂贵的小说书籍①，小说界革命的发生又使以针砭时弊为创作目的的新小说出版如火如荼。在各种讽刺时弊的新小说纷纷涌现的光绪末年，李伯元的《官场现形记》洛阳纸贵之后，以“现形记”命名的小说此起彼伏，这令传统的扫叶山房也终于按捺不住，开始应潮流而动，于光绪三十三年(1907)尝试出版了一部揭露晚清学界黑幕，嘲弄各色沽名钓誉人等的新小说，即葛啸侬所著的《时髦现形记》(见图 2-3)。

图 2-3 《时髦现形记》书影

① 详细论述见宋莉华. 明清时期说部书价述略[J]. 复旦学报,2002,(3).

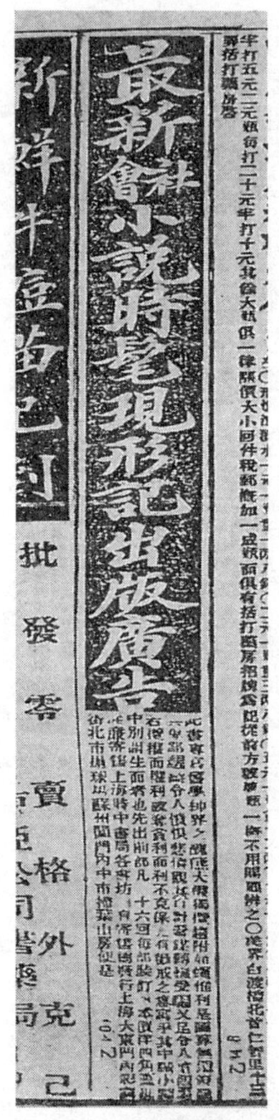

图 2-4 《最新社会小说〈时髦现形记〉出版广告》

刊于书首的作者自序云:"向之借科举为钓名之具者,今且以学堂为取利之薮,弊窦丛生,丑态百出",颇具针砭之义,而这部作品也成为扫叶山房首刊的唯一一部通俗小说,突破了"选择出版其他书局业已印行的通俗小说"这个扫叶山房一直以来的出版宗旨与原则,可以说是该书坊通俗小说出版上的一种转向与尝试。对于这部由该书坊首刊的通俗小说,扫叶山房似乎特别重视,甚至仿照商务印书馆等新式书局的营销模式,专门为其在畅销报纸上刊登广告进行宣传(见图 2-4):

> 此书专写旧学、绅界之丑态,大权独揽,趋附如蝇,唯利是图,算无遗策。观其卑鄙龌龊,令人愤恨悲怜,观其百计营谋,转辗受骗,又足令人喷饭。至若揽权而权利被夺,贪利而利不克保,尤有劝戒之意寓乎其中,诚小说中别开生面者也。先出前部,凡二十六回。每部装订四本,价洋四角,趸批从廉。寄售上海时中书局,各书坊均有寄售。总发行所:上海大东门内彩衣街扫叶山房、北市抛球场扫叶山房、苏州阊门内中市扫叶山房便是。①

① 最新社会小说《时髦现形记》出版广告[N]. 申报,1807-10-13.

该广告从《时髦现形记》出版的光绪三十三年(1907)开始，在《申报》上陆续刊登至宣统三年(1911)，共计出现 33 次。当时《申报》的广告收费标准为“每五十字第一日二角五分，第二日至第七日每日一角五分，第八日起每日一角二分半”，因此，这则广告在《申报》上刊登第一日的费用是 1 元左右，持续刊登一周则费用约为 4 元 6 角，而出现 33 次的总费用至少在 10 元以上。虽然与商务印书馆动辄近千字的广告相比，扫叶山房的《最新社会小说〈时髦现形记〉出版广告》显然是“小儿科”，但是这种区别于仅仅开列书籍价格的普通扫叶山房书目广告的形式，其中多少蕴含着这家传统书坊试图模仿现代出版机构的宣传方式，并借此实现某种程度转型的努力。

不过，扫叶山房在通俗小说出版上突破与转向的尝试，实际上并不成功，最明显的一个例证就是销售数量不甚理想——从扫叶山房在《申报》上刊登的宣传广告来看，《时髦现形记》出版以后 4 年之中都没有再版。未能形成畅销局面的因素至少有以下几个：

其一，《时髦现形记》的创作比较随意，作品质量不高。王庆寿在为葛啸侬创作的由集成图书公司出版的另一部小说《地府志》作序的时候写道：“上邑葛啸侬氏茂才，负才使气，不合于时，满腹牢骚，无处发泄，每于教课之暇，从事小说。凡所见所闻可笑可哭之事，皆托于游戏，著为文章。”[①]葛啸侬将所见所闻托于游戏的“发牢骚式”与“记见闻式”写作，讽刺浅直，某些地方的描绘甚至形同谩骂，影响了作品的艺术性与可读性，这样就使得他的创作与李伯元、曾朴甚至陆士谔的相比，在写作技巧与审美旨趣方面都相距甚大。

---

① 集成图书公司出版《地府志》8 卷 40 回，书首《地府志序》。

其二,作品的选择趋于流俗和同质化,作者缺乏知名度。当时由讽刺小说发展而来的揭露学界、官场以及社会各个阶层种种弊端的所谓谴责小说数不胜数,仅以“现形记”命名的小说为例就有《新党现形记》、《学生现形记》、《医界现形记》、《教习现形记》、《家庭现形记》、《嫖界现形记》、《女子现形记》、《绅董现形记》、《滑头现形记》、《革命鬼现形记》等。与这些作品相比,《时髦现形记》不仅在内容上无甚新意,而且作者葛啸侬在小说界完全是一个新人,谈不上任何知名度,书坊当然也就无从利用作者的影响力占领市场。

其三,广告宣传频率过低。虽然扫叶山房的《最新社会小说〈时髦现形记〉出版广告》在《申报》上出现过 33 次,却是在 1907—1911 年这 4 年之间陆续刊登的[①],平均每年不到 10 次,也就无法达到广告学意义上所言的“反复的鼓噪”的效果[②]。就是说由于缺乏刊登的持续性,缺少“反复的鼓噪”,一方面,没有打破读者脑海中固有的扫叶山房形象——说部书籍出版以笔记小说和传统章回小说为主,树立一种小说出版领域新的自身形象[③];另一方面,也不可能激发读者潜意识中对《时髦现形记》这部作品的心理需要,进而触动其内心使之产生购买愿望,直接影响了该书的销售情况。

---

① 韩邦庆作为个人出版者,曾经于光绪十八年(1892)创办了以连载其所创作的长篇小说《海上花列传》为主要内容的小说期刊《海上奇书》,并且于当年为该杂志在《申报》上持续刊登了 16 则 44 次广告。

② 麦克卢汉在《理解媒介》中指出:“广告似乎按照一条很高深的原理发挥作用:一个小球、一种模式,经过反复的鼓噪之后,均可以逐渐确立自己的形象。广告把借助鼓噪确立自身形象的原理推向极端,使之提升到有说服力的高度。广告的作用与洗脑程序完全一致。”(马歇尔·麦克卢汉.理解媒介[M].何道宽,译.北京:商务印书馆,2000:282.)

③ 当年时中书局是《时髦现形记》的寄售书局之一,因该书局的小说出版以新小说为主,进而被有的读者误认为是《时髦现形记》的发行书局,此即例证。

第四节　被动适应与主动传承：刊行方式的变革

从上文对于扫叶山房通俗小说的出版特征分析论述中不难发现：一方面，该书坊的通俗小说出版基本以翻印传统明清章回小说为主，教化宣传的色彩颇为强烈；另一方面，在社会时代背景的影响下又试图突破这一局面，尝试出版针砭社会、揭露各个阶层黑幕与流弊的通俗小说作品。此外，在通俗小说的刊行方式上，我们同样能看到该书坊在出版技术运用方面所呈现出来的传统与变革相互交织的特征。

在铅石印技术尚未出现之时，木刻雕版是书坊刊行书籍的重要方式，校刻精良的板片储备对书坊甚为关键，尤其是对于以出版学术型书籍为主的书坊而言更是如此。作为一家“刊刻秘籍，以惠学林”的传统书坊，当年扫叶山房创始的契机，就是席世臣家族购得了常熟毛氏汲古阁所藏的若干书板，因此，扫叶山房雕版印刷的传统也对其通俗小说的刊行方式产生了深刻的影响。从目前所掌握的资料来看，席威主持扫叶山房期间出版的通俗小说，除了《隋唐传》是铅印本之外，其余通俗小说书籍无论是公案类的《忠烈侠义传》，还是神怪类的《封神演义》，言情类的《二度梅》、《英云梦传》，历史类的《三国志演义》，抑或是才学类的《镜花缘》等，几乎都是采用木刻雕版的方式刊行出版的。

近代较早将铅印技术用于长篇通俗小说出版的是申报馆，在同治十三年(1874)九月，即扫叶山房刻印第一部通俗小说《忠烈侠义传》的前5年，申报馆就已经采用新式铅字排印出版了《儒林外史》。因为该书“校勘精工，摆刷细致”[①]，与传统木刻本迥然而异，因此受到读者的热烈欢迎，初版千部“曾不浃旬而便即销罄”[②]，6个月后即重印了1 500部。正如申报馆在“代印书籍”[③]广告中所宣传的那样，铅印较之木刻“至便且捷”，“出书愈觉清爽，非木板可比”。此后，陆续有书局仿效申报馆，以铅印之法出版通俗小说，例如光绪三年(1877)机器印书局出版了铅印本《于少保萃忠传》，光绪十三年(1887)广百宋斋铅印《精订纲鉴廿四史通俗演义》等。而在扫叶山房刊刻第五部通俗小说《粉妆楼全传》的前一年，即光绪八年(1882)，点石斋则首次石印出版了通俗小说《三国演义》，“为图凡二百有四十，分列于每回之首，其原图四十，仍列卷端，工致绝伦”[④]。由于石印照相法在图像印刷上具有独特的优势，这种技术也受到其他书局的青睐，例如光绪十一年(1885)修竹社出版了《冤狱缘》石印八回本，光绪十三年(1887)蜚英馆石印刊行了《绘图评点儿女英雄传》等，不过，此时铅石印刷术翻印通俗小说尚处于所谓的“初兴发展期”[⑤]。

当时的扫叶山房显然对这类新兴技术是予以过关注的，并且还进行了一些应用。例如光绪六年(1880)“乙卯课直省乡墨发兑”[⑥]广告中就列举了16种铅板书籍，光绪八年(1882)扫叶山房发行的《扫叶山房书目》也分为木板和铅板两大类，意味着该书坊开始出现铅板书籍；而光绪十二年(1886)所出版的《历代帝王年表》3

---

① 新印《儒林外史》出售[N].申报，1874-09-27.

② 《儒林外史》出售[N].申报，1875-04-17.

③ 《申报》，1876-01-24.

④ 石印《三国演义全图》出售[N].申报，1882-11-04.

⑤ 潘建国在《铅石印技术与明清通俗小说的近代传播》中对清末上海地区通俗小说的翻印史进行了研究，根据他的分析，同治十三年(1874)至光绪十六年(1890)为初兴发展期，光绪十七年(1891)至光绪二十四年(1898)为鼎盛期，光绪二十四年(1898)之后为翻印的后续期。

⑥ 《申报》，1880-06-03.

卷则已经是石印本，光绪十五年(1889)版的《李氏五种》之内封，亦采用石印技术印刷。尽管如此，由于在席威主持扫叶山房期间，以铅石印技术刊行通俗小说正处于兴起阶段，据潘建国在《铅石印技术与明清通俗小说的近代传播》一文中的统计，同治十三年(1874)至光绪十六年(1890)，采用铅石印刷术翻印明清通俗小说的书局只有 11 家，其中铅印本不过 38 种，而石印本仅有 14 种，未能对整个通俗小说翻印行业产生影响，也就未能推动席威将铅石印技术运用于小说刊行出版。更何况，从当时一些书籍的售价来看，部分木板书比铅板书可能成本更低，例如光绪三年(1877)的时候，一本《精细英字入门》木板每本三角半，铅板每本则是四角半[①]。可以说，这一"初兴发展期"的"场域"因素所引发的变革动力并不足够强大，对于扫叶山房这样一家历史悠久、积淀深厚的传统书坊而言，放弃成熟的木刻雕版技术，以新式铅石印技术刊行通俗小说的时机显然还未到来。

扫叶山房通俗小说刊行方式的转变发生在光绪二十一年(1895)。这一年，该书坊请图书集成局代印了通俗小说《隋唐演义》，并由该书局为其在《申报》上刊登了一则"开印《隋唐演义》"广告：

> 《隋唐》一书，虽属稗官野史，而笔法既好，叙事尤详，敷佐既新，选词尤雅，茶余酒后，尽可消闲。现扫叶山房托本局代印。刻已开印，俟告竣后装订成册发售，以便诸公购阅也。图书集成局启。[②]

---

① 《精细英字入门》出售[N]. 申报，1870－12－24.
② 《申报》1895 年 10 月 15 日，该广告前一日题目为《开印〈隋唐传〉》。

图书集成局于光绪十年(1884)为铅字排印《古今图书集成》而设立,3 年之后《古今图书集成》印刷完成,当年 7 月 29 日该局就在《申报》上刊登"代印大部书籍"广告,称:"兹本局《图书集成》将次完工,现所排存者只有二百本……客欲印大部各书,望请来局议价或向申报馆议订均可。"其所铅印的通俗小说"字迹清疏,纸色洁白,早已风行海内,不胫而走,较外间翻印本字小而漫漶者,真有上下床之别"①,曾经为三友书屋、文渊山房、熙记书庄、观澜阁书庄等出版机构,代印过《绘图续今古奇观》、《彭公案》、《绘图海公大红袍全传》、《花月痕》、《续施公案》、《绘图后施公案》、《绘图后西游记》、《绘图精忠说岳全传》、《大八义》等通俗小说。在以铅字代为排印通俗小说方面有着较高口碑,因此对书籍质量要求颇高的扫叶山房,委托该书局铅字排印《隋唐演义》也在情理之中,应该说扫叶山房对于此次与图书集成局的合作是颇为满意的,因为在《隋唐演义》之后,该书坊还先后于光绪二十二年(1896)与光绪二十四年(1898)委托图书集成局用新铸铅字排印了《皇朝经世文编》②、《东莱博议》初二三集③。

扫叶山房出版铅印本通俗小说的出版计划,是与当时的时代背景密切相关的。光绪十七年(1891)至光绪二十四年(1898)是通俗小说翻印的鼎盛期,仅从《新闻报》上所刊载的一则古香阁书目广告,我们就能对这一情形窥见一斑。书目中共开列了光绪十九年(1893)该书局所发兑的铅石印通俗小说 26 种④,而回顾在"初兴

① 《花月痕》减价出售[N]. 申报,1894 - 01 - 13.

② 重校《皇朝经世文编》出售[N]. 申报,1896 - 08 - 18.

③ 新印《东莱博议》初二三集及《三才略》出售[N]. 申报,1898 - 10 - 21.

④ 上海四马路古香阁发兑各种绘图闲书又各种尺牍[N]. 新闻报,1893 - 07 - 25. 所列的通俗小说:"《三国志》、《列国志》、《镜花缘》、《七侠五义》、《小五义》、《续小五义》、《永庆升平》、《说唐》、《征西》、《粉妆楼》、《英烈传》、《风月传》、《三才子》、《七才子》、《九才子》、《儿女英雄传》、《东西汉》、《万年青》、《杨家将》、《两度梅》、《闺秀英才传》、《铁花仙史》、《听月楼》、《念四史通俗演义》、《三公奇案》、《岳传》。"

发展期”的时候，11 家书局 16 年间铅石印通俗小说的总数不过 52 种而已。据潘建国的统计，在整个通俗小说翻印的鼎盛期共有 62 家书局采用铅石印技术，翻印通俗小说约 280 种(包括同一小说的不同书局版本)，其中在光绪十九年(1893)至光绪二十二年(1896)之间处于翻印的顶峰，4 年中翻印的通俗小说合计 213 种，约占总数的 76%。可以说，正是在这种以铅石印技术翻印通俗小说的出版环境推动下，光绪二十一年(1895)扫叶山房才尝试委托其他书局代为排印铅版通俗小说。综上所述不难发现，在席威主持期间，扫叶山房在通俗小说的翻印上，对铅石印技术的运用并不积极主动，而是被时代潮流推动着前进所作出的选择，这在某种程度上也反映出传统书坊革新维艰的困境。

光绪二十四年(1898)，席威的儿子席裕琨接管扫叶山房，此时恰巧处于以铅石印技术翻印通俗小说顶峰期刚过，而此潮流尚未结束仍然呈现出延续之势的时间点，这一年 8 月理文轩还做起了将铅石印小说书底出租给他人印刷使用的生意，在《申报》上刊载广告招揽顾客，所列书底中包括石印《七侠五义》，铅印《三侠传》、《彭公案》等[①]，这也从侧面说明了当时铅石印通俗小说依然处于兴盛的余势之中。

不过，就此时的条件而言，石印与铅印相比，技术上的优势显然更加明显。连曾经在《申报》头版头条刊发《铅字印书宜用器论》[②]大张旗鼓地鼓吹铅印的申报馆，也承认“以照相之法摹印成之，与元本不爽锱铢，且墨彩更突过旧本”[③]。肇记五彩石印书局曾经在《新闻报》上刊发一则广告，称“《野叟曝言》一书久已风行海内。所惜从前铅版黑纸细字，阅者憾之。兹有立诚室主人广觅旧

① 书底招人租印[N]. 申报，1898-08-23.

② 《申报》，1873-12-13.

③ 新印碑帖出售告白本馆谨启[N]. 申报，1879-03-31.

本,细加雠刊,删其芜秽,增绘图像,重行抄写,用上好连史纸,托本局石印”[1],对比之中,铅印与石印不同版本的优劣高下立现。甚至铅印技术的缺陷也成为书局骂战中的攻击目标,例如文宜书局就指责理文轩的《大明奇侠传》一书印刷质量低劣,称“你之铅板错字甚多也,火油气味也,数月走油变为黄色也”,从而间接赞扬自己的石印版本品质优良,还宣传说:“《大明奇侠后传》已经将原底重为细校,比铅板胜百倍矣,现付石印。”[2]因此,据潘建国的统计,在“兴盛期”翻印的 280 种通俗小说中,石印本 273 种,约占总数的 85%,而铅印本 43 种,只占总数的 15%而已。此种情况也直接导致了席裕琨主持下的扫叶山房,不再延续席威时期委托图书集成局铅印通俗小说的做法,甚至基本摒弃了使用铅印而开始全面运用石印技术刊行通俗小说。

席裕琨时期的扫叶山房,刊行的第一部通俗小说《绣像七侠五义》就是石印本。显然正是由于采用了石印技术刊行,才令该部小说绣像插图的精致与清晰程度远远超过了之前所出版的刻本,从而受到了读者的广泛欢迎,以至于扫叶山房趁着这个畅销势头,又立即陆续推出了《七侠五义》的续书《小五义》、《续小五义》——类似这样一年之内刊行 3 种系列小说的情况,在这家书坊长篇通俗小说的出版历史上是比较罕见的,甚至可以说是前无先例后无追随,其中石印技术所产生的内在推动作用实在不容小觑。

席裕琨显然已经充分意识到了石印技术在翻印通俗小说上的巨大优势。据目前所见的资料,在他主持扫叶山房期间,该书坊所出版的 13 部通俗小说,除《说岳全传》一部为铅印本之外,几乎全部采用石印技术刊行。光绪三十年(1904)《上海书业公会书底挂

---

① 肇记五彩石印并寄售全图奇书[N]. 新闻报,1895-04-17.
② 文宜书局再启[N]. 申报,1894-08-18.

号簿》[①]中著录了扫叶山房的书底128种，其中铅印书底仅有26种，石印的则多达102种，而其中11部石印本通俗章回小说赫然在列[②]，标志着扫叶山房以雕版木刻刊行长篇通俗小说的时代至此已经完全终结，开启了崭新的石印时代。

不过，在席裕琨主持期间，扫叶山房刊行的石印本通俗小说，多采用手写石印的方法[③]，印本以楷体书写，虽然字迹清晰，但是为了节约纸张，一般字划细小，行格紧密。扫叶山房在重新刊行《聊斋志异》也曾指出，"《聊斋志异》一书向无善本，自同文局石印本出，颇餍一时之望。因其校雠详审，印刷精良，与同时诸坊本有上下床之别。然自今日观之，当时因节省纸幅之故，字迹过小，尚费阅者目力"[④]，当时同文书局版本的《聊斋志异》在印刷上所存在的问题是一个普遍的现象，扫叶山房也同样存在。如光绪二十五年(1899)刊行《绣像续小五义》一书每半页多达22行，每行48字，读者阅读时颇费目力，还算不上是精本石印。

光绪三十年(1904)扫叶山房由席氏族戚席少吾等人接管之后，这种情况有所改变，尤其在民国年间之后变化更为明显。一方面，书坊将照相石印技术充分运用于各类书籍的翻印出版；另一方面，在采用手写石印之法刊行书籍的时候，放大字体，使行格相对之前的版本相对疏朗。例如民国十七年(1928)石印的大字全图

---

① 上海档案馆藏，档案号S313-1-77。

② 《上海书业公会书底挂号簿》中所著录的小说共计15种：铅《说岳全传》、石《灯月醉世传》、石《最新古今奇观》、石《东西汉》、石《列国》、石《金〔壶〕七墨》、石《七侠三全》(疑为《七侠五义》与《三侠五义》)、石《博物志》、石《二度梅》、石《小施公案》、石《说唐》、石《改良隋唐》、石《第一奇女》、石《今古奇观正续》、铅《济公全》(周振鹤《晚清营业书目》中该书著录为"石《济公全》"，此处根据上海档案馆藏档案号S313-1-77《上海书业公会书底挂号簿》更改)。

③ 石印技术有两种基本制版方式：一种为手写石印，即在一种转写纸上缮写文字，然后再反转描印于石版上；一种为照相石印，即先用照相的方法拍摄书籍底本，获得反字负片，然后经过特殊处理制成印版。

④ 扫叶山房发售再版六大预约[N]. 申报，1924-12-24.

《儒林外史》,每半页 15 行,每行 34 字。

这一时期的扫叶山房在为其石印长篇通俗小说刊登宣传广告的时候,或称“(《三国志演义》)实吾国一种最普及之教科书,不当仅以小说目之也。本号因是书收效之广,故特精缮大字,详加校勘,以便阅者”①,“(《红楼梦》)久已脍炙人口,其描摹人情世故可谓妙到秋毫,坊间版本虽多而鲁鱼亥豕错伪,难免读者病之。敝号有鉴于此,特缮大字精本付刊行世,迭经再版均不胫而走,具见阅者欢迎之诚”②,或称“(《水浒传》)坊刻虽多类,皆效西施,强加标点,与书中之大旨无关,而板本之精善者转觉稀见。本号有鉴于此,特缮大字精本,增绘图像兼加评注,与前出之《三国》、《红楼》同一精美”③,广告中反复出现的“大字”、“精本”、“增绘图像”等字眼,均从书籍印刷品质的角度,强调了扫叶山房版本此种说部书籍的优良。

正如民国七年(1918)《扫叶山房发行石印精本书籍目录》序所言,“雕本流传,缪为士林称许。曩因锓版不便,易以精本石印行世”,此时扫叶山房出版的长篇通俗小说也出现了不少石印精本。例如民国十一年(1922)《增评加注全图红楼梦》与《增像全图东周列国志》,民国十二年(1923)大字足本《绣像全图三国志演义》,以及民国十三年(1924)的《绘图绣像第五才子书水浒全传》等。民国十八年(1929)年底,扫叶山房还将所刊行的《三国》、《东周》、《红楼》、《水浒》、《花月痕》等 12 种说部书籍同时出版,并且称“以上十二种小说制成木箱,亲友送礼无上佳品,用中国连史精印,永不变色,传与子孙可作永久纪念。购全只售十八元,木箱外加二元,箱

① 扫叶山房发售八大预约印有样本[N]. 申报,1925-07-21.
② 扫叶山房发售十大预约[N]. 申报,1925-11-03.
③ 扫叶山房发售八大预约[N]. 申报,1925-07-21.

上刻上下款，不另取资。外埠木箱不能邮寄”[①]。翌年，又从这12种说部中精选了10种，成为《旧小说十种》出版。

印刷品质的提升，也往往意味着成本的增加，与之相对应的就是小说价格的上涨。民国年间扫叶山房石印的大字精印本长篇通俗小说，售价往往比普通印刷的高出不少，例如扫叶山房代售的其他书局普通版《三国志演义》一部售价一元五角[②]，而由其发行的大字版每部售价三元六角，大字精印版甚至达到每部四元四角[③]；扫叶山房的普通版《花月痕》八角，大字全图《花月痕》的售价则是一元二角[④]。上文中提到的《旧小说十种》更是售价昂贵，“汇刻百四十册，定价中纸卅一元四角，洋纸廿元四角”，而时人的收入情况是，“下层阶级者，其每月工资不过均为4—6银元”，中产阶级“例如法租界公董局办的学校，中国籍教师的月薪也只有15—25银元”[⑤]。在这样的情况下，为了吸引读者购买，该书坊采取了季节性打折、发售预约券、购书抽奖等多种促销模式，这将在本书第四章中详细论述。

大字绘图精本的推出与各种销售措施的采取，使20世纪20年代之后的扫叶山房呈现出一种对通俗小说印行和销售颇为重视的趋势，实际上这与当年的社会环境所构成的文学“场域”是密不可分的。当时白话文运动方兴未艾，胡适和陈独秀等人都认为，整理出版古典白话小说是推广白话文的最有力举措。“我们可尽量采用《水浒》、《西游记》、《儒林外史》、《红楼梦》的白话；有不合今日的用的，便不用他；有不够用的，便用今日的白话来补助；有不得不

---

① 扫叶山房再版新出廉价一月[N]. 申报，1929-12-22.

② 见1921年8月18日《申报》所刊《上海扫叶山房廉价书籍经售百种》广告。

③ 见1921年10月5日《申报》所刊《上海扫叶山房秋季廉价》广告。

④ 分别见1921年3月2日《申报》所刊《扫叶山房发售精本书籍》广告与1921年10月5日《申报》所刊《上海扫叶山房秋季廉价》广告。

⑤ 吴圳义. 清末上海租界社会[M]. 台北：台北文史哲出版社，1971：132.

用文言的,便用文言来补助。"[①]亚东图书馆就推出了一系列由胡适、陈独秀、钱玄同、孙楷第等人作序的新式标点长篇通俗小说,社会影响非常广泛。应该说正是在此种出版形势的触动之下,传统书坊扫叶山房才利用自身的优势,出版此类小说的大字绘图精印本。这一点从书坊对这些小说的宣传中就能略知一二,例如《三国志演义》广告明确写道:"吾国幅员辽阔,语音丛杂,欲以方言一之,不免齐傅楚咻之失,至于咬文嚼字则又不宜于粗解文理之流,欲除此二弊惟有用一种普通文字介于文言白话之间者,若《三国演义》其首选也。"[②]在《水浒传》的广告中更是直言不讳地说:"近自提倡白话文字,此书价值益增然。"[③]

不过,扫叶山房主人显然对亚东图书馆等出版机构,使用新式标点刊行经典的长篇通俗小说是颇为不满的,认为其"强加标点",甚至还通过贬低对方来宣传扫叶版本的精良,在广告中我们可以看到这样的说法,"坊刻虽多类,皆效西施,强加标点,与书中之大旨无关,而版本之精善者转觉稀见。本号有鉴于此,特缮大字精本,增绘图像兼加评注,与前出之《三国》、《红楼》同一精美"[④]。这无疑是扫叶山房恪守传统的一种表现。

虽然扫叶山房在民国年间刊行的长篇通俗小说种类不及笔记小说丰富,但是在印刷品质的提升上,应该说胜于后者,尤其在20世纪20年代之后,随着白话文运动的发展,其对于长篇通俗小说刊行的质量更为重视。出版方式的变革,使这一时期的扫叶山房出现了刊行大字绘图精本长篇通俗小说的小高潮,这也成为此时

---

① 中国新文学运动小史——《中国新文学大系》(一)·导言[M]//胡适.胡适文集.北京:北京大学出版社,1998:130.

② 大字足本《三国志演义》预约[N].申报,1923-03-04.

③ 扫叶山房发售八大预约[N].申报,1925-07-21.

④ 扫叶山房发售八大预约[N].申报,1925-07-21.

该书坊的特色之一；同时书坊传统的营销方式又在刊行方式变革的倒逼之下发生了变革，新的营销方式让读者能够买到质量高而价格优惠的精品小说书籍，促进了这类书籍的销售，例如 1926 年 7 月 25 日《申报》所刊“发售赠品预约券，再版新书十种”广告中，预约发售的十种书籍中就出现了大字足本《三国志演义》、大字足本全图《五才子》、大字足本《东周列国志》和大字足本《红楼梦》五种长篇通俗小说。

第三章

变革突破与回归传统：笔记小说的刊行[①]

本坊为爱重名誉计，为推广贸易计，凡近年印行各书，缮校一切，益实事求是，以期毋负购阅诸君之盛意。盖因书籍一业，关系全国人民之学术之智识，非常重要，非如他业之销行货物，专以牟利为目的也。

——《扫叶山房特别广告》[②]

在光绪五年(1879)应长篇通俗小说的刊行潮流而动出版了《忠烈侠义传》之后，翌年就马上推出了《蝶阶外史》，继而是《履园丛话》、《右台仙馆笔记》、《聊斋志异》、《雨窗寄所记》[③]等，随着一系列笔记小说在该书坊书目中的出现，使此种类型的书籍后来居上，在数量上逐渐超过了长篇通俗小说，成为扫叶山房说部书籍出版的主流。据统计，扫叶山房所刊具有一定文学性的笔记小说 96

---

① 本章部分内容曾在《编辑之友》2012 年第 6 期上发表，本书根据新发现的史料，对各个时期扫叶山房笔记小说的刊行情况进行了大量增补。

② 《文艺杂志》，1914，(1).

③ 这部《雨窗寄所记》是谢堃所著《春草堂三种》其中之一，其他两种为《书画所见录》与《金玉琐碎》，三种作品同时被收入《扫叶山房丛钞》中。

种，其中亦不乏《唐人说荟》、《太平广记》与《五朝小说大观》等规模较大的笔记小说丛书。①

第一节　光绪年间：严肃性的刊行选择倾向

同治元年(1860)扫叶山房从苏州搬迁至上海之后，当时出版业的情况是：一方面，各省相继成立了官书局，与民营书局抢占出版市场；另一方面，传统的雕版印刷业又出现了分化的局面，铅石印技术陆续兴盛。处于这种特殊历史时期的扫叶山房，在席威的主持下，对书坊刊行书籍的种类以及经营的形式和规模等方面进行了颇为艰难的拓展，其中最明显的变化就是适应时代潮流，增加了对于笔记小说出版的支持。可以说，在席威及其后继者席裕琨的共同努力下，该书坊的笔记小说刊行在清朝末年获得了长足的发展，而光绪六年(1880)在《乙卯科直省乡墨发兑》广告中所出现的《蝶阶外史》一书，正是这种努力的开始。

《蝶阶外史》在此时推出，并非偶然。同治末年，申报馆出版翻译小说《昕夕闲谈》失败之后，开始转向出版传统中国小说，同治十三年(1873)《儒林外史》的畅销逐渐引起了其他书局的注意与模仿，同治末年至光绪初年，申报馆的小说刊行一度成为出版界风向标。据统计，到光绪五年(1879)，申报馆共

① 本书统一将每部笔记小说丛书计为 1 种。例如《唐人说荟》共 16 卷，其中包含《隋唐嘉话》、《朝野佥载》、《杜阳杂编》等笔记小说 164 种，统计时只计《唐人说荟》1 种。

计出版小说 27 种[①],其中 17 种,即 2/3 都是笔记小说,包括《遁窟谰言》、《快心编》、《潜庵漫笔》、《印雪轩随笔》、《庸闲斋笔记》等,其中《萤窗异草》还先后出版了初集、二集、三集。在这样的情况下,扫叶山房书目中在光绪六年(1880)开始出现笔记小说也是情理之中,而且申报馆出版俞樾的《印雪轩随笔》,扫叶山房就在《蝶阶外史》之后,随即推出俞氏的另一种作品《右台仙馆笔记》,以此与申报馆的笔记小说出版相呼应。

《蝶阶外史》的作者高继珩在书首的《小引》中自述,称该书是"遇可传、可敬、可喜、可愕之事,归辄篝灯笔之,积日既多,遂而成帙"的作品,正如蒋瑞藻在《小说考证》中所言,作品"叙事简赅,用笔清腴,诚说部中之不可多得者",蔡国梁在《清人笔记四种》一文中评论说:"本书搜辑颇广,除神仙鬼怪、奇闻轶事外,并及卜筮、梦兆、碑石、书画、诗赋、酒茶等,诚系历史琐闻类笔记。多记冀事,事辄简率,皆类梗概,其意在记实而不在做小说。"[②]紧随其后于光绪七年(1881)刊行的《履园丛话》与《右台仙馆笔记》都与此类似,其中不乏具有文学意味和故事情节的作品,但是以书中所涵盖内容的广博性而言,杂录性质也非常明显。例如钱泳的《履园丛话》,虽然"其中也有不少小说故事,兼备志人、志怪、传奇及笑话各体"[③],但是全书分为旧闻、阅古、考索、水学、景贤、耆旧、臆论、谈诗、碑帖、收藏、鬼神、精怪、报应、笑柄、梦幻等二十三门,从所分类目就足见内容之广泛;而俞樾的《右台仙馆笔记》,虽然所记爱情故事部

---

① 这 27 种小说作品是:《昕夕闲谈》、《儒林外史》、《遁窟谰言》、《快心编》、《西游补》、《潜庵漫笔》、《印雪轩随笔》、《庸闲斋笔记》、《萤窗异草》(初二三集)、《红楼梦补》、《影谈》、《六合内外琐言》、《镜花水月》、《志异续编》、《林兰香》、《女才子》、《夜雨秋灯录》、《闻见异辞》、《山中一夕话》、《浇愁集》、《耳邮》、《笑史》、《蟫史》、《茶余谈荟》。

② 江苏社科院文学研究所. 明清小说研究(第六辑)[M]. 北京:中国文联出版公司,1987:217. 转引自张振国. 晚清民国河北文言小说集四种叙考[J]. 邯郸学院学报,2010,(1).

③ 石昌渝. 中国古代小说总目(文言卷)[M]. 太原:山西教育出版社,2002:275.

分的小说意味较强，但是除此之外，天南海北、山川博物、人情世态、遗文轶事、风俗艺文，也均能在书中读到，这位被称为乾嘉学派的殿军的清末学者，称“余著《右台仙馆笔记》，以《阅微》为法，而不袭《聊斋》笔意，秉先君子之训也”[①]。因此，作品中多考证之笔，广征博引，每每以古事为准绳。以上几种都是与乾隆年间扫叶山房所刊《容斋五笔》一脉相承的笔记小说，其文笔具有较为浓厚的学者气息，笔者在下文的论述中，姑且将其称为学者型笔记小说[②]。

不久之后，扫叶山房于光绪九年(1883)出版了许奉恩的《兰苕馆里乘》[③](简称《里乘》)，作为该书坊刊行的《扫叶山房丛钞》子部书籍之一。《丛钞》共收入了 27 种书籍，包含经史子集等多方面的内容，于光绪九年(1883)到光绪十年(1884)之间陆续印刷出版。对于这套杂纂类的丛书，席威在《〈扫叶山房丛钞〉序》中称：“方今运会日新，人才辈出，负魁奇卓荦之资，往往穷学力之所至，于群经诸史之外，探奥赜，抉丛残，以为朴学之一助。”可见丛书的刊印目的，十分切合其先祖席世臣创办书坊时所持的宗旨，即“刊刻秘籍，以惠学林”。清代方睿颐评价《里乘》时，称其“以口舌代木铎，世道人心，关系实非浅鲜，则虽小说家言，作董狐观可矣也”[④]，可见这部笔记小说从创作形式上而言，与《容斋五笔》迥然而异，是近乎《夷坚志》的志怪类型。不过，《里乘》的作者许奉恩创作该书时，借助的只是《聊斋志异》怪诞形体，汲取的却是《阅微草堂笔记》实录精神，意在最大程度上达到“劝惩”的目的，即所谓“谈狐说鬼，无殊

---

① 转引自宋莉华. 清代笔记小说与乾嘉学派[J]. 文学评论，2001，(4).

② 关于此概念阐述，详见本书第 27 页注释③。

③ 《兰苕馆里乘》原为 10 卷本，《扫叶山房丛钞》版为 4 卷本，即只选录了 10 卷本 190 篇中的 24 篇。

④ 方睿颐.《兰苕馆里乘》序.[M]//许奉恩. 兰苕馆外史. 合肥：黄山书社，1996：12.(按：《里乘》又名《兰苕馆里乘》、《兰苕馆外史》)

淄水之洸洋;善劝恶惩,犹是河间之宗旨”[1],更有人称之为“尽有小说家之长而祛其短,足与正史相表里者矣”[2],这一点与扫叶山房笔记小说出版的宗旨和原则是相符合的。因此,“与正史相表里”的《里乘》也成为该书坊光绪年间笔记小说出版的选择之一。

正如《〈扫叶山房丛钞〉序》中所言:“版扆吴郡,粤寇至,尽付劫灰。”因此,出版《里乘》的时候,扫叶山房采用的是翻刻他本的方式——即根据书坊所藏的书籍进行翻刻出版,而到光绪十八年(1892)《曼陀罗华阁丛书》出版的时候,扫叶山房则已经积累了一定的资金,可以购买别家的板片修补重印了。《曼陀罗华阁丛书》汇集了杜文澜陆续撰著与校订刊刻的书籍,共计 16 种,而笔记小说《曼陀罗华阁琐记》正是这部丛书中刊刻最早的一种,其书板由扫叶山房向同业购得。与《里乘》不同,《曼陀罗华阁琐记》书前牌记题曰:“光绪壬辰仲春之月席氏扫叶山房藏板”,左下方有“扫叶山房督造书籍”印——这是扫叶书籍特有的版权标记。由于《曼陀罗华阁琐记》较为罕见,后来各个书局出版该书时,大多根据扫叶山房的版本印行。

《曼陀罗华阁琐记》出版 4 年之后,黄钧宰记录 40 年间“耳目闻见,可惊可愕之事”的《金壶七墨》出现在扫叶山房的书目中,成为又一部学者型笔记小说刊行的小试牛刀之作;而光绪二十七年(1901)所出版的“掌故丛编”则正式拉开了之后若干年该书坊此种类型笔记小说刊行的序幕。这套“丛编”是清人所撰的 4 种笔记小说,包括陈康祺《郎潜纪闻》和《燕下乡脞录》,以及姚元之《竹叶亭杂记》、周寿昌《思益堂日札》,均为受到乾嘉学派考据传统影响的学者型笔记小说,在选入“掌故丛编”之前,《郎潜纪闻》曾经于光绪

---

① 文益人. 校点后记[M]//许奉恩. 里乘. 济南: 齐鲁书社,2004: 314.

② 金安清.《兰苕馆里乘》跋[M]. 许奉恩. 兰苕馆外史. 合肥: 黄山书社,1996: 388.

十三年(1887)在该书坊刊行过。

学者型笔记小说的作者大多身兼学者或者至少是学人的双重身份，因此，作品在创作形式上长于议论——作者时时不忘作为学者的身份和责任，重在显示个人的才学和见解。例如《里乘》在每篇末都附以“里乘子曰”，将议论作为文章不可或缺的表达方式加以程序化；在内容上，除了记载一些奇闻异事之外，还夹杂大量杂典章制度、名物考辨等内容，将属于学术范畴的考据之学在笔记小说范围内加以复制和推广。许谆书在将梁章钜的《归田琐记》与欧阳修的《归田录》进行比较之后，情不自禁写下了这样的评论：“欧书多录朝廷遗事，士大夫笑谈，吾师书亦同其意，而考订详明，包孕繁富。”①“考订”与“繁富”两个词语，准确地反映了作者梁章钜的乾嘉学者身份对于笔记小说创作带来的影响，同时也概括了学者型笔记小说所具有的突出特点。

与以上学者型笔记小说相对应，扫叶山房在光绪年间还出版了几种以神仙狐鬼故事以及各种奇闻异事为主，虚构性、情节性与故事性更强的作品，笔者在下文的论述中，姑且将其称为通俗型笔记小说②，例如光绪九年(1883)刊行的《聊斋志异》就属于此类。

扫叶山房在当年的《申报》上为该书刊登的广告称：

《聊斋》一书，自王但二公评后，文登吕叔清复详加注释，益臻美善。本坊旧有鲍氏雕本及墨批吕注本，风行已久，江广虽有套版，惜无注释且多讹误，读者病之。爰重为校刊，其批

① 此段文字根据宋莉华《清代笔记小说与乾嘉学派》(《文学评论》2001 年第四期)总结。

② 通俗型笔记小说以记载各种神仙狐鬼、奇闻异事、江湖骗术、青楼艳史、官场黑幕以及滑稽笑话为主，作品的虚构性、情节性与故事性较强，其中民国时期一些专注揭露江湖骗术与官场黑幕，通篇皆滑稽笑话的作品，本书将其称为世俗化笔记小说。

> 语圈点悉以朱色标印，益觉爽心豁目。世有深于文者，当不以稗官野乘视之也。[①]

这部《聊斋志异》的刻本与之前的墨批本不同，属于红黑两色套版刊刻，不仅印刷精美，所谓“爽心豁目”，而且还经过了重新校勘，修订了讹误，显示出扫叶山房对此书的重视。蒲松龄在书首自序所言“浮白载笔，仅成孤愤之书。寄托如此，亦足悲矣”，可见其创作目的是抒发内心“孤愤”，落笔皆有所寄托；纵观书中篇目末尾频频出现的评论文字，与作者使用“异史氏”这样意味隽永的说法作为自我称谓，其中反映出他渴望写作一种有别于正史的“异史”之心愿。而扫叶山房的宣传广告中所言“世有深于文者，当不以稗官野乘视之也”，也反映出书坊主人似乎并不将《聊斋志异》中的故事看作小说，流露出一种视其为“正史之附翼”的潜意识。

早于《聊斋志异》3 年刊行的谢堃《雨窗寄所记》[②]（见图 3－1）则是一部明显受到《聊斋志异》的影响而创作的作品。全书共计 85 则短篇故事，最长的 3 000 余字，烟粉灵怪、神仙狐鬼、异人奇事都有涉猎，其中作者对狐妖这一题材的偏爱就沿袭自《聊斋志异》，例如《尊经阁狐》描写的是深具羞耻之心的狐女，《肥城狐》称赞的是为夫守孝的狐女，《半塘灯》塑造的是为狐辩护正名的狐女等。书中作品还几次提及《聊斋志异》，如《白棉线》中的妓女白棉线尤喜听人说《聊斋志异》，而且“凡合意者必请重宣以记之”；《笔墨会

---

① 精刻朱批增注《聊斋志异》[N]. 申报，1883－02－13.

② 石昌渝主编《中国古代小说总目 · 文言卷》中著录该书为《雨窗记所记》，此处据《申报》1880 年 10 月 15 日扫叶山房所刊《新书籍发兑》，“甘泉谢佩禾先生所著《春草堂三种》，考据古今书画，赏识金玉器皿，其《雨窗寄所记》一书可与《阅微草堂》相颉颃，尤为新人眼目之作”，使用《雨窗寄所记》。

馆》中则直接向蒲松龄致敬，将他作为清代文言小说最高成就的代表来描写。与《聊斋志异》不同的是，《雨窗寄所记》在神仙狐鬼的世界之外，还描绘了现实社会中的骗术与欺诈。书中关于社会险恶，揭示江湖骗术的作品共有 9 篇，塑造了各种骗子的形象，例如《骗局三则》其中一则写某官认一乞丐为母，将其典押至商店骗财骗物；《妖僧》讲某僧假扮女子诱一女失身，并与某尼狼狈为奸，使此女沦为妓女从而成为敛财工具；《瑶池仙女》说的是一老妪与女子假扮仙人，以得子为借口盗走郑生所有家财；《马又兰》载某名妓容貌与技艺皆为假，以 53 岁老妪之身骗得某浪荡子钱财等。

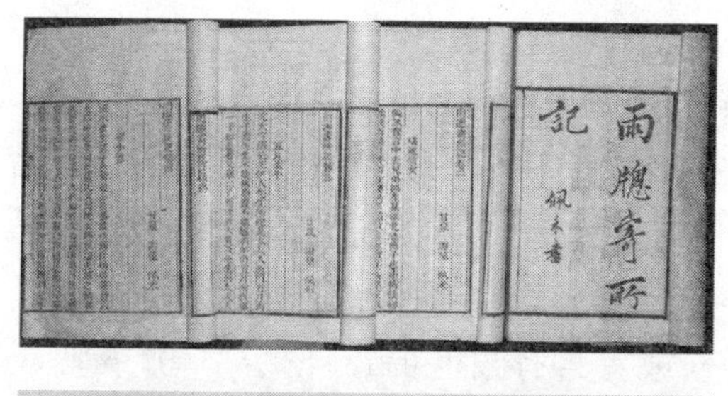

图 3－1　《雨窗寄所记》书影以及扫叶山房的相关广告

在那则题为“笔墨会馆”的作品中，蒲松龄曰：“余所作记事小说，不熟精《左》、《史》、两《汉》之书亦难着笔，否则徒增笑柄耳。”这实际上是谢堃在借蒲氏之口，说出了他自己对于笔记小说创作的一些看法；而《古董先生》更是直接用“东门氏”的话评论说：“文能劝惩，便与人心世道有关。小说之所以能传者往往在此。”从中不难看出谢堃创作这部笔记小说的目的所在，即创作记事小说，并以此劝诫世人。

以上所提及的说部书籍之外，汪道鼎的《坐花志果》讲述因果报应故事，荆履吉认为该书“叙事简雅，论断不苟。且实事求是，博访再三，无臆造之言，雷同之说。其足媲文达与否，诚不敢知。要其救世苦心，吾于调生益信之矣”①。李庆辰的《醉茶志怪》寓劝惩于各种故事之中，杨光仪在书首序言中云：“观其自序，首引蒲留仙志异、文达公五种，是盖合二书之体例而为之者。读者不仅以怪视之，庶可得作者之大旨焉。其志怪也，殆犹是‘不语怪’之义也夫。”②在作者、评论者眼中这些通俗型笔记小说或者为了书写孤愤，有所寄托；或者具有救世苦心，论断不苟；或者合《聊斋》、《阅微》于一体，“词非虚构，事本直书”③。

综上所述，学者型与通俗型笔记小说的刊行兼而有之，是此时扫叶山房这类说部书籍出版的一个特点，但是光绪年间所刊行的这些作品，即使是通俗型笔记小说，作者都是以较为严肃的心态进行创作的，并非揭秘文章和谐谑文字，与宣统和民国年间的《骗术奇谈》、《满清官场现形记》、《滑稽谈》、《吹牛拍马讲义》这样世俗化的笔记小说有所不同，此阶段笔记小说刊行中，所呈现出来的是扫叶山房主人严肃性的选择倾向。

---

① 荆履吉. 序[M]//汪道鼎. 坐花志果. 苏州：弘化社，2013：1.
② 杨光仪. 序[M]//李庆辰. 醉茶志怪. 济南：齐鲁书社，2004：1.
③ 李庆辰. 自序[M]//李庆辰. 醉茶志怪. 济南：齐鲁书社，2004：2.

第二节　宣统年间至民国三年(1914)[①]：应潮流而动的改变

作为一家传统的出版机构，扫叶山房逐渐重视笔记小说出版，而且在笔记小说出版方面，一直关注文人的选择倾向与阅读喜好；作为一个有着家学渊源的书坊主人，在笔记小说类型的选择方面，从席威到其子席裕琨甚至族戚席少百、席悟奕，都力图恪守先祖席世臣时期所形成的学者型笔记小说出版传统。宣统年间至民国三年(1914)，梁绍壬《两般秋雨庵随笔》、王世祯《香祖笔记》、查慎行《人海记》、王士禛《燃灯记闻》、俞鸿渐《印雪轩随笔》、薛福成《庸庵笔记》、梁章钜《梁章钜笔记三种》(《归田琐记》、《浪迹丛谈》、《浪迹续谈》)、陈其元《庸闲斋笔记》等 17 部作品先后出版，即是此种传统的延续，可以说这仍然是这一时期扫叶山房笔记小说出版的主流。

然而，毕竟此时的出版环境以及读者群体已经与以前大不相同。近代城市的发展，商业社会的逐渐形成，使社会环境更为险恶，所谓“世界愈文明则机变之心愈幻，地方愈繁盛则奸诈之徒愈多”[②]，这无疑为笔记小说增加了新的创作题材；另一方面，由于商业发展而新涌入城市的那些新兴市民阶层，甚至城市中的原住居民面对各种“机变之心”以及“奸诈之徒”，普遍需要一本“应对手册”，于是出版市场中各种“现形记”之类的文字和以

---

① 本节以“民国三年”(1914)为讨论的时间节点，原因在于这一年之后，扫叶山房没有再推出过新的以揭秘文章或谐谑文字为主的通俗型笔记小说。

② 雷瑨.《上海之骗术世界》弁言[M].上海：扫叶山房，民国三年(1914)：1.

“宝鉴”[①]命名的作品大行其道，层出不穷，成为清末民初的一种书业特色。因此，在恪守传统的同时，有着百年历史的扫叶山房，也应出版潮流而动，试图寻求笔记小说刊行的一些变革与突破。

最明显的表现就是世俗化笔记小说开始在这一时期出现，宣统元年(1909)《绘图骗术奇谈》(见图3-2)的石印出版就是一种标志。该书由时任扫叶山房编辑的雷瑨，收集各种新奇骗术100则汇编而成。与光绪年间该书坊所出版的《雨窗寄所记》中偶尔出现对于骗子的描写不同，这部《绘图骗术奇谈》与早在万历十七年(1617)年就出现的《杜骗新编》类似，每一则的主角都是骗子，“有达官贵人而受骗者，有乞儿贫妇而受骗者，有骚人雅士而受骗者，至各店铺被骗尤多，甚至骗人者或亦为人所骗。奇中有奇，幻中有幻。世路之险，防不胜防。阅此书者，可以长见识，增阅历，羁旅之

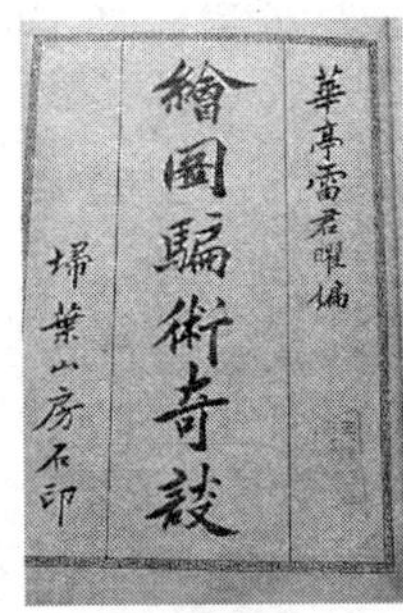
華亭雷君曜編
繪圖騙術奇談
埽葉山房石印

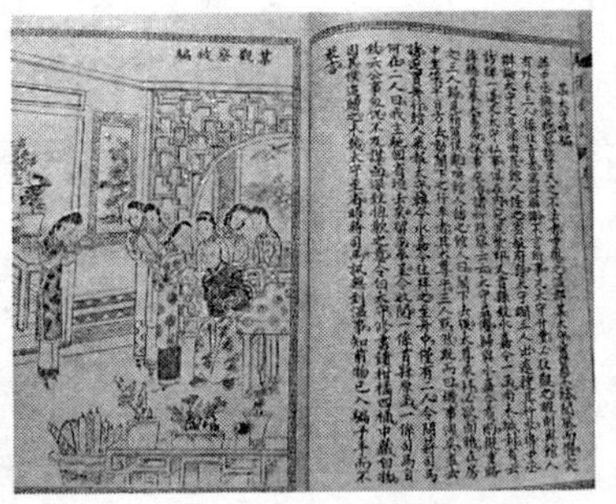

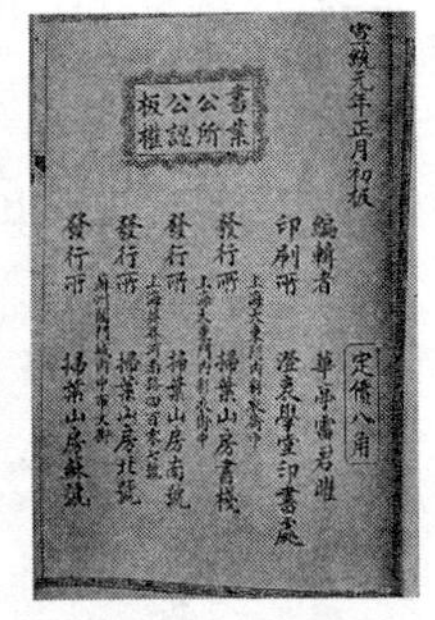
宣統元年正月初版
定價八角
書業公所認可板權
編輯者 華亭雷君曜
印刷所 澄衷學堂印書處
發行所 埽葉山房書棧
發行所 埽葉山房南號
發行所 埽葉山房北號
發行所 埽葉山房蘇號

图3-2 《绘图骗术奇谈》书影

① 例如美华书馆出版过《沪人宝鉴》，称：“诸公居沪时常丧失体面，自由财物常为人盗窃诈骗，子女常被人诱拐走失，办理要事吃亏受愚，种种损失祸害不胜枚举。倘诸公欲永远防患于未然，请速购《沪人宝鉴》，一经读熟此书，必能永免惩罚之侵，及并各种奸宄之计害。凡日报所载各项损失、祸害，为人所不能免者，既悉本书，莫不能消弭于无影无形之中。”载《申报》，1914-06-30.

人尤宜奉为枕中鸿宝”①。作品情节离奇令人意想不到，因此，该书可以作为防骗手册使用，同时又能当作小说阅读，而且所用语言白话文言兼而有之，非常适合普通读者。例如其中一则《冒回华富商行骗》，所叙内容是某甲假装成一位在南洋发财的富商，引得当地缙绅纷纷与其结交，而且一家旧货店的老板还将女儿嫁给此人作为续弦。文中描写某甲因战乱与家人失去联系，十余年后突然出现在故里的情景时写道：“衣服华美，行李豪奢。自言乱时辗转至南洋各埠，为人多友，渐丰裕。现为某富人倚重，特派江南拟经营盐业。……甲遂挈至郡城，僦屋而居，并顾仆数人。购置烟壶、扳指等及千金，先给三百金，云：不日新加坡即有旧款汇来，当即拨付”，既言简意赅又浅显易懂。书中各种店铺受骗的故事尤其多，例如布店、银饰肆、钱店、参行、珠宝肆、缎肆、质库等，可见作者编撰该书时，所拟想的阅读对象正是普通市民阶层，与一味强调“以惠学林”的学者型笔记小说的出版主旨完全不同。

《绘图骗术奇谈》的宣传广告中特别强调，扫叶山房出版此书的一个重要目的，就是希望读者“苟阅是书而心领神会，于世间一切机械变诈诸术可以窥破，而预为之防，是亦有益于涉世，不仅为消遣闲情也”②。荆履吉曾言：“乾隆间河间纪文达公，抱宏通淹雅之才，撰录四库全书提要。以直余晷，成《滦阳消夏录》、《如是我闻》、《槐西杂志》诸书，一时风行海内。其大旨以考据辩论之作，即甚精核，非好学深思者，鲜克心知其意。惟稗官小说，自士林以迄农贾，无不雅意浏览，津津乐道。故寓劝惩于笔墨之中，其书易行，其言亦易入。”③作为扫叶山房编辑的雷瑨与时任书坊主人的席少吾、席悟奕似乎都深谙此理。

---

① 《绘图骗术奇谈》广告[J]. 文艺杂志，1914，(1).

② 《骗术奇谈》广告[J]. 文艺杂志，1914，(1).

③ 汪道鼎. 坐花志果·序[M]. 苏州：弘化社，2013：1.

该书的宣传广告还写道:“阅此书者,可以长见识,增阅历,羁旅之人尤宜奉为枕中鸿宝。每则又绘有精图,随事指陈,颇饶趣味,诚近日小说书中唯一特色也。”[①]可见编辑为了满足读者需求,借鉴了章回小说插入“绣像”的方式,在每种骗术故事之后增加了石印插图,用来凸显各种骗子的形象与伎俩,以期获得图文并茂的效果。这种将图像与笔记小说文本相结合的做法,与《点石斋画报》刊登王韬《淞隐漫录》所采用的方式如出一辙[②],在扫叶山房的笔记小说出版中可谓独树一帜,所以此书能够“销行数万部,颇为社会欢迎”[③]也在情理之中。

如果按照《申报》刊载的《廉价石印家谱杂作等》[④]所公布的石印书籍费用标准,不计底本抄写费和装订费,《绘图骗术奇谈》每部石印成本仅为一角八分,加上其他各项费用,成本即使按照四角来计算,这部定价八角的书籍销售了数万部,给扫叶山房带来的利润也是相当可观的。不仅如此,《绘图骗术奇谈》中一些具有典型社会现实意义的小故事还被搬上了话剧舞台,先后由移风新剧社、新民新剧社[⑤]和民鸣新剧社分别进行编排演出[⑥],成为当时颇为有名

① 《绘图骗术奇谈》广告[J]. 文艺杂志 1914,(1).

② 王韬的笔记小说《淞隐漫录》从光绪十年(1884)闰五月开始在《点石斋画报》上刊登,每期一篇,配图一幅,至光绪十三年(1887)刊登完毕。

③ 《上海之骗术世界》广告[J]. 1914,(1).

④ 《廉价石印家谱杂作等》:“今议定代印书籍等,以二百本为准,以每块石印连史纸半张起算,除重写抄写费不在其内,每百字洋二分半,每半张连史纸仅需洋一分。比如连史纸半张分四页,书内六十页,共石板十五块,印书二百本,共连史纸三千个半张,以每半张一分计,共洋三十元。如书内共三万字,除抄写价外,计洋七元五角,共书二百本,不连钉工,只须洋三十七元五角。倘目已刻木板其费约四十五元,刷印及纸料尚不在内也,两相比较实甚便宜。况石印之书比木板更觉可观乎,又如书页欲缩小加大亦照半张连史纸核算。此布。点石斋告白或问申报馆亦可。”载《申报》,1880-04-13.

⑤ 扫叶山房在《骗术奇谈》上演的民国三年(1914),曾经代售过新民新剧社社长郑药风所编的新剧《恶家庭》改编而成的小说。

⑥ 3个剧社分别于1914年1月31日、2月1日、3月2日在《申报》刊登上演《骗术奇谈》的广告。

的滑稽剧之一，在社会上产生了广泛影响。署名“奚悲秋”的作者还在《申报》的“剧谈”栏目中，专门对由《骗术奇谈》改编而成的话剧《局骗》进行了介绍：

> 前日西外惠中学堂因创办二十五周年纪念大会，假座西园，请移风新剧社演剧以娱来宾。余承柬招亦于二时许往观，时《局骗》一剧开幕未逾五分钟也。该剧系就《骗术奇谭(谈)》中情节编成，林孟鸣殷怡怡起，二骗子面目神情至堪发噱，刻画煽情，颇能引人入胜兴味不穷，其余配角亦称。此剧虽属滑稽，然唤醒社会之迷津，其功正自不浅。①

不久之后，扫叶山房趁热打铁，于民国初年继续推出了《上海之骗术世界》(见图 3-3)，《申报》上刊登的该书宣传广告中还打出了曾经畅销的《绘图骗术奇谈》及其编者雷瑨的招牌，称“云间颠公前辑《绘图骗术奇谈》销行数万部，颇为社会欢迎”，甚至刊行方式也仿照《绘图骗术奇谈》的刊行方式，60 则骗局，每则都配图一幅。不过与《绘图骗术奇谈》有所不同的是，《上海之骗术世界》专门描绘上海“妓院、赌场、茶楼、戏馆

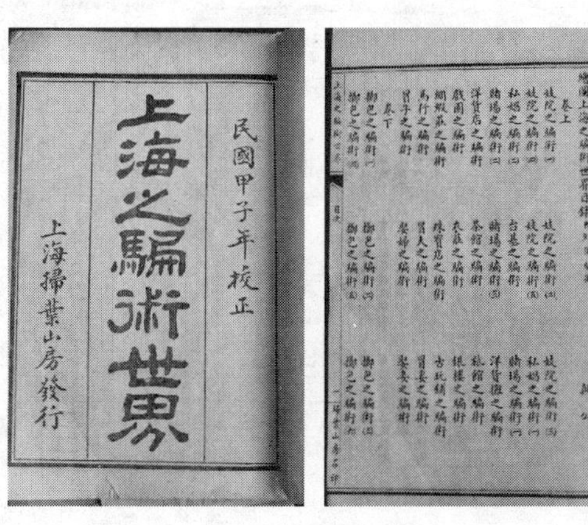

图 3-3 《上海之骗术世界》书影

① 《申报》，1914-01-07.

种种骗诈之伎俩”，地域特征更加突出，特别针对那些“他埠人士之初至上海者”，认为他们“苟一览是书，可藉知世途险峻，而不致受人诈骗，于旅行不无裨益也”[①]，对于读者而言，其所起的作用与前文中提到的美华书馆《沪人宝鉴》非常类似。刊行于民国三年(1914)的《上海之骗术世界》，显然对后来黑幕小说的创作产生了一定影响，就连该书弁言开篇的句子“世界愈文明则机变之心愈幻，地方愈繁盛则奸诈之徒愈多”都直接被孙家振化用，改成“世界愈繁华则人类愈庞杂，人类愈庞杂而狡诈之徒乃盘踞社会，日肆其鬼蜮之技”，写在《北京黑幕大观》的序言中[②]。

除了进行“骗术”揭秘之外，雷瑨的《满清官场百怪录》(见图3-4)则与“现形记”之类的读者喜好以及此种书籍的出版潮流相呼应，该书的宣传广告特意将其与李伯元所撰那本广为人知的章

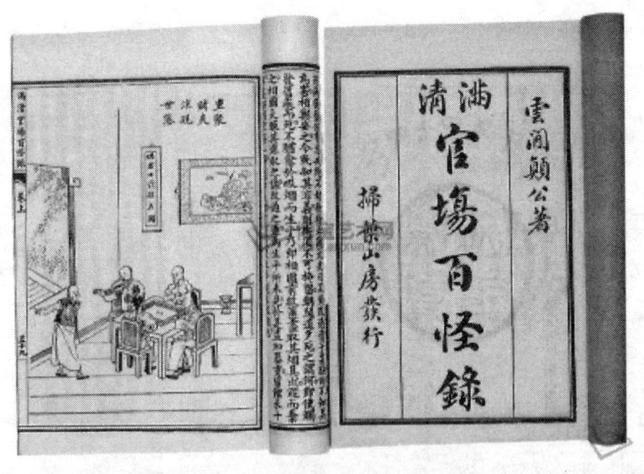

图3-4 《满清官场百怪录》书影

① 《上海之骗术世界》广告[N]. 申报，1914-03-06.

② 孙家振.《北京黑幕大观》序.//不幸我生喋喋. 北京黑幕大观，上海：广文书局，民国七年(1918).

回体谴责小说《官场现形记》进行比较，称："颠公少年时游幕各省，嗣又厕身报界数十年，就生平所闻见，凡官场奇奇怪怪之事，一一笔之于书……而满清国祚之因此颠覆，即于言外得之，以视《官场现形记》等书籍空言以讽世者，其用意又不同也。"①将李伯元的作品视为"空言以讽世"，言下之意就是虚构不实，而雷氏的作品则是作者根据"生平所闻见"书写，意味着更加真实可信，由此可见，在扫叶山房主人看来"实录"正是《满清官场百怪录》的最大卖点。这部书在民国二年(1913)石印出版之后，因为颇受社会欢迎，以至于扫叶山房先后于民国三年(1914)、十九年(1930)、二十四年(1935)3次将其重印。而以纪事体"或记嫁娶之盛况，或述宴会之趣闻，或纪政法军学各界之风流案牍"②的《民国艳史》的销售情况也相当不错，据《民国艳史乙编》的广告称："修竹乡人(按：此即雷瑨的笔名之一)就所闻见辑成《民国艳史甲编》出版后，大受欢迎，一月中售去数千部。"在利润的吸引下，仅仅时隔一个月，雷瑨"又搜采民国近时香艳事迹，辑为乙编"，而且"较甲编集事更新谐文尤艳丽"③。

辛亥革命之后，社会上还兴起了一股消闲之风，喜欢以诙谐滑稽文字作讽世之文，杜新艳在《晚清报刊诙谐文学与谐趣文化潮流》中提及此种情形时说："综合性报纸副刊在文艺小报的刺激下，也积极吸纳诙谐因素以扩大社会影响面。随着报刊谐趣文化势力的壮大，游戏类杂志和专门书籍也同时跟进。而到了民初，则诸种形式并进，互张声势，诙谐文学和谐趣文化更俨然成势。"④在民国

① 《满清官场百怪录》广告[J]. 文艺杂志，1914，(1).

② 《民国艳史》出版[N]. 申报，1914-06-04.

③ 《民国艳史乙编》定价四角[N]. 申报，1914-09-10.

④ 杜新艳. 晚清报刊诙谐文学与谐趣文化潮流[J]. 中国现代文学研究丛刊，2008，(9).

三年(1914)创刊的杂志中,和记图书公司和东亚书局的刊物就直接以“快活世界”和“快活杂志”命名,其中《快乐杂志》的宣传广告中称:“本杂志取庄谐并列,雅俗咸宜,令人可惊可喜之快乐文字,编为杂志一种,即名曰《快乐杂志》。内容分图书、杂文、谐书、笑林、拾遗、诗词、丛谈、小说、专集、碎锦等十门,篇篇快乐,字字快乐。”[①]同一年由百新公司发行的《百新新话》,其宣传广告曰:“以滑稽之笔墨及新颖之思想,而寓讽世、觉民、警醒社会之旨,阅者见之当无不笑口常开也。”[②]

这一年,扫叶山房不仅应景地创办了“以至理至情寓于诙谐文字,唤醒痴聋”的《织云杂志》,代为发行了“酷喜诙谐文字”的杜文馨编辑的《小说杂志》,而且在笔记小说出版方面也与此种潮流十分吻合。其一,在民国二年(1913)出版了吴趼人的《滑稽谈》。吴氏谐趣滑稽文字的代表作,是发表于《月月小说》后由群学社结集出版的《俏皮话》;扫叶山房出版的《滑稽谈》所搜集的 172 则作品是他生前于宣统二年(1910)在《舆论时事报》上连载的,因此,宣传广告中称为“我佛山人遗著”。《滑稽谈》的文字,有的也延续了《俏皮话》以动物讽刺时政的风格,例如用鼠类致函即将开展灭鼠的保畜会呼吁公平对待,来讽刺当时政府希望求助俄国或者日本的可笑举动;有的则讽刺社会上某些泛滥的现象,例如 5 则关于“招租”的笑话。其二,编辑主任雷瑨亲自动手,将自己所创作以及搜集而来的各种滑稽文字汇编成《最新滑稽杂志》和《文苑滑稽谭》。两书或者“以谐语趣事吸引读者,意甚诙谐,语必雅驯,茶余酒后阅之可以一洗胸中之块垒”[③],或者“读之足以遣睡魔,消旅感,助酒兴,引

---

① 《快乐杂志》即将出版之先声[N]. 申报,1914-10-29.
② 百新公司《百新新话》已出版[N]. 申报,1914-11-26.
③ 《最新滑稽杂志》出版[N]. 申报,1914-01-20.

文情”[①]。其三，发行了署名“小吹”的《吹牛拍马讲义》。作者“松江小说家小吹氏”也曾在《织云杂志》与“狙公”唱和，两人以滑稽的笔调写过《狙公致小吹先生书》和《小吹答狙公先生书》。这部《吹牛拍马讲义》仅从书名就能知道，它是专门以“趣味”吸引读者的，而且书中不仅“写尽世间吹牛拍马客”，还“附录古今吹牛拍马笑史”[②]，更为特别之处在于，虽然是小说，却煞有介事地用讲义体来写作，这种假装严谨的做法令人尤为忍俊不禁。因此，“是书出版后，社会异常欢迎。出版未及五旬。业已数千销去”，一个多月之后扫叶山房再版该书的广告就已经出现[③]。有意思的是，1915 年 8 月 6 日发表在《申报 · 自由谈》中一篇题为“模范家庭”的讽刺文章，在描写该家庭书架时写道：“架上所储，非《吹牛拍马讲义》、《三十三种小说》，即麻雀牌谱、扑克谱与淫学等书。”这部小说还成为了这位署名为“端趋”的作者讽刺所谓“模范家庭”的一种道具，可见其在当时确实具有一定的社会知名度。

“晚清近代社会转型期产生的诸多社会矛盾，城市畸形扩张所带来的副作用，报刊及文学作品的商业化运作需要，市民阶层求新鲜、求刺激、求消遣的阅读诉求等各种因素”[④]，使包含“骗术”、“现形”、“艳史”、“滑稽”等内容的世俗化笔记小说，成为宣统年间到民国三年(1914)间扫叶山房通俗型笔记小说新增加的类别，这些小说一味迎合读者嗜好，出现了种种的缺陷，或者辞气浮露、笔无藏锋，或者用词夸张、言过其实，或者零散杂乱、没有章法，虽然作者与编者有的宣称“共除人道蟊贼，务使若辈无逃形影，重光天日而后已”，有的期待“以至理至情寓于诙谐文字，唤醒痴聋”，但是这样

① 《文苑滑稽谈》出版[N]. 申报，1914-06-17.
② 《吹牛拍马讲义》出现[N]. 申报，1914-08-16.
③ 快看《吹牛拍马讲义》再版[N]. 申报，1914-09-25.
④ 施晔. 近代城市黑幕小说的再审视[J]. 社会科学，2013，(3).

美好的愿望，最后往往不免都流于庸俗，与扫叶山房最初的创办宗旨相距甚远，这也成为民国三年(1914)之后该书坊笔记小说出版类型向传统回归的一个原因。

第三节 学者型笔记小说出版的回归(一)

尽管以“骗术”、“现形”、“艳史”、“滑稽”等为内容的世俗化笔记小说，让扫叶山房获得了颇为丰厚的利润回报，正如前文所述，《绘图骗术奇谈》行销上万部，而《民国艳史》与《吹牛拍马讲义》两书一个多月之内也分别售出数千部。按照当时一般书局的做法，对于畅销类型的小说书籍，一定会持之以恒，继续组织稿源，推出类似的作品。例如商务印书馆所出版的翻译小说颇受大众欢迎，它就陆续推出了百余种此类作品，并且称之为“说部丛书”；而林纾翻译的作品脍炙人口，商务印书馆就不断推陈出新，组成“林译小说丛书”。又如校经山房刊行的《续彭公案》和《续济公传》销路甚广，该书坊就不断出版其接续之书，前者就达到十续之多，而后者更是多达令人咋舌的四十续①，几乎创造了单部小说续写次数的历史纪录。

与大多数出版机构不同，扫叶山房的做法却是一个典型的例外：该书坊既没有组织那些由《织云杂志》所聚集起来的松江文人们，继续创作诙谐作品，也没有安排雷瑨继续在见闻录的基础上编撰揭秘文字。因为据目前现存的资料来看，扫叶山房从民国四年(1915)开始，没有再新推出一部像此前曾经畅销过的以揭秘或者谐谑等为主旨的作品。

---

① 王清原，等. 小说书坊录[M]. 北京：北京图书馆出版社，2002：50.

早在民国三年(1914)下半年《文艺杂志》出版时，第一期卷首所刊《扫叶山房特别广告》中就有这样的表述："本坊为爱重名誉计，为推广贸易计，凡近年印行各书，缮校一切，益实事求是，以期毋负购阅诸君之盛意。盖因书籍一业，关系全国人民之学术之智识，非常重要，非如他业之销行货物，专以牟利为目的也。"民国四年(1915)扫叶山房在汉口的分号开张，其宣传广告中也有言曰："敝号意在流传国粹，输入文学起见，并非专于牟利。"[①]或许这些文字可以视为扫叶山房之所以不再新推出世俗化笔记小说的一个注脚。从某种程度上而言，扫叶山房主人认为像《绘图骗术奇谈》那样专记骗子伎俩，《满清官场百怪录》那样专讲官员丑态，《民国艳史》那样专书女界情态，《滑稽谈》那样专写可笑之言，《吹牛拍马讲义》那样专教阿谀奉承之道的通俗型笔记小说，根本就是不入流之作，与书坊一直以来的正统形象背道而驰。因此，对于那种即使能为书坊带来盈利，但实际上却有损书坊良好声誉的世俗化笔记小说，最终还是被该书坊排斥在出版计划之外。

从民国四年(1915)出版陈世箴《敏求轩述记》开始，扫叶山房先后新推出了陆以湉《冷庐杂识》、叶廷琯《鸥陂渔话》与《吹网录》(见图 3-5)合刊、倪鸿《桐阴清话》、金武祥《粟香随笔》、王应奎《柳南随笔》等 19 种学者型笔记小说。这些新推出的笔记小说作者，或者博览群书，学富五车，或者在治学及校勘方面成就颇丰，或者诗学才华横溢，而他们创作的笔记小说与乾嘉学派风格相符，都长于议论，重视事出有据，记叙手法平实严谨。

① 上海扫叶山房分设汉号装修竣工择吉开张广告[N]. 申报，1915-03-17.

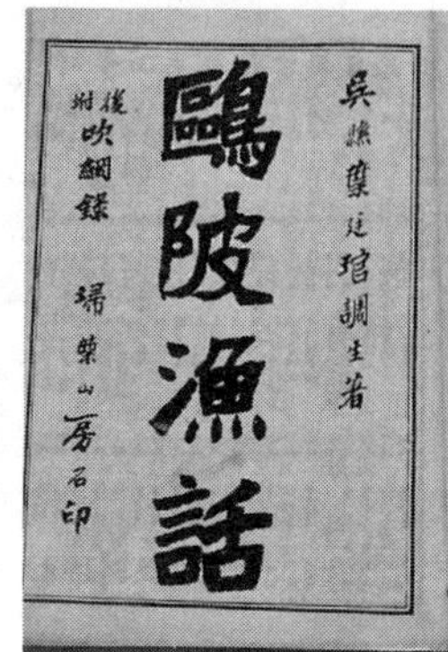

图 3－5 《鸥陂渔话》、《吹网录》书影

比如陆以湉“三十五岁通籍，宦游武昌，未逾年改官归，复理旧业。三十八岁为校官，幸遂禄养，冀得舍帖括，专精典籍”，而《冷庐杂识》即是他“暇惟观书以悦志，偶有得即书之，兼及平昔所闻见，随笔漫录，不沿体例，积成八卷”①。王应奎“应乡试八次不中，遂退隐山居，悉心研读。同邑陈祖范、王峻辈雅重之，郡邑修志之事，必咨访焉。嗜学好古，工诗文。古文博综典赡，有修洁之致；诗品更高，不拾人牙慧。旁及百家杂说，辨讹谬，考源流，究根柢”②，《柳南随笔》是他仿洪迈《容斋随笔》所作，记录明季以来朝野见闻，于当代文人遗闻琐事记述尤详，也重视乡邦人物文献，顾士荣序其书云：“谈苑之质的，艺文之标准，胥有赖焉”③。

叶廷琯更是一位典型的学者型作者，他“淡于荣进，潜浸朴学，一以考佐经史为营，垂八十不衰”④，“生平嗜古勤学，精于鉴赏，于

① 陆以湉. 自序[M]//陆以湉. 冷庐杂识. 北京：中华书局，1997：1.
② 朱琴. 苏州古代笔记研究[D]. 苏州：苏州大学博士学位论文，2011.
③ 顾士荣. 序[M]//王应奎. 柳南随笔・续笔. 北京：中华书局，1997：1.
④ 汪曰桢. 序[M]//叶廷琯. 吹网录・鸥陂渔话. 沈阳：辽宁教育出版社，1998：1.

金石源流，书画真赝，无不详加考辨”[①]，曾校刊叶梦得《建康集》、《避暑录话》、《岩下放言》、《石林家训》、《石林诗话》、《石林词》等。金玉称赞叶氏的著述“自经史、群籍、碑版、诗话，以及昔贤之清徽亮节，乡国之轶事遗闻，靡不搜讨极精，其饷遗后学，良非浅鲜”[②]。叶氏《吹网录》书名取自惠洪阐述佛印禅师的话，“学者渔猎文字语言中，正如吹网欲满，非愚即狂”[③]，分别对史书、金石、碑刻、历代书籍，以及其先祖叶梦得的著作及生平事迹进行了考证与评述，故事性成为较少；而与《吹网录》有所区别的是，《鸥陂渔话》则记述了不少宋元以来遗事逸闻，并且杂谈明清诗文以及考论书画，尤其记载了不少明清时期文人轶事，“间有语涉神怪之笔”[④]。

颇为特别的是《桐阴清话》，其作者倪鸿作为当时著名诗人张维屏与黄香石的入室弟子，“资性明通，癖耽佳句”[⑤]，“少力学，尝战文场，试者二千人，君一出，冠其曹”[⑥]，吴趼人说他：“诗才俊逸，风雅自喜，宦游于粤，粤中士大夫，多喜与之游。”[⑦]因此，书中不仅有大量关于诗文与诗人轶事的记录，而且其中有的篇目由诗文而引起叙事，如《媚兰仙子》始于诗“寒气逼人眠不得，钟声催月下斜廊”；有的因叙事而引发诗文，如《双蝶亭》终于诗“茫茫宦海瘴云昏，憔悴天涯双蝶魂。一片夕阳衰草里，谁传消息到王孙”；有的因诗文而记事，又因记事产生新的诗文，如《倪三桥得鬼对句》这样写

---

① 张炳翔. 叶调生先生传[M]. 转引自朱琴. 苏州古代笔记研究[D]. 苏州：苏州大学博士学位论文，2011.

② 金玉. 题跋[M]//叶廷琯. 吹网录·鸥陂渔话. 沈阳：辽宁教育出版社，1998：135.

③ 叶廷琯. 自序[M]//叶廷琯. 吹网录·鸥陂渔话. 沈阳：辽宁教育出版社，1998：1.

④ 朱琴. 苏州古代笔记研究[D]. 苏州：苏州大学博士学位论文，2011.

⑤ 张维屏. 听松庐诗话[M]. 转引自王璇.《桐阴清话》校注[D]. 南宁：广西大学硕士学位论文，2003.

⑥ 李长荣. 柳堂师友录[M]. 转引自王璇.《桐阴清话》校注[D]. 南宁：广西大学硕士学位论文，2003.

⑦ 吴趼人. 趼廛随笔[M]. 转引自储可艳. 近代岭南文言小说研究[D]. 广州：暨南大学硕士学位论文，2011.

道:“先大夫三桥公常往地藏庵,路经教场,偶得句云:西风原上吹衰草。久未属对,在沙湾署廨,右为谢氏宗祠,相间惟一夹道,素不通人迹。秋深月冷,独宿不成寐。起步廊下,闻夹道中似有人行声,亦不置意,忽忆西风句,思以眼前景对之,沉吟未就,夹道中忽吟曰:秋月墙头冷薜萝。急觅梯视之,杳无人迹。”倪鸿这样的创作方式使《桐阴清话》成为一种叙事与诗文相互糅合的笔记小说。

在新推出的19种学者型笔记小说之外,这一时期(1915年之后)扫叶山房还将之前出版过的学者型笔记小说再次重新刊行,例如洪迈《容斋五笔》、俞鸿渐《印雪轩随笔》、俞樾《右台仙馆笔记》、梁绍壬《两般秋雨庵随笔》,以及梁章钜的《梁氏笔记》三种(《归田琐记》、《浪迹丛谈》、《浪迹续谈》)、查初白《人海记》、王士禛《香祖笔记》等。根据《申报》小说广告统计,新推出的作品陆续出版与已刊行的作品重新印刷,两者叠加在一起近50种。印刷精良、校勘细致、品种繁多的学者型笔记小说出版,成为民国年间扫叶山房的一个品牌,甚至还扩大了该书坊在海外的影响。雷瑨(按:即均耀)在《慈竹居零墨》中就有这样的记载:“沪上扫叶山房书坊,以刊印旧籍,驰誉中外。每岁以诗文别集、笔记等消(按:当作“销”)行东瀛者,毋虑数百箱。”①

民国年间,刊行笔记小说同样较为出名的是文明书局,其所出版的《笔记小说大观》在社会上颇有影响。该丛书分为四辑,每辑20种,80册,定价八元,折扣季四元即能买到,它的特色是单种也有定价,因此,“合购或分购,购者或选购一集,或合购二集三集四集,均无不可”②。虽然《笔记小说大观》中的各种作品既可整部购买,又能拆零出售,而且大部分的价格都低于扫叶山房,例如《金壶七墨》售价,扫叶山房版与文明书局的“大观”版分别是八角与六

① 均耀.慈竹居零墨·俄人购书[J].文艺杂志,1915,(8).
② 笔记小说二十种[N].申报,1922-11-14.

角，《庸庵随笔》则各为六角与五角。不过，由于《笔记小说大观》系列出版的目的之一就是为了"旅行舟车携带最便"①，因此开本较小，文明书局甚至将其称为"小本笔记小说"，在广告中着重强调"携带便利"这一特点②，这样必然导致在印刷的精良与阅读的舒适性上，无法与扫叶山房的大字本相媲美。为了弥补这种缺陷，文明书局还专门选择其中一些较受读者欢迎的作品，推出过大字精校本，但是纳入此种版本的笔记小说种类不多，而且从表 3－1 中可以清晰地看出，文明书局的大字精校版很多作品在价格上与扫叶山房的相比，并也无优势可言。这样看来，民国年间扫叶山房与文明书局的笔记小说出版并行不悖，其中不无道理。

表 3－1　扫叶山房与文明书局笔记小说价目比较表（部分）

书　名	扫叶山房定价③	文明书局《笔记小说大观》定价④	文明书局大字精校足本定价⑤
《庸闲斋笔记》	四册八角	四册五角	四本中纸一元，洋装六角四分
《两般秋雨庵随笔》	四册八角	六册六角	六本中纸一元五角，洋装一元
《金壶七墨》	四册八角	四册六角	四本中纸一元二角，洋装六角七分
《庸庵笔记》	四册六角	四册五角	四本中纸九角，洋装六角
《香祖笔记》	四册八角	二册三角	二本中纸七角六分，洋装五角五分

① 笔记小说大观[N]. 申报，1915－10－07.
② 文明书局广告[N]. 申报，1924－10－14.
③ 据《申报》1923 年 7 月 6 日《扫叶山房暑假大廉价》广告。
④ 据《申报》1924 年 10 月 14 日所刊文明书局广告。
⑤ 据《申报》1924 年 10 月 14 日所刊文明书局广告。

第四节　学者型笔记小说出版的回归(二)

民国年间“以商榷文艺,网罗典籍,保存国粹为宗旨”的《文艺杂志》创刊,也为扫叶山房的笔记小说推广与宣传提供了一个良好平台。从目前上海图书馆保存的第一到第十三期《文艺杂志》所登载的广告来看,几乎每期都有《扫叶山房新印书目》广告,其中不乏各种笔记小说作品。《文艺杂志》第一期第一则扫叶书坊的新出书目广告就是 14 种笔记小说,包括《容斋五笔》、《老学庵笔记》、《渔矶漫钞》、《入海记》、《香祖笔记》、《分甘余话》等,全部都是学者型笔记小说。14 种笔记小说书目紧随介绍该书坊历史的《扫叶山房特别广告》之后出现,足见扫叶山房主人对于学者型笔记小说出版发行的重视,而重新刊印洪迈的《容斋五笔》,并且将其赫然列于书目首位的做法,仿佛就是在以这种方式对先祖席世臣 130 年前创办扫叶山房时所立下的“刊刻秘籍,以惠学林”宗旨进行回应。

在《申报》上专门为某部笔记小说刊登宣传广告,也是民国四年(1915)之后扫叶山房对学者型笔记小说的重视方式之一。扫叶山房的书籍广告往往使用书目的形式,笔记小说当然也不例外,对于某种笔记小说的专门介绍这种待遇,此前只有光绪年间刊行的《聊斋志异》享受过①,这则 149 字的广告重复刊登过 4 次。民国五年(1916)的《粟香随笔》广告如下:

近时笔记,小说号称极盛,然多芜陋猥琐,所谓言不雅驯,

---

① 具体广告内容详见本书附录二所录。

缙绅先生难言之，或则寥寥短书，一二卷辄止，尝鼎一脔，又不足餍阅者之意。惟金溎生先生《粟香随笔》，赓续至于五次，盖仿洪氏《容斋五笔》之例，亘十余年而始成书，考订之精，搜采之富，为近代一大著作。在先生当日，虽系信手辑录，而遗闻轶事，今日已不经见，诗词文字，赖此书以传者尤多，诚耆旧之综录，文章之渊林也。书订十六册，价洋两元五角，欲购从速迟恐不及。上海、汉口、苏州、松江扫叶山房同启。

两相比较不难发现，这则广告不仅在字数上远远超过之前的《聊斋志异》广告，而且还将《粟香随笔》与"近时笔记小说"相比较，凸显作者创作态度之认真，语言之雅驯；并与《容斋五笔》相比较，强调作品体例之追古，考订之精，搜采之富；最后盛赞其"诚耆旧之综录，文章之渊林也"，可谓层层递进，渲染得恰到好处。更何况这则广告还在两个月中循环刊登了 15 次之多，此外又出现在扫叶山房出版的《世说新语》书末，宣传力度之大，不言而喻。《粟香随笔》广告中称此书"虽系信手辑录，而遗闻轶事，今日已不经见，诗词文字，赖此书以传者尤多"，类似这样以"保存文字"，"推广流传"为宣传点，是扫叶山房笔记小说广告常用的手法。例如该书坊对于《清人说荟》(见图 3－6)的介绍：

是书为云间颠公所辑，仿《唐人说荟》之例，搜采有清一代名人所著说部，书计得数十种。其间如曹千里之《说梦》，苍弁山樵之《吴逆取亡录》等多种皆世无刊本，尤可宝贵。此外《长安宫词(纪光绪帝西巡事)》、《都门纪变(纪庚子拳乱事等)》虽曾刊行，然当时只投赠亲友，并非卖品，故流传无多，其余或纪逸闻、或述艳迹，皆足广见闻，资掌故，亦有清一代之野史也。

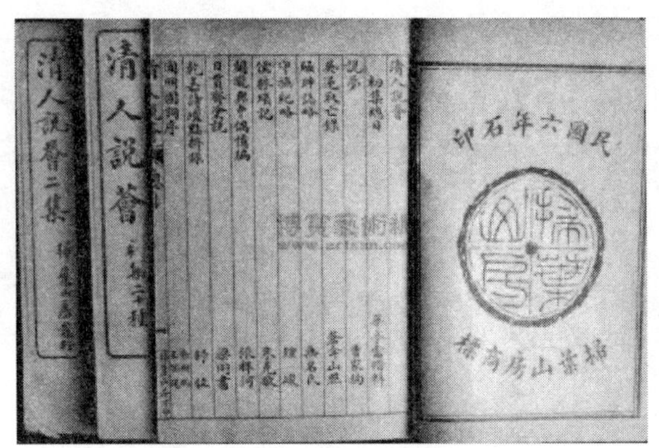

图 3－6 《清人说荟》书影

别家出版机构对笔记小说进行宣传的时候，一般强调其趣味性、可读性，例如申报馆在介绍王韬的《遁窟谰言》时就称："按是书所记述者，大抵时事居多，或录鬼狐之变幻，则尽相穷形；或摹儿女之衷情，则追魂摄魄。"①而醉六堂介绍《萤窗异草》时也说："其中狐鬼丛谈，希（按：当作"稀"）奇妙语，说部中之尤者也。"②但是扫叶山房为笔记小说丛书《清人说荟》所刊发的广告中，尤其强调的却是其版本的珍贵性以及对于掌故的保存，所谓"皆世无刊本，尤可宝贵"或者"虽曾刊行，然当时只投赠亲友，并非卖品，故流传无多"，至于对二集的推荐更是从"采辑各书尤多希（按：当作"稀"）见之本"的角度出发，同时又强调其内容的实录性，所谓"皆足广见闻，资掌故，亦有清一代之野史也"。近 200 字的介绍，无不从学者的角度出发来看待这部笔记小说丛书——实际上这也正是一直以来扫叶山房笔记小说出版理念的折射。

至于那部多达 500 卷的《太平广记》，扫叶山房为其在《申报》上刊登的宣传广告中则这样写道：

---

① 本馆告白[N]. 申报，1875－03－16.
② 石印绘图全编《萤窗异草》广告[N]. 申报，1896－03－13.

> 是书为宋季昉等奉勅监修与《太平御览》同时编纂，采取道家、释藏、野史、稗官分类而成为卷五百，为部五十有五。古来轶闻、琐事、秘籍、遗文网罗殆尽，当时以其无关典要故，与《御览》别行，迄今千数百年所采。书三百余种，逸者已逾其半，残编断简独赖是书以传。近代所编汉唐诸丛书，往往由此辑出，诚小说家之渊海也。况是书虽多谈神怪，而采摭繁富，名物典故，错出其间。词章家恒所采用，考证家亦多所取资，寔为一大类书，堪与《御览》并行。①

广告不仅对《太平广记》的分类进行了简明扼要的介绍，而且还用"书三百余种，逸者已逾其半，残编断简独赖是书以传"凸显了该丛书对于保存古籍的重要性，又特别强调丛书中的内容"虽多谈神怪，而采摭繁富，名物典故，错出其间。词章家恒所采用，考证家亦多所取资"，称之"寔(按，即"实")为一大类书，堪与《御览》并行"。这样的推广介绍文字中所透露的出版理念，无疑与前面所论及的《清人说荟》如出一辙。

正因为这部《太平广记》"古来轶闻、琐事、秘籍、遗文网罗殆尽"，"近代所编汉唐诸丛书，往往由此辑出"，所以一经出版就广受社会欢迎，仅仅半年之后就再版预约发售②，此后又屡屡出现在"四大预约"、"八大预约"、"十大预约"的广告之中，而且扫叶山房继《太平广记》之后，还刊行了小说丛书之二《五朝小说大观》，并在广告中称该书"一名《续太平广记》，四十册四函"，甚至还于民国十四年(1925)将宣统年间发行过的类似《太平广记》的小说丛书《唐人说荟》，再次以预约的形式刊行出版。

---

① 小说丛书大观《太平广记》五百卷再版预约[N]. 申报，1924－06－12.

② 小说丛书大观《太平广记》五百卷再版预约[N]. 申报，1924－06－12.

第四章
商务印书馆模式的借鉴与拓展：民国时期说部书籍营销策略

棋盘街扫叶山房书局于十二月五号起发售冬季廉价一月，各书书价概照平常低一折扣，闻更为优待各界起见，并备有各种赠品。如购书一元抽彩一张，头彩扫字券系赤金戒指及先施礼券，二彩叶字券系冲楠木文具箱及中山纪念表等物，其余赠券亦均有赠品，务使购者满意云。

——《扫叶山房举行冬季廉价》[1]

席威曾在《扫叶山房丛钞序》中自信地宣称："威家素喜刻书，精为校勘。"一直以来扫叶山房所刊行的书籍大部分都有着较好的口碑，民国年间一方面书坊回归了学者型笔记小说的出版传统，而另一方面又推出了若干大字绘图精本长篇通俗小说，使得"扫叶山房"瓦当型商标成为传统小说作品优良版本的一个标识。校勘的精良与印刷品质的提升，也往往意味着小说书籍出版成本的增加，与之相对应的当然就是小说价格的上涨。

扫叶山房石印的长篇通俗小说精品售价比普通印刷的高出不

① 《申报》，1925-12-03.

少，例如扫叶山房代售的其他书局普通版《三国志演义》一部售价1元5角[①]，而由其发行的大字版每部售价3元6角，大字精印版更是达到每部4元4角[②]；扫叶山房的普通版《花月痕》8角，大字全图《花月痕》的售价则是1元2角[③]。笔记小说丛书的售价也是如此，以《唐人说荟》为例，1922年海左书局出售的该书，定价是“中纸二元，洋纸一元二角”[④]，而扫叶山房出售的定价则是“中纸三元，洋纸二元”[⑤]。

在这样的情况下，面对竞争激烈的图书销售市场，为了吸引读者购买，增加销售数量，民国时期这家传统书坊迫切需要借鉴一些现代出版机构的促销办法，进行自我突破，逐渐改变此前传统单一的书目广告推广模式。当时对小说书籍宣传促销开展得最好的非商务印书馆莫属，其“说部丛书”、“林译小说”、“小本小说”等，品质与营销的双重效应叠加，为读者所追捧。因此，商务印书馆所采取的长篇幅宣传广告、季节性打折、购书抽奖、发售购书预约券等营销模式，先后为扫叶山房所吸纳并且进一步发展。下面就以扫叶山房对商务印书馆的借鉴与拓展为视角，对该书坊在小说宣传促销方面的变革进行探讨。

第一节 宣传效果更胜一筹：长篇幅广告

在光绪二十八年(1902)小说界革命兴起，小说出版蓬勃发展

① 上海扫叶山房廉价书籍经售百种[N]. 申报，1921-08-18.
② 上海扫叶山房秋季廉价[N]. 申报，1921-10-05.
③ 分别参见扫叶山房发售精本书籍[N]. 申报，1921-03-02；上海扫叶山房秋季廉价[N]. 申报，1921-10-05.
④ 海左书局特设廉价部[N]. 申报，1922-07-29.
⑤ 扫叶山房春季开学大廉价四十天[N]. 申报，1923-03-07.

之后，当时的出版机构，无论是商务印书馆、广智书局这样颇具影响力的出版社，还是乐群书局、群学社这样名气不大的机构，利用报纸杂志进行小说广告宣传都颇为普遍。发展势头良好而逐渐实力雄厚的商务印书馆尤其如此，专门为某一部作品在《申报》上刊登长篇幅广告，就是常见的一种做法。例如其宣传林译小说《橡湖仙影》的广告称："此书为林琴南最经意之作，视《迦茵》及《红礁画桨》两书精彩更胜。哈氏之书，专工言情，其脉络贯穿处，非二女争一男，即二男争一女。此书前有马利亚、喜而达两女之争腓力，后又有安琪拉、佳而两女之争阿塞，与阿塞及乔治之争安琪拉。奇情秘事，荡心动魄。其写安琪拉之贞操高识，佳而之痴情，安尼之阴狠，腓力、乔治之鄙猥，极妍尽态，尤足以雕镌造化，陶淬风俗。哈氏第一书，亦林氏第一书也。"类似这样由商务印书馆刊发的长篇幅林译小说宣传广告数不胜数。

不过，翻阅清朝末年的《申报》[①]就能发现，这一时期扫叶山房的小说书籍宣传基本以书目广告为主。例如宣统三年(1911)的《扫叶山房精本书籍》广告，列23种书籍，内有王渔洋《香祖笔记》八角、查初白《人海记》四角、《两般秋雨庵随笔》六角、《郎潜纪闻全笔》二元五角、《竹叶亭杂记》三角、《庸庵笔记》六角、《绘图骗术奇谈》八角。实际上，这些仅仅列出书名与书价的小说，极易淹没在数量众多的图书名录中，不太容易引起读者注意。有的时候，小说甚至成为顺便提及的广告对象，例如一则告知客户"本号开设上海城内彩衣街、上海北市棋盘、苏州阊门内中市，敝北号现已迁移棋盘街五百十三号门牌"的广告，末尾附带一行小字："新出小说《绘图神仙传》八册一函一元二角，《绘图骗术奇谈》四册八角，《时髦现

---

① 近代四大报刊(《申报》、《新闻报》、《时报》、《神州日报》)中，《申报》的创刊时间最早，持续时间较为长久，传播面较为广泛，读者群体也较为庞大，因此本书主要以扫叶山房刊登在《申报》上的广告为研究对象。

形记》四册八角。"[①]这种情况直到《时髦现形记》与《唐人说荟》的宣传广告出现才有些许改变，但是这两则文字无论篇幅还是文字创意，与同时期商务印书馆宣传推广林译小说的广告都相去甚远。

从20世纪20年代起，扫叶山房开始模仿商务印书馆，创作长篇幅的广告，为其所出版的大字绘图精本古典小说名著《三国志演义》、《红楼梦》、《水浒传》、《西游记》等进行不遗余力的宣传，以该书坊对大字足本《三国志演义》的广告文字为例：

> 小说之能事，以普及为第一，迩来文言白话之争甚嚣尘上，虽各持之有故，要皆蔽于一偏，盖文言难于通俗，而白话不能行远。吾国幅员辽阔，语音丛杂，欲以方言一之，不免齐傅楚咻之失，至于咬文嚼字则又不宜于粗解文理之流，欲除此二弊，惟有用一种普通文字介于文言白话之间者，若《三国演义》其首选也。是书脍炙人口，内容不待赘述，大抵根据正史，而免干燥无味之讥，搜采异闻而无荒谬不经之诮，于历史小说中得未曾有，而文笔之流畅，尤能相副宜乎。无论何界莫不人手一编，且由此而得具普通知识，由此而能作粗浅文字，实吾国一种最普及之教科书，不当仅以小说目之也。本号因见是书收效之广，故特精缮大字，详加校勘，以便阅者。[②]

鉴于三国故事通过戏曲与说书已经在民间流传非常广泛，《三国志演义》的内容早已为广大读者所熟知，因此，扫叶山房没有像商务印书馆的小说广告那样简单介绍故事情节与人物关系，而是另辟蹊径，围绕文言与白话之争展开宣传，赞扬《三国》去掉了文言

---

① 扫叶山房广告[N]. 申报，1909-08-28.
② 大字足本《三国志演义》预约[N]. 申报，1923-03-04.

与白话各自的弊端,“介于文言白话之间”,从语言使用雅俗共赏的角度出发,对其进行推广。1922 年中华书局应时代潮流出版了一系列新式教科书,“各科都用浅显文言”,“附有白话”,受到了教育部的表彰,“教育部批有‘他日改用国语,可为先导’,实在是过渡时代最好的教科书”[①]。处于此种“场域”之中的扫叶山房就在小说的宣传中着重强调,《三国志演义》一书“无论何界莫不人手一编,且由此而得具普通知识,由此而能作粗浅文字,实吾国一种最普及之教科书,不当仅以小说目之也”。如此好书,别家也有出版,但是扫叶出版的“特精缮大字,详加校勘”,言下之意就是比其他书局的版本更加值得购买,这样最后一句更成为全篇的点睛之笔。商务印书馆也出版过《三国志演义》,不过商务印书馆版的为“洋装”,商务印书馆曾经在《申报》上为该书刊登宣传广告,其文曰:“布面金字一厚册,定价洋一元五角,各省商务印书馆发行。”[②]仅仅二十余字而已,与扫叶山房的《三国志演义》广告相比,真是显得无比“寒碜”。两家书局对于传统章回小说截然不同的态度,于此一览无遗。

笔记小说中的《聊斋志异》和《太平广记》是扫叶山房长篇幅广告的重点关注对象,以大字增评《聊斋志异》的推广介绍广告为例:

> 《聊斋志异》一书向无善本,自同文局石印本出,颇餍一时之望,因其校雠详审,印刷精良,与同时诸坊本有上下床之别。然自今日观之,当时因节省纸幅之故,字迹过小,尚费阅者目力,而后印之本,距成书已三十余年,底本间有漫灭之处,鱼豕亦不能免。本号有鉴于此,延请名儒覆勘缮成精本,放大影印,兼以原本未有详语,复就诸家采择罗列眉间。虽不敢自谓

---

① 教育部审定过渡时代适用的新式教科书[N]. 申报,1922-01-07.

② 商务印书馆洋装《三国志演义》出版[N]. 申报,1908-11-04.

美善，亦可以告无罪矣，抑尤有进者。本书脍炙人口，垂三百年其佳自无待言，而书之所以佳，或有不及知者。要之书名志异，却非《齐谐》、《山海》一流，说鬼谈狐大抵皆有寄托，而其描写人情物态，实有绘影绘声之妙。近世小说巨子著作等身，平日沾沾自喜，谓得班、马之长，实则余膏剩馥，取自是书为多，余子碌碌，更无足论是。蒲氏乃近代文学之初祖，而是书为短篇小说之滥觞也。工竣更赘数语，以绍介于读者。①

鉴于之前《聊斋志异》的同文版影响巨大，很多读者早已购买过该书，因此，与前面那则宣传《三国志演义》的广告着重关注语言不同，此广告将重点放在强调扫叶山房版本精良方面，将扫叶山房版与同文书局版进行比较。首先承认当年同文书局石印本《聊斋》的精良，进而毫不留情地指出其两大缺陷：为了节省纸张而字迹过小，底本磨损而出现错讹；在此铺垫的基础上，凸显扫叶山房版《聊斋》的三大优点：名儒校勘、放大影印、增加评注，谦称“虽不敢自谓美善，亦可以告无罪矣，抑尤有进者”。其次对书籍本身进行评价，盛赞作品“有寄托”，创作“绘影绘声”，“垂三百年其佳自无待言”。最后借批评近世一些以“著作等身”而沾沾自喜的小说家，讽刺其“余膏剩馥取自是书”来褒扬作者，称“蒲氏乃近代文学之初祖，而是书为短篇小说之滥觞也”。这样由表及里、层层推进的广告创意，与商务印书馆的长篇幅小说广告相比，可谓青出于蓝而胜于蓝，较之商务印书馆广告仅用“哈氏第一书，亦林氏第一书也”简单地下结论，的确更能吸引读者眼球，引发读者的购买欲望。

从《申报》广告所反映出的情况来看，扫叶山房出版的这部大字精印《三国志演义》售价高达四元四角，大字增评《聊斋志异》售价三

① 扫叶山房发售再版六大预约[N]. 申报，1924-12-24.

元二角,但是销售情况依旧不错。前者在 1923 年 3 月出版之后,1924 年又出现在扫叶山房书目广告的“最近新出版”栏目中[①],1925 年还成为扫叶山房预约出版 8 种畅销书籍中的一种[②](见图 4 - 1)。

图 4 - 1 《扫叶山房发售八大预约》广告

不过,民国时期的扫叶山房小说宣传广告在书坊带来利益的同时,也带来了一些意想不到的麻烦,其中《太平广记》就是一例。

这部书“分订四十册分装四函纸,分甲、乙二种,甲种用中国连史纸定价十四元,乙种用上等有光纸定价十元”,价格高昂,即使“预约甲种只收七元,乙种只收五元”,也相当于当时普通老百姓一个月的收入。为了促进销售,1923 年 10 月到 12 月之间扫叶山房在申报上共计刊登了十五次长篇幅广告。应该说该书的销售情况不错,因为在 1923 年 10 月刊行之后不久,就于次年 6 月再版预约发售[③]。售价不菲却销售不错,除了《太平广记》一书众所周知,赫

① 扫叶山房暑假大廉价,照码六折特赠书券[N]. 申报,1924 - 06 - 21.
② 扫叶山房发售八大预约[N]. 申报,1925 - 07 - 21.
③ 小说丛书大观《太平广记》五百卷再版预约[N]. 申报,1923 - 10 - 29.

赫有名之外，书坊在广告中所言，“自乾隆间袖珍本出，颇能风行一时，近日板片漫漶存书亦日减少。本号觅得初印善本，因重缮校印行，想世之研究旧小说者，当无不以先睹为快焉”，这种强调版本精良的做法，某种程度上也起到了一定推广作用。因为外地以邮购方式购书的人或者订购该书的书坊，一部分会受广告宣传的影响。结果就出现了这样的事件：有客户购买该书之后，发现与宣传所言不相符，于是愤怒地将扫叶山房诉诸书业公所。

《清朝书业公所同业交涉事件公判留底簿及同业交涉报告缘由簿》中就保留了一份署名“四川崇庆县罗芸裳”的陈述文字，题为“请看各书肆贩售上海扫叶山房《太平广记》之欺诳”，其中云：“据序称以乾隆本重翻印，即明嘉靖谈恺本。原著有宋李昉表及恺按语，而今本无之；原书间有目存事佚皆仍旧弗改，今本半多削去，诸卷旁注亦然……若三百四十至三百五十六公十二卷，原书不阙，乃妄以后人著作代之标名《谈异》，尤为荒谬欺诳。兹特揭其黑幕，以告贩书者幸勿浪掷金钱，俾作伪牟利者得计也。”而该报告中所言“以乾隆本重翻印”，在《申报》上所重复刊登的十余则广告，以及后续的再版预约发售广告中都有类似的表达。

第二节 提前锁定读者：发售预约券

商务印书馆是在业界较早使用预约券的方式，对所出版图书进行提前预售的出版机构。早在光绪三十年(1904)出版《新译日本法规大全》的时候，就以“全书共八十本，定价二十五元，预约价十八元”[①]这样折扣优惠的形式吸引读者购买预约券。后来这种

① 《新译日本法规大全》预约[N]. 申报，1906-10-27.

预约售书的形式还推广到小说书籍,例如《说部丛书》的销售就是如此。该丛书是商务印书馆将所出版的小说合并刊行的小说总集,共分为 4 集,第一至第三集 100 种,第四集 22 种,每集成套销售,定价颇为昂贵。为了鼓励读者踊跃购买这套小说书籍,商务印书馆在清朝末年采取了分期付款的营销策略①,民国二年(1913)开始改为发售预约券,进行折扣预售的模式,当年年末刊登的广告中云:"本馆出版小说一百三十册,一万六千余页,六百数十万言,情节新奇,趣味浓郁,极承阅者欢迎,惟以陆续发行,未得窥全豹为憾。兹特重行汇印,定价二十元,预约仅售十元,不及原价四分之一(按: 1908 年出版的时候定价洋四十元零二角五分)。"实际上,这套重印的《说部丛书》正式出版在"(民国)三年阳历三月",也就是说商务印书馆提前 3 个月就通过发售预约券的形式开始预售,并以低廉的折扣吸引读者购买,以此达到提前锁定客户的目的。据后来的广告所言:"本馆前此发售《说部丛书》预约时,售出券数竟溢于原额之外,以致存书不敷,支配迟顾,诸君不免向隅之憾,深用歉仄。"②可见,预售券的发售对于类似《说部丛书》这种高价小说全集销售的促进意义。后来与商务印书馆关系密切的中国图书公司和记在发行《古今说部丛书》的时候,也采用了预约券的方式,这部"共分十集,搜罗历代掌故笔记,凡三百六十余种"的丛书,"预约本年阳历四月底截止,五月出书,定价十六元,预约只售五元,全部六十册,凡三千零二十余页"③。

商务印书馆的此种做法,在民国年间完全为扫叶山房所效仿,即先对其他种类的大型书籍进行折扣预约销售,进而再扩展至小说书籍。扫叶山房先是在民国三年(1914)发行《百子全书》和《中

① 购阅《说部丛书》按月缴银办法[N]. 申报,1908-09-15.
② 新发行旧小说[N]. 申报,1914-05-26.
③ 《古今说部丛书》发行预约[N]. 申报,1915-02-27.

华民国政府公报分类汇编》的时候，选择预约销售的方式，给予提前购买预约券的读者折扣优惠。接着，又在民国十二年(1923)先后推出了《三国志演义》与《太平广记》的预约销售。

《三国志演义》预约广告先用洋洋洒洒的几百字，结合当时白话文与文言文相争的社会情况，评价该书介于文白之间，雅俗共赏，说明书坊刊行的缘起，激起读者的购买兴趣之后，再告知读者预约券购买所能获得的优惠：

> 现已付印，准于二月出书，每部装订十六册，定价三元二角。先发售预约券，仅取半价，以出书日为限，期满截止，印有样张，函索即寄，定价中纸三元二角，洋纸二元四角，预约只售中纸一元六角，洋纸一元二角，准于三月底出版。①

此段文字意在说明，只要提前付款，就能享受五折优惠的特殊待遇，并且此书还“印有样张，函索即寄”，进一步强化读者购买这部价格不菲的大字绘图足本《三国志演义》的心理动机。鉴于该则广告只强调了价格优势，而对于预约券的购买以及使用等问题的说明不甚清楚，因此，在不久之后刊发的《〈太平广记〉五百卷发售预约》的广告(见图 4－2)中，扫叶山房进行了更为清晰的说明：

> 预约简章：全书分订四十册分装四函纸，分甲乙二种，甲种用中国连史纸定价十四元，乙种用上等有光纸定价十元。本书预约甲种只收七元，乙种只收五元。本书准本年阴历十一月底出版，预约五百部，限期即行截止。购预约者可就便将书价全数付交本号或各省经售处、大书局，即给预约券一纸。

---

① 大字足本《三国志演义》预约[N]. 申报，1923－03－04.

出版后凭券向原购处取书。内地邮局信局不通汇兑之处,可用邮票代洋,惟须作九五折计算。邮费每部加洋四角,须与书价一并交清。①

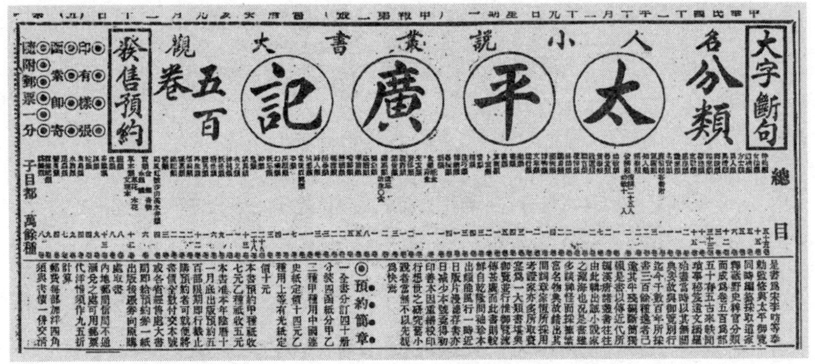

图 4-2 《〈太平广记〉五百卷发售预约》广告

可见扫叶山房发售预约券的操作方式,一般由读者"就便将书价全数付交本号或各省经售处、大书局,即给预约券一纸。出版后凭券向原购处取书",至于"内地邮局信局不通汇兑之处,可用邮票代洋,惟须作九五折计算。邮费每部加洋四角"。一方面,那些通过预约方式提前订购书籍的读者,能够享受到比季节性打折更为优惠的五折待遇;另一方面,书坊为了吸引读者参与预约购书,还采取了饥渴营销的策略,例如这部《太平广记》就是"预约五百部,限期即行截止"。优惠的折扣力度,加以这种限量供应的方式,应该激发了不少读者的购买欲望,因为仅仅在半年之后,这部《太平广记》就再版预约发售②,此后又屡屡出现在"四大预约"、"八大预约"、"十大预

① 《太平广记》发售预约[N]. 申报,1923-10-29.

② 小说丛书大观《太平广记》五百卷再版预约[N]. 申报,1924-06-12.

约”的广告之中，而且后来还预约发售了小说丛书之二《五朝小说大观》，并在广告中称该书“一名《续太平广记》，四十册四函”，甚至又在民国十四年(1925)将宣统年间发行过的类似《太平广记》的小说丛书《唐人说荟》(见图 4 - 3)，再次以预约的形式刊行出版。

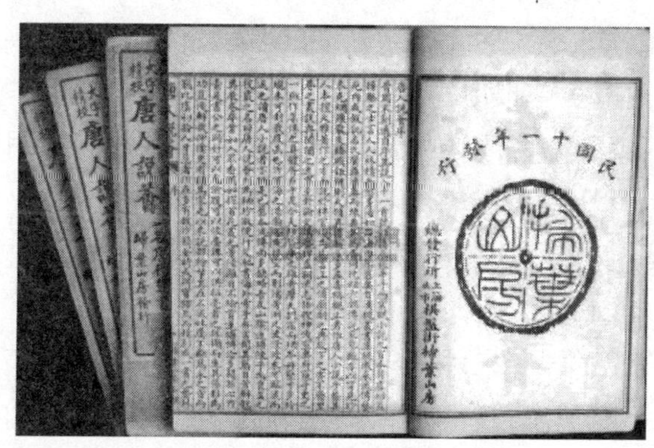

图 4 - 3　《唐人说荟》书影

这部《唐人说荟》不同时期的发行方式就是扫叶山房营销模式变迁的一个缩影。该书坊曾经在宣统三年(1911)出版过《唐人说荟》，如广告中所言“用中国粉连纸，印刷精良，装订十六册二函，定价洋二元五角。爱阅小说诸君祈即驾临本号购取可也。本号开设上街城内彩衣街、上海北市棋盘街、苏州阊门内中市”①，可见当年扫叶山房采用的是丛书印刷完成之后，再进入该书坊的门店进行上架销售的方式。而与其不同的是，同时期集成图书公司出版的《说部大观》，却采用了发售预约券的办法：“全书一部装订十二册，计定实价洋四元，兹售预约券，每部减价二元。购券者价洋一次缴

① 新出石印精本《唐人说荟》一百六十四种[N]. 申报，1911 - 05 - 16.

足,先取《说选》三册。本年十一月印竣,缴券取全书。”[①]集成图书公司将12册的丛书的价格故意定为四元,然后再对预约购书的读者实行半价优惠,“每部减价二元”,而扫叶山房则将16册的丛书价格实实在在定为二元五角。可以说,宣统年间对于笔记小说丛书的销售,扫叶山房除了登报,告知读者“业已告成”,“爱阅小说诸君祈即驾临本号购取可也”之外,完全没有什么销售策略可言;而作为一家附属于申报馆的新式出版机构,集成图书公司虚高定价,预约打折,锁定读者,提前收回成本的销售策略显然高明得多。结果,《说部大观》在宣统元年(1909)年底初版印行之后,仅仅半年就校订再版[②],接着马上又出现了校订三版[③],预约销售的营销策略所形成的畅销局面,不言而喻。

民国十四年(1925)扫叶山房在发售预约券的销售模式日渐成熟,而《太平广记》又颇受读者欢迎之时,将《唐人说荟》的发行也改为预约的形式。当年年末,在《上海棋盘街扫叶山房发售十大预约》广告中,《唐人说荟》出现在十大预约出版书籍的书目当中,称“小说巨著《唐代丛书》一名《唐人说荟》十六册二函,定价连史纸五元,有光纸三元六角”,又云:“发售预约,只售半价;印有样本,函索即寄;每种预约,只限千部;售满截止,欲购从速。”从扫叶山房书目广告来看,在1923—1925年期间由于各种成本的上升,《唐人说荟》连史纸与洋纸的印刷定价每年都在上涨,涨价的幅度大约在五角左右;当在1925年该书成为预约出版的书籍之一以后[④],定价在半年之内就提高了一元:1925年11月连史纸本与洋纸本的定价分别从1925年7月的四元与二元五角,上涨为五元与三元六角。

---

① 新出历朝一百三十五种说部大观[N].申报,1909-01-31.
② 说部大观《古今说海》校订再版,特别廉价[N].申报,1910-04-02.
③ 说部大观《古今说海》校订三版,特别廉价[N].申报,1910-06-28.
④ 印有样本扫叶山房发售十大预约[N].申报,1925-11-03.

尽管扫叶山房宣称“本号因见世无善本，特为精缮大字行世”，但是这样的涨价幅度，前所未有。这也就意味着，此前读者可以通过“照码六折”的优惠，在扫叶山房季节性打折的时候以二元四角购买到连史纸《唐人说荟》的现货，现在如果想要享受类似的价格，只能通过预约券的形式预定，因为现货即使 6 折销售也得三元。这样提高定价再打折预约销售的做法，与当年集成图书公司营销《说部大观》如出一辙；而“每种预约，只限千部”的饥渴营销策略，甚至比集成图书公司还略胜一筹。

除了以上提及的 4 种之外，后来《聊斋志异》、《水浒传》、《红楼梦》、《东周列国志》等小说类书籍，也纷纷出现在发售预约券的书籍名录之中。民国五年(1916)扫叶山房应社会潮流的发展推出了“新式标点十大名著汇编”，其中有《板桥杂记》与《搜神记》两种小说作品，该汇编也采用了预约售书的方式：“全部十种十一厚册，共计定价大洋五元六角五分，预约只收二元八角，另赠书券洋五角，再送锦盒一大只，如欲另售照定价六折。”①从同年所刊一则意在提醒读者“十大预约只有十天了”的广告中，出现了“上海棋盘街扫叶山房预约处”②来看，显然该书坊对于发售预约券销售书籍的营销模式已经更为重视，而这种不断提示读者预约时间即将到期的方式，显然也是来源自商务印书馆。例如 1914 年初商务印书馆预约发售《说部丛书》的时候曾推迟十天结束，为了推广这次活动，就曾连续七天刊登广告，从“预约只剩七日”一直到“预约展期只有今日”逐日告知读者。③

---

① 新式标点十大名著汇编十种书名[N]. 申报，1926-03-08.

② 印有样本函索即奉十大预约只有十天了[N]. 申报，1926-05-03.

③ 这些关于《说部丛书》预约时间的倒计时广告，于 1914 年 3 月 4 日至 10 日在《申报》上刊登。此外，1915 年 12 月 23 日至 25 日《说部丛书》二集预约出版，1916 年 6 月 24 日至 29 日以及 1920 年 9 月 5 日至 11 日《说部丛书》三集预约出版的时候，都采用过这种方式。

第三节　季节性打折与购书抽奖

近代较早采用季节性打折促销进行书籍营销推广的是点石斋书局与商务印书馆。这两家书局的季节性打折多出现在新年和暑假，以商务印书馆为例，一般在上述两个时间节点，它会适时推出新出版的小说，免费为来信索取的读者寄赠小说书目①，还以平时无法享受到的折扣，对小说书籍进行廉价促售，以达到吸引读者、聚集人气、薄利多销的目的。例如商务印书馆在一则题为“唯一无二之消夏品”的广告中，就告知购书读者：“侦探小说十三种，定价四元，减价二元；言情小说二十二种，定价九元九角，减价五元；社会小说十二种，定价六元七角，减价三元五角；神怪小说九种，定价六元，减价三元；冒险小说九种，定价三元四角，减价一元八角；历史小说十一种，定价十元，减价五元。”②

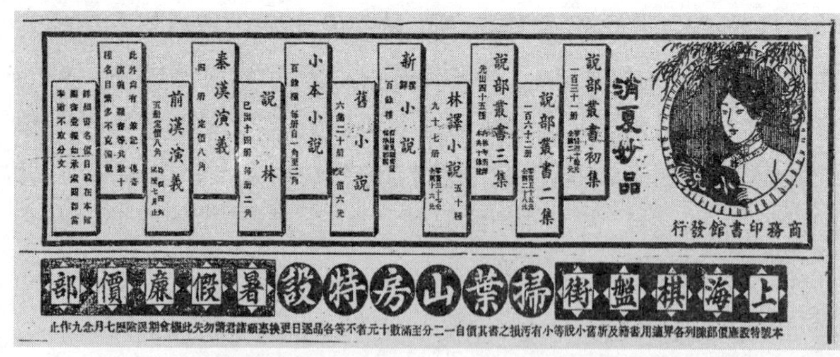

图 4－4　扫叶山房与商务印书馆的季节性打折广告同时出现

① 新年消遣之乐事[N]. 申报，1911－02－09.
② 唯一无二之消夏品[N]. 申报，1910－07－19.

与商务印书馆在宣统年间就开始举办季节性打折相距甚远，从民国六年(1917)开始，扫叶山房才姗姗来迟地进行模仿，开展这类营销活动，有几次两家书局的此类广告甚至同时出现在《申报》的同一个版面上(见图 4－4)。

扫叶山房常常选择春秋两季开学前，以及暑假开始时或者过年假期(见图 4－5)来临前，特设廉价部，对一些书籍进行打折销售，为了吸引读者，还在宣传词上下足了功夫。例如民国十一年(1922)暑假期间循环刊登了 7 次的广告就写道："全国学校放暑假，扫叶山房大廉价；暑假特设廉价部，各种书籍真真多；大字精本中国纸，提倡国货为第一；完全出品中国货，爱国同胞猜猜看；学校用品第一步，原本印影勿勿少；陈列名目天天换，买主看见走勿过。还有特别的优待，切勿错过好机会；廉价详细书目录，函索附邮一分来。阳历七月四号起，上海扫叶山房告。"①广告词七字一句，朗朗上口，便于记忆。

图 4－5　《扫叶山房冬季大廉价》广告

季节性打折销售的书籍中，不乏笔记小说以及大字版、大字精印版长篇通俗小说。例如 1921 年 6 月 27 日《申报》的《上海棋盘

① 全国学校放暑假，扫叶山房大廉价[N]. 申报，1922－07－04.

街扫叶山房新出版书籍百种廉价四十天》广告所列书目中，就有《洪容斋五笔》、《老学庵笔记》、《香祖笔记》、《人海记》等笔记小说；1924 年 6 月 21 日《上海棋盘街扫叶山房暑假大廉价》广告中则有《红楼梦》、《儒林外史》、《花月痕》、《三国志演义》等长篇通俗小说。这些季节性打折活动一般为期一个月，“照码六折”，不少时候还有书券赠送。例如上文中所提及的 1924 年 6 月 21 日的广告中这样写道：“(一) 廉价所载各书，照定码一律六折；(二) 凡购满实洋一元者，赠码洋书券一角，五元者赠一元，二十元者赠五元，余则类推；(三) 预约各书概照定码五折，而无赠券；(四) 期限甲子年阴历五月二十日起六月二十日止，外埠宽放二十天；(五) 书券兑期限以阴历六月二十日起至八月二十日止；(六) 凡在廉价书目外各书仍照七折计算而无赠券。”也就是说，读者如果在活动期间购满一部大字版定价三元六角的《三国志演义》，只需要花费二元左右，虽然比通过购买预约券购书的 5 折稍微贵一些，但是可以获得赠送的四角购书券这种额外的优惠，也是相当合算的选择。不过，这种在季节性打折活动中赠送的购书券，必须在活动结束之后才能使用，这样那些打算使用赠券的顾客又成为平日书坊的光顾者，同时也就促进了其他时间段扫叶山房的书籍销售。

每逢季节性打折开始，扫叶山房就会在《申报》上刊登大幅广告，并且开列书目予以宣传，此外更加具有时代特色的，或者说比商务印书馆更胜一筹的是，书坊主人还经常联系报社的记者，以新闻报道的形式对这样的活动进行宣传。例如 1926 年 4 月 30 日到 5 月 2 日这 3 天，《申报》连续以《扫叶山房赠品廉价》、《扫叶山房特设春季廉价部》以及《扫叶山房廉价之第一日》为标题为该书坊进行了宣传报道，称：“扫叶山房首创二种合购部，有数十种名目另陈列一处，价目比门市部再廉九折。廉价部各种书籍再廉之价，照原定价一折起至五五折为止，再加赠品。购者甚为踊跃云。”

购书赠彩活动曾经为很多书局所采用，例如光绪三十四年(1908)中秋节广智书局就举行过，共设彩票一万张，奖品有十八开金标、留声机、洋琴、千里镜等。规模和影响都比较大的是商务印书馆在民国二年(1913)为了庆祝总发行所落成而举行的购书大赠彩，此次活动"设券彩六万号"，"彩券六千元"，"彩券分一百五十等"。在活动结束之后，还有获奖的顾客在《申报》上刊登了一则"获彩志谢"广告："商务印书馆重建新张赠彩纪盛，仆幸中头彩，得佳琴，用登报端，特鸣谢忱。震旦学院吴祖祚白。"①

扫叶山房最初是直接向购书者赠送兑换书券，"凡购满洋二元，特赠兑换书券二角，如满洋廿元者，特赠兑换书券三元"②；各种印刷品，"购满五角，赠大本历本一册，购满贰元历本一册、法帖一册"③，以及赠送折扇等生活日用品。其中一次赠送折扇的活动，据《申报》上一则题为"廉价书籍之赠品"的本埠新闻称："(扫叶山房)此项赠扇为向所未有，故购客益形拥挤，赠出之扇亦复不少。"④后来又逐渐模仿商务印书馆的做法，将赠品改为购书赠彩。此类促销活动一般这样规定："购书一元，抽赠券一张；购书三元，抽赠券四张；购书六元，抽赠券九张；购书十二元，抽赠券十八张。抽得彩券当场凭券兑赠品，每天二千张之支配。"⑤中奖的礼品从最初的《十三经注疏一部》、《评注昭明文选》、大字《三国志演义》等书籍，发展到后来的香皂、化妆品、热水瓶等各种生活用品，甚至还有花铁机缎马褂料、时花华丝葛女袄料、时式金丝眼镜等，品种繁多。

---

① 获彩志谢[N]. 申报，1912 - 09 - 30.
② 上海扫叶山房特设暑假廉价[N]. 申报，1922 - 07 - 06.
③ 扫叶山房特设年假廉价部[N]. 申报，1922 - 12 - 03.
④ 《申报》，1923 - 07 - 02.
⑤ 扫叶山房冬季特设廉价部[N]. 申报，1924 - 12 - 07.

此外，扫叶山房还在各大书局中首次尝试预约订购书籍，赠送抽奖券的营销办法，称“预定一种只收半价，可抽赠券一张，有独得华丝纱长衫料之权利”，奖品还包括赤金戒指、永安礼券十元、金边日记、精刻雅扇等十余种[①]，非常诱人，而10种预约出售的书籍中就有大字足本《三国志演义》、大字足本全图《五才子》、大字足本《东周列国志》、大字足本《红楼梦》等4种长篇通俗小说。事实证明，此种营销策略成为扫叶山房此类书籍销售的助力之一。以大字足本《红楼梦》一书为例，据该书坊刊登在《申报》上的广告可知，从民国十年(1921)到民国十四年(1925)，这部定价不菲的作品因为预约销售，已经印刷了5版之多，而且在印刷第五版的时候，价格还略有上涨，有光纸的定价从原来的二元五角调整为二元六角[②]。

---

① 发售赠品预约券，再版新书十种[N]. 申报，1926-07-25.

② 连史纸的大字足本《红楼梦》的售价则维持在每部四元。

第五章
近代文学期刊出版与转型中的《文艺杂志》

杂志分类计十余门，诗文词均系时贤新著，其前任名作之未经刊行者，亦间登录，藉广流传，小说谐文必取新颖雅驯之作，每期笔记尤占多数，以引阅者兴趣。

——《编辑大意》①

作为一家历史悠久的出版机构，扫叶山房不仅以“刊印秘籍，以惠学林”为宗旨，出版了大量校勘颇为精良的各种书籍，而且还曾经发行过《文艺杂志》(见图 5 - 1)和《织云杂志》两种文学期刊。其中《文艺杂志》宣称“本杂志以商榷文艺，网罗典籍，保存国粹为宗旨”，因此从某种程度上说其更能体现扫叶山房的创办宗旨与出版特点。这份杂志于民国三年(1914)六月创刊，前 5 期，每月一期，此后改为双月刊②，现存 13 期。该刊前 12 期为铅印平装本，

---

① 《文艺杂志》，1914，(1).

② 从《申报》所刊若干则《文艺杂志》的出版广告可知，该杂志第一至第五期于 1914 年 7 月至 1914 年 11 月出版，每月一期；第六至第八期于 1914 年 12 月至 1915 年 6 月出版。由此可见，杂志第五期之后从月刊改为双月刊。由于本应于 1916 年 3—4 月间出版的第十三期推迟至 1918 年 8 月才出版，因此，双月刊指的是第六至第十二期杂志。

第十三期改为石印线装。每期杂志所登文字约 8 万言,设文录、诗录、词录、小说丛谈、短篇小说等栏目。作为传统书坊扫叶山房融入近代出版潮流的一次尝试与努力,它对于这家书坊的意义值得重视。

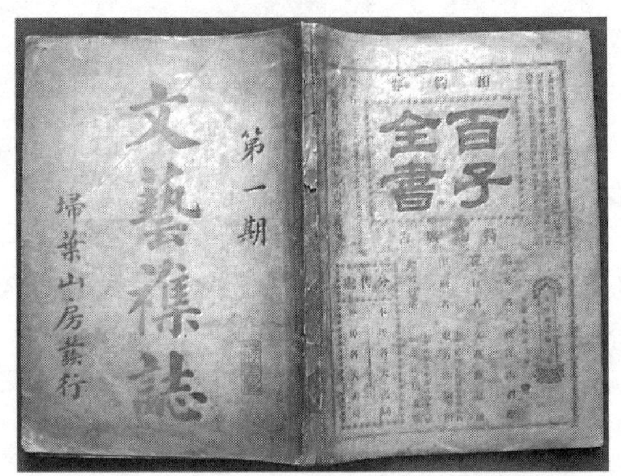

图 5-1 第一期《文艺杂志》封面与封底

第一节 保守与新变的交融:创办契机和宗旨

随着出版技术的进步和出版观念的变化,近代设立于上海的不少出版机构都发行过一种或者几种杂志,一方面以杂志的传播达到宣传书局的目的,借以扩大自身的影响,一方面又通过杂志的销售固定一批持续关注的读者群体。例如申报馆出版过近代文学期刊的鼻祖《瀛寰琐纪》,之后又陆续有《四溟琐纪》、《寰宇琐纪》(见图 5-2)问世;其他书局如广智书局主办过《新小说》,开明书店经销过《新新小说》,而商务印书馆旗下则有大名鼎鼎的《绣像小说》、《东方杂志》和《小说月报》等；连名不见经传的乐群书局和群学社也先后承办过《月月小说》。

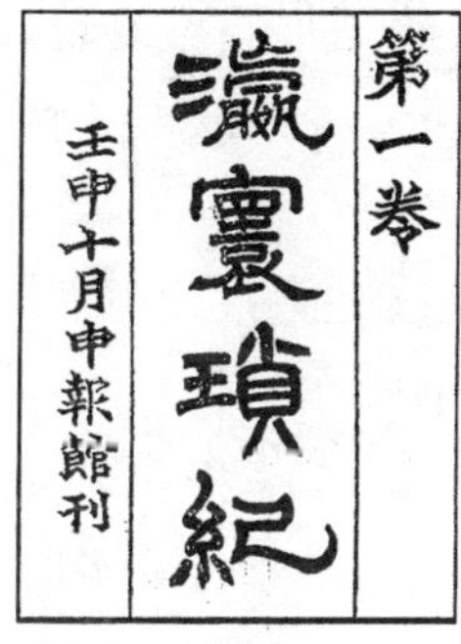

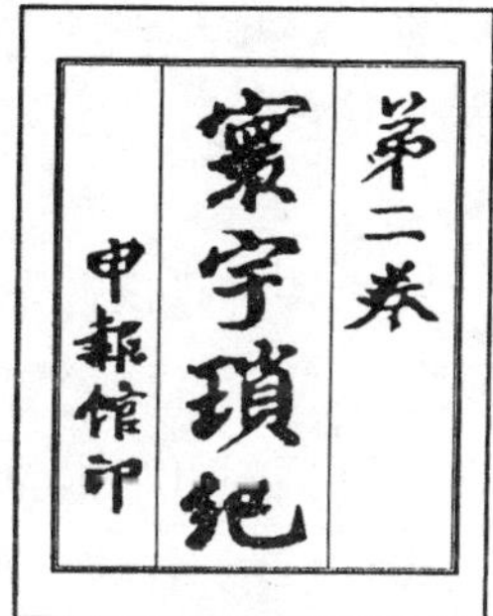

图 5-2 3 种“琐纪”的封面书影

一般而言，书局成立与杂志创办的相隔时间，短则数月，比如英国商人美查主持的申报馆，该报馆在同治十一年(1872)四月创立之后，随即于当年十月发行了《瀛寰琐纪》；长则数年，比如光绪二十九年(1903)商务印书馆发行该馆第一份刊物《绣像小说》之时，距离其最初成立已经 6 年。不过，与同处上海一隅的其他出版机构相比，扫叶山房在这一方面可谓开创了一项纪录。按照杨丽莹《扫叶山房创始年代考》中的观点，扫叶山房大约在乾隆四十九年(1784)左右创立，而该书坊发行的第一份刊物《文艺杂志》创刊于民国三年(1914)，时间前后相距长达 130 年；即使以同治元年(1862)该书坊迁至上海计算，也间隔了 52 年。

实际上，自从席威将受损于太平天国运动的苏州扫叶山房，在上海彩衣街重开之后，这家处于近代全国出版中心的书坊，在 52 年间曾经先后受到过几次报刊潮流的影响，分别是画报的兴起、小说杂志的兴盛以及综合性文学期刊的繁荣。

据目前可知的资料统计，自光绪元年(1875)清心书院出版《小孩月报》开始，到光绪二十七年(1901)《画报丛刊》创刊①，在此期间在上海问世的画报共计 21 种，几乎占同一时期所出版期刊数量的 1/3②，此为画报兴起时期。考察当时所出版的画报不难发现，除了宣传基督教教义的《画图新报》之外，大致可以分为以下 3 种类型：

第一种是供儿童阅读的启蒙型画报，例如《孩提画报》、《训蒙画报》、《成童画报》等；第二种是以宣传和介绍书画作品为目的的艺术型画报，例如《词林书画报》、《书画公会报》等；第三种是以社会事件和风俗民情为重点的新闻型画报，例如《点石斋画报》(见图 5－3)、《飞影阁画报》、《新闻报馆画报》、《海上日报画报》等。其中以新闻型画报普适性最强，受众面最广。《点石斋画报》的宣传广告就称其“士夫可读也，下而贩夫牧竖，亦可助科头跣足之倾谈；男子可观也，内而螓首蛾眉，自必添妆罢针余之雅谑”③。画报行销大江南北十几年，以至于其主笔画师吴友如在该画报停刊之后两年自主创办并委托鸿宝斋精工石印的《飞影阁画报》，依旧销路不错，出版了 100 期之多④。诚如吴友如所言“画报昉自泰西，领异标新，足以广见闻，资惩劝”⑤，可以说新闻型画报主要以社会事件、风俗异闻为主要刊载内容，以助读者茶余饭后谈资，而扫叶山房却

① 实际上光绪二十七年(1901)之后，还陆续有画报在上海出版，如光绪二十九年(1903)的《集益书画报》、光绪三十年(1904)的《风云画报》等，而且一直未间断，但是以光绪二十八年(1902)《新小说》的出现为分水岭，标志着期刊出版进入了专业小说杂志兴盛的阶段。

② 根据《上海通志・四十一卷・1875—1949 年 5 月上海中文期刊出版情况表》统计，光绪元年至光绪二十七年(1875—1901)，上海地区共出版期刊 72 种。

③ 画报出售[N]. 申报，1884－06－26.

④ 《飞影阁画报》于光绪十六年(1890)四月创刊，出版至光绪十九年(1893)五月，共计 100 期。之后吴友如将其转给周慕桥，遂改名为《飞影阁士记画报》。

⑤ 吴友如. 飞影阁画报发刊辞[J]. 飞影阁画报，1890，(1).

一向认为“书籍一业，关系全国人民之学术之智识”①，所谓“学术”与“智识”自然与街谈巷议的新闻无关，也与市井百姓的风俗无关。因此，虽然此阶段新闻型画报受到各阶层读者欢迎，也成为不少报馆对所办报纸进行促销的手段之一②，但是由于此类画报与扫叶山房的出版宗旨完全不吻合，当然不可能影响到这家积淀深厚的传统书坊，从而也就根本无法推动扫叶山房融入画报出版的潮流当中。

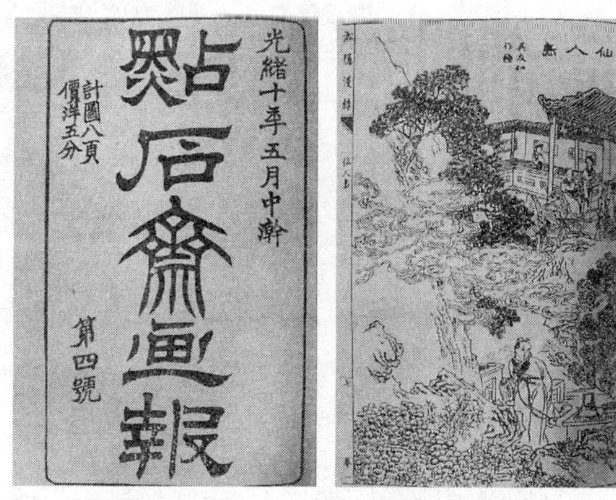

图5-3 《点石斋画报》书影

再看小说杂志兴盛的时期。光绪二十八年(1902)《新小说》从日本横滨迁移至上海出版，是小说杂志出版潮流开始形成的标志，之后的几年当中，陆续出现了《绣像小说》、《新小说》、《月月小说》、《小说林》(见图5-4)等小说杂志专刊，据统计在《文艺杂志》创刊之

① 扫叶山房特别广告[J]. 文艺杂志，1914，(1).

② 例如《点石斋画报》、《新闻报馆画报》、《海上日报画报》就分别随《申报》、《新闻报》、《海上日报》附送。

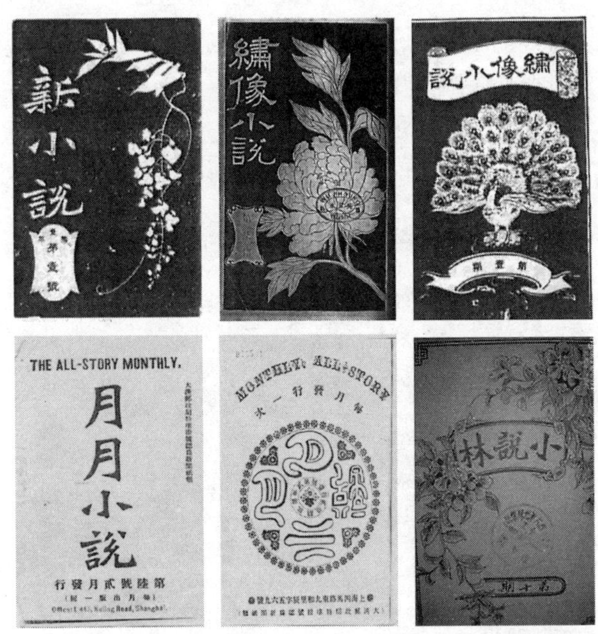

图 5-4 《新小说》、《绣像小说》、《月月小说》、《小说林》封面

前，上海地区曾经出版过此类刊物 15 种。当时这些小说杂志专刊的涌现，大部分都与梁启超发表《论小说与群治之关系》，提出“小说界革命”，号召以小说改良社会、开启民智有密切关系。例如《新小说》的宗旨是“专借小说家言，以发起国民政治思想，激励其爱国精神”①；《绣像小说》提出“远摭泰西之良规，近挹海东之余韵”，“借思开化夫下愚，遑计贻讥于大雅”②；《月月小说》强调“借小说之趣味之感情，为德育之一助”③等。因此，这一时期创刊的杂志所刊小说

① 中国唯一之文学报《新小说》[J]. 新民丛报，1902，(14).
② 本馆编印《绣像小说》缘起[J]. 绣像小说，1903，(1).
③ 《月月小说》序[J]. 月月小说，1906，(1).

作品不少都是揭露政治黑暗，讽喻官场腐败，痛斥社会恶习的新小说，即使描写男欢女爱的言情作品亦不乏梁氏所提出的“新民”之意。而纵观1902—1913年间扫叶山房的说部书籍刊行情况，一方面受到笔记小说为正史之附翼观念的影响，所刊小说作品六成以上为笔记小说①，而另一方面又坚持“选择出版其他书局业已印行的作品”的原则②，所刊15种通俗小说除了《时髦现形记》以外，都是在翻印明清长篇章回小说。尽管光绪末年上海地区乃至全国，“小说界革命”方兴未艾，在此社会思潮中所孕育的专业小说杂志也层出不穷，但是正如本书第二章与第三章所论述的，扫叶山房的小说出版思路与格局已经注定，该书坊不可能成为这一时代潮流的参与者。

情况的变化出现在民国二年(1913)，此年为综合性文学期刊繁荣的开端之年。这一年9月申报馆开始发行童爱楼编辑的《自由杂志》，登载《申报·自由谈》未刊之稿，为文学期刊出版潮流的到来埋下了伏笔；当年12月中华图书馆发行陈蝶仙、王钝根主编的《游戏杂志》，标志着文学期刊涌现的大幕开启，此类刊物的繁荣时代正式到来。正如《上海通志·第四十一卷》中关于期刊出版的论述中所言，民国初年“文学期刊繁荣，成为上海出版业特有的现象”，而据笔者统计，仅民国三年(1914)这一年，上海地区就陆续出版了31种文学期刊③。

当时的刊物取名普遍通俗化，例如《五铜元》、《快活世界》、《好白相》等，据此不少人以为彼时盛行于世的文学期刊，全部以趣味

① 1902—1913年间，扫叶山房刊行说部书籍38种，其中笔记小说23种。

② 详见本书第二章第二节。

③ 详见本书第七章第一节中的表7-1，1914年出版的杂志中，扫叶山房代为发行的《小说杂志》(杜文馨编辑)、东亚书局出版的《快乐杂志》(童爱楼编辑)以及百新公司的《百新新话》，较少见到著录；此外，还有创刊于1915年1月由新中华图书馆出版的《莺花杂志》(胡无闷编辑)1917年5月由上海艺文函授社出版的《艺文杂志》(倪轶池编辑)也同样如此。

滑稽风格取悦读者，是以一般市民阶层为接受对象的娱乐型文学期刊，而实际的情况并非完全如此。

《文艺杂志》创刊前，在上海地区所出版的文学期刊中，不少是面向文人阶层的。例如《游戏杂志》设置了诗词、译林、丛谈、小说、剧谈、传奇、乐府等明显符合文人阅读兴味的栏目，编辑王钝根还在《小言》中称杂志的内容"要之为文人别开生面之作"①；而《东社》的栏目则分文选、诗选、词选 3 部分，每集约刊载作品 300 篇，完全是以文人的旨趣为办刊出发点，接受群体的针对性更强。尤其是《民权素》，不仅有名著、艺林、游记、诗话、说海等栏目，而且多刊登文言文作品。袁进认为："《民权素》正是这样一个以骈文创作为主的文学杂志，它不能算是一个通俗文学杂志，因为它的语言并不通俗，难以适应文化水平不高的普通大众的阅读需要。它是一本以严肃文学为主又带有'游戏消闲'成分的文学杂志。"②正如王钝根所描述的那样："少年自负之士，益复致力诗词，或为环奇高古之文，刊集行世以为荣；文坛宿将，亦勃然动其老兴，联结诗社，月刊社著海内风靡，文豪之声，互相推许，而论文述艺之杂志亦于是乎衔尾接踵而出焉。"③可以说，这种以文人为刊物阅读对象，或者刊登诗词、笔记作品，或者登载剧作、剧评文字，或者兼有丛谈、游记等栏目，渴望"海内文士，同声相应，投赠珠玉"④的文学期刊，与扫叶山房"刊印秘籍，以惠学林"的出版宗旨格外贴近，也正因为如此，此种类型期刊的陆续出现，无疑成为推动扫叶山房创办《文艺杂志》的重要因素。

不过，既然《文艺杂志》是具有百年出版传统的扫叶山房，在民国初年上海文学期刊繁荣的社会文化背景中，融入近代出版潮流

---

① 王钝根. 小言[J]. 游戏杂志，1913，(1).
② 袁进. 民初的过渡杂志《民权素》[N]. 当代作家评论，2006，(6).
③ 王钝根. 序一[J]. 织云杂志，1914，(1).
④ 王钝根. 小言[J]. 游戏杂志，1913，(1).

的一次尝试与努力，它一方面会不可避免地带有扫叶山房的明显烙印，另一方面又体现出扫叶山房仿照新型出版机构，借用现代媒介进行宣传的用意。这一点从其办刊宗旨就能窥见一斑。《编辑大意》中明确提出“本杂志以商榷文艺，网罗典籍，保存国粹为宗旨”，意味着杂志在“商榷文艺”，与文学期刊靠近的同时，又以“网络典籍，保存国粹”为己任，成为当时沪上文学期刊中唯一与“保存古籍，发扬国粹”的国学热潮[①]有些许关联的特立独行者，而这样的办刊宗旨与扫叶山房的出版传统正相吻合。

民国七年(1918)《扫叶山房发行石印精本书籍目录》序言称该书坊“素以保存国粹振兴文学为职志”，“尤注重周秦诸子之学术，及汉唐以来之文辞，虽不敢谓开风气之先，差幸无失其初志焉”，鲜明地突出了这家书坊的书籍出版特点。实际上，除了普通的经史子集著作之外，从苏州迁至上海之后，扫叶山房还曾经陆续石印出版过多种大型丛书，例如《册府元龟》200 册，《太平御览》100 册，《佩文韵府》200 册，《宋元明清四朝学案》54 册，《百子全书》80 册，《梨洲遗书》汇刻 33 种，等等。据李培文的考察，民国时期“一些老字号的书局坚持出版廉价的石印书籍，但出版方向局限于古籍。最著名的就是扫叶山房。扫叶山房在光绪末年开始引进石印，到民国初期印行的石印书籍多达四百多种，大部分为实用的国学书籍”[②]。由此可见，《文艺杂志》“网络典籍，保存国粹”的办刊宗旨，所彰显的正是长期以来扫叶山房“刊印秘籍，以惠学林”的书籍出版传统。

---

① 清末民初全国各地曾经兴起过一股国学热潮，全国出现了不少以保存古籍、发扬国粹为宗旨的学会，并发行过相应的刊物。例如光绪三十一年(1905)二月国粹保存会在上海创办《国粹学报》；宣统三年(1911)二月清华国学研究会刊行王国维、罗振玉编辑的《国学丛刊》；民国元年(1912)六月国粹学报馆发行《古学汇刊》，同年九月四川国学院刊行《国学杂志》；民国二年(1913)三月《文史杂志》在武昌问世等。

② 李培文. 石印与石印本[J]. 图书馆论坛，1998，(2).

由于在文学期刊繁荣的潮流中应运而生，因此，《文艺杂志》所提出的“保存国粹”与《国粹学报》、《文史杂志》等国学刊物存在很大差别。一方面，杂志并不重视评论，没有一篇关于发扬国学、光大传统之类的论述文字，与思想传播无缘，所刊内容大部分皆关乎书籍，所谓“本杂志特注重旧籍一类，既录《笺经室宋元本题跋》，此外遗闻逸事之有关古籍者，必详细记录之，为保存吾国古书之一助”[①]；另一方面，杂志也持续刊登讽喻恶习、针砭时弊的警世小说、滑稽小说、社会小说，描写儿女情长、相思苦短的艳情小说，揭露鸦片危害、戳穿官场黑幕的笔记小说，使杂志的文学意味更为浓厚。

第二节　扫叶山房书籍出版的宣传喉舌：广告载体的多样化

由于广告能为刊物带来一定的收益，使杂志发展获得资金支持，因此，近代的各种期刊中的广告刊登屡见不鲜，比如《月月小说》中就出现过科学仪器馆、上海怡泰轮船公司、五洲大药房等各行各业的广告[②]，乐群书局的老板汪惟父甚至还在杂志中帮朋友刊登了一则寄售寿板的广告[③]；连实力雄厚的商务印书馆发行的《绣像小说》中，也有不断重复出现的司各脱鱼肝油以及三井洋行广告[④]。当然，为了让客户了解刊登费用，很多刊物都会在首期扉

---

① 编辑大意[J]. 文艺杂志，1914，(1).

② 广告分别为：《科学仪器馆》(见《月月小说》第 1 号)；《上海怡泰轮船公司》(见《月月小说》第 5 号)；《创新五洲大药房，开设上海老巡捕房对面三层洋房》(见《月月小说》第 14 号)。

③ 寄售顶上婺源圆心寿板[J]. 月月小说，1907，(3).

④ 《绣像小说》第 30—72 号均出现了《日本三井洋行》广告，第 13—24、37、38、42、43 号中有《司各脱乳白鱼肝油》广告，第 34—36、39—41、44 号中有《司各脱滋补鱼肝油》广告。

页申明广告刊登的具体价码，《文艺杂志》也不例外，第一期杂志的《本社广告二》就明确广而告之曰：

> 本社为推广中国营业起见特招登广告，各商号有欲附载者，请惠顾上海棋盘街扫叶山房代为接洽可也。刊资列后：每一面每期洋十二元，每二面每期洋二十元，一面或数面常年面议。

不过根据笔者的统计，在全部13期《文艺杂志》中所出现的广告，除了杂志编辑刊发的与刊物相关的告白之外，其余广告74则（重复出现者不计），只有《农商部注册中国精益眼镜公司》、《付印各书》、《非儒非侠斋主人鬻文鬻画例言》以及《〈小沧桑记〉两卷》、《〈南吴旧语录〉二十四卷》这5则是扫叶山房之外的机构或者个人刊发[①]，而且其中木石居主人在《付印各书》中所提及的"不日出版"的书籍，发行所正是扫叶山房，非儒非侠斋主人顾鼎梅是《文艺杂志》的作者之一，《小沧桑记》、《南吴旧语录》在扫叶山房寄售——几乎都与扫叶山房有千丝万缕的联系。由此也就可以肯定地说，《文艺杂志》上的广告刊登，根本无法给其发行书局扫叶山房带来什么利润。而另一方面，这份平均每期160页以上的杂志，"月出一册，每册定价贰角，外埠加邮费三分；预定全年十二册，定价贰元，外埠加邮费三角"，与同时期出版的《民权素》每份定价五角相比，《文艺杂志》的价格极为低廉，而且与7年甚至12年前的清末杂志相比，它的价格都显得尤为便宜：光绪二十八年(1902)出版的《新小说》与光绪三十三年(1907)出版的《小说林》，篇幅都与《文艺杂志》相仿，它们的售价分别是四角四分与四角。而且书坊编辑还

① 这3则广告的刊发者分别是精益眼镜公司、木石居主人、顾燮光以及集资刊行《小沧桑记》、《南吴旧语录》的松邑同人。

会将杂志直接赠送给相识的文人,例如据叶昌炽《缘督庐日记钞》卷十五记载,叶氏就曾收到过雷瑨赠送的《文艺杂志》第九期。

扫叶山房之所以会做这种赔本的买卖,发行一本几乎半卖半送的刊物,实际上与该书坊书籍宣传载体多样化的转变有很大关系。清朝末年,扫叶山房与其他近代书局一样,以在著名报纸上刊登广告的方式宣传所出版的书籍,曾经在《申报》、《新闻报》、《时报》以及《神州日报》等多种报刊上刊载付费广告,以其在《申报》上刊登广告为例,仅仅 1914 年就达到 300 余次之多。按照当年《本馆告白刊例》的说明:"封面二行起码,第一日每行 1 元 2 角,第二日起每行七角五分。中缝价例同。后幅长行三行起码,第一日每行四角,第二至第七日每行二角四分,第八日起每行二角;短行五十字起码,多则以十字递加,第一日每字五厘,第二日至第七日每字三厘,第八日后每字二厘半",一般选择在《申报》"后幅"位置刊登长行广告的扫叶山房,可谓花费不菲。

一方面,由于报刊广告价格不低,扫叶山房一般用于刊登书目广告更多,对于大部分新出版书籍的具体内容则不可能详加介绍;另一方面,扫叶山房注重出版的是经史子集类的传统书籍,购买群体相对而言是比较固定的。因此,民国初年的扫叶山房对于书籍宣传的策略,从刊登报纸广告,拓展到在其所发行的读者定位鲜明的文学期刊上刊登广告。

《文艺杂志》曾刊发过一则《〈文艺杂志〉十三期增加篇幅,改换纸张广告》,其中有言曰:"本杂志自去夏发行以来,月出以册,深荷海内同硕谬加奖许,并承以新著之诗文笔记以及辗转传抄之秘帙,远道邮寄,惠赐刊登,以是销售之广遍于各行省,远及南洋新加坡等地"①,而该期杂志的"诗录"栏目前面也确实刊登了一则《古今

① 《文艺杂志》,1916,(12).

书名对》，署名“新加坡石扶持来稿”，由此可见《文艺杂志》的影响范围并不算小。因此，通过办一本文学期刊吸引文人读者，在每期卷首和卷尾刊登书籍广告，不断“鼓噪”，达到对特定的书籍购买群体进行宣传的目的，对扫叶山房而言，这种颇具自产自销意味的手工作坊式宣传，也不失为一种可取的书籍广告方式。有研究者甚至认为：“扫叶山房创办《文艺杂志》，实是在近代期刊蓬勃发展的推动下，为宣传本书坊所出版的古籍而采取的新手段。”①

《文艺杂志》中扫叶山房的书籍宣传，大致上可以分为书目刊载、作品介绍、预约销售等多种形式（见图 5－5）。书目广告刊载延续了在报刊中登载《扫叶山房精印书籍》的做法，即广告中只出现书籍的名称和售价。这样的刊登方式好处自然是能够充分利用有限的杂志版面，尽可能多地展现书名，例如第十二期中的《新印精本书籍》中，就出现了 54 种书籍，从《读书敏求记》、渔洋山人《说部

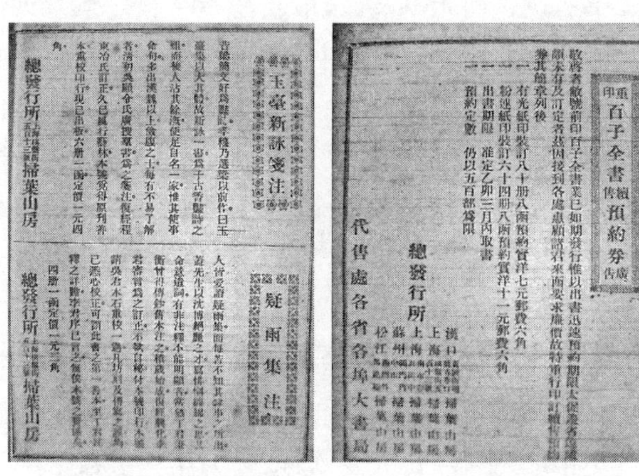

图 5－5　《文艺杂志》所刊部分扫叶山房书籍广告

① 杨丽莹. 扫叶山房史研究[M]. 上海：复旦大学出版社，2013：198.

精华》到《诗人玉屑》、《茶余客话》，可谓琳琅满目。因为当时扫叶山房所出版的书籍版权页上，除了扫叶山房瓦当形的注册商标之外，不少书籍既没有注明出版时间，也无具体售价，所以《文艺杂志》中这类书目广告就为考察扫叶山房书籍的出版年份与价格，提供了一定的依据。例如，阮葵生的《茶余客话》，根据《文艺杂志》第一期《扫叶山房新印书目》广告可知，该书的刊行应该在民国三年(1914)。另外，由于扫叶山房在民国时期石印出版了大量笔记小说，因此，也可以根据各期《文艺杂志》刊登的扫叶山房书目广告，研究该时期笔记小说定价情况对于此类作品传播的影响。

作品内容介绍广告与光绪年间在《申报》上出现过的《最新社会小说〈时髦现形记〉出版》类似，惯常使用溢美之词介绍书籍，以达到吸引读者购买的目的。例如称《埋忧集》“可谓有语皆奇，无事不妙，而笔之惊才绝艳又足以发挥之其佳处较之《聊斋志异》、《五种笔记》二书有过之而无不及”，《最新滑稽杂志》“意甚诙谐，□必雅驯，茶余酒后阅之可以一洗胸中之块垒”等。不过，尽管如此，我们依旧能从这类广告中了解到一些作品的大致内容或者人物形象。例如《清人说荟》“仿《唐人说荟》之例，搜采有清一代名人所著说部书，计得数十种，其间如曹千里之《说梦》，苍弁山樵之《吴逆取亡录》等多种皆世无刊本，尤可宝贵”。而《满清官场百怪录》则如广告中所言，作者笔下的官员“有迂谬可笑者，有奸狡可恨者，有卑鄙可耻者，有荒唐可诧者，有胡涂可怜者”。此外，“云间颠公前辑《骗术奇谈》销行数万部，颇为社会欢迎”[①]，“修竹乡人就所闻见辑成《民国艳史甲编》出版后，大受欢迎，一月中售去数千部”[②]，对于

① 上海之骗术世界[J]. 文艺杂志，1914，(1).
② 民国艳史乙编[J]. 文艺杂志，1914，(4).

这类文字的考察也有助于了解某些笔记小说的销售情况。

《文艺杂志》中预约销售的书籍广告，主要以刊发书籍预约券的形式出现。作为一种促销书籍的手段，发售预约券的方式在清末已经较为常见，一般针对规模较大、整套出售且定价不菲的书籍。例如宣统元年（1909）申报馆就在《新出历朝一百三十五种〈说部大观〉》[①]中称“计定实价洋四元，兹售预约券，每部减价二元”，次年位于普及书局内的藜光社也在《看，看，看！〈宋稗类钞〉预约券，说部之霸王》[②]承诺“全部定价大洋三元，预约券每部减半收洋一元五角”。

在同业的影响下，扫叶山房在民国三年（1914）发行《百子全书》和《中华民国政府公报分类汇编》的时候，也选择了在《文艺杂志》中刊登预约销售广告、出售预约券的方式。前一部“有光纸印装订八十册八函，预约实洋七元，邮费六角”，“粉连纸印装订六十四册八函，预约实洋十一元，邮费六角”，后一部“定价十二元，预约半价六元”。其中规模巨大[③]的《百子全书》，销售情况可谓神速，民国三年（1914）十月初版开始发售[④]，第二年 7 月就再版出书[⑤]。

纵观《文艺杂志》上的扫叶山房书目刊载与作品介绍广告就会发现，其中包含了不少笔记小说，其中通俗型笔记小说 6 种，学者型笔记小说 26 种，可以说民国初年该书坊出版的此类书籍，大部分都曾在《文艺杂志》广告中出现过，但是长篇章回小说广告却未

---

① 《申报》，1909 - 10 - 31.

② 《神州日报》，1911 - 05 - 15.

③ 号称“历朝一百三十五种”的《古今说海》以及自诩为“说部之霸王”的《宋稗类钞》，全套均为 12 册，与其相比，无论是“粉连纸印装订六十四册”还是“有光纸印装订八十册”的《百子全书》之规模都堪称巨大。

④ 出版广告・特别廉价[J]. 文艺杂志，1914，(5).

⑤ 《百子全书》再版业已如期出书[J]. 文艺杂志，1915，(9).

见一则。这一现象的出现固然与扫叶山房主人依旧将长篇通俗小说视为不登大雅之堂的作品有关,另一方面也从侧面反映出民国年间扫叶山房小说书籍出版的类型选择上出现了一定的变化——即从清末长篇章回与笔记小说并重,到民国初年独重笔记小说:从席威光绪二十四年(1898)接替其父席威管理扫叶山房开始到宣统三年(1911),该书坊共出版笔记小说 19 种,长篇通俗小说 17 种;民国初年(1912—1918)[①]出版笔记小说 36 种,而长篇通俗小说仅有《侠义风月传》1 种,因此,《文艺杂志》众多扫叶书籍广告中未曾出现后者,也就不难理解了。

作为一份由扫叶山房发行的文学期刊,《文艺杂志》当然也有不少宣传扫叶山房的广告。实际上,杂志第一期首页就刊登了大幅《扫叶山房特别广告》,该广告洋洋洒洒,将近 500 字,具体介绍了书坊的历史渊源、书籍销售、出版特色、价目折扣等,既强调“为爱重名誉计,为推广贸易计,凡近年印行各书,缮校一切,益实事求是,以期毋负购阅诸君之盛意”,体现所刊书籍质量之优,又申明“自前清宣统三年起,定为一律照码七折,并无二价,一以期价值公平则购阅必众,二以期诚信相见则受欺无虞”,凸显所售书籍折扣力度之大。为了达到图文并茂的宣传效果,第三期《文艺杂志》还出现了扫叶山房北号总发行所正面与侧面两张清晰的照片。而当书坊在汉口开设分号的时候,《文艺杂志》第九期就随即刊登广告,广而告之曰:“凡川陕甘汴诸省同业批发,亦可就近采办,至价值自当格外克己。盖敝号意在流传国粹,输入文学起见,并非专于牟利也。”[②]

对于扫叶山房的宣传,在专门为杂志征稿所刊发的《本社启

① 因《文艺杂志》最后一期于 1918 年 8 月出版,故以这一年作为统计的截止点。

② 《文艺杂志》,1915,(9).

事》中也能窥见一斑。这则启事中称“寄稿登录者，当赠以本杂志或扫叶山房书券酬雅意”，其中赠送购书券的稿酬方式，无疑包含推销扫叶书籍的浓厚意味。启事中还明确表示“海内故家，如有未经刊行之诗文集笔记等，或虽刊行，而书已罕见亦无存者，本社可代为印行，应得报酬，另行议订，惟请先寄示样本，由扫叶山房出立收条”，文中所谓“本社可代为印行”，从“由扫叶山房出立收条”的补充说明就能明显看出，实际上就是《文艺杂志》的发行机构扫叶山房“代为印行”，这无异于变相为扫叶山房征集未刊或者刊而罕见的“秘籍”。

第三节 新的追求与旧的坚守：杂志吸引传统文人读者的举措

1914 年 7 月 25 日《申报》中的《介绍新刊》对《文艺杂志》的具体内容进行了介绍，其中有言曰：“分类计十余门，诗文词均系时贤新著，其前人名作之未经刊行者，亦搜求选录；小说谐文必取新颖雅驯之作；而每期笔记尤占多数，足以引起阅者之兴趣”(见图 5-6)，其中诗词、小说、谐文、笔记等栏目的设置，无疑与此前其他书局所出版的文学期刊栏目类似。可以说，“以商榷文艺，网罗典

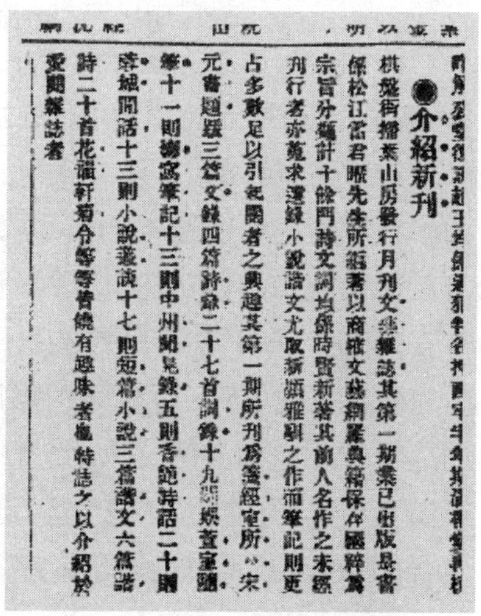

●介紹新刊

棋盤街掃葉山房發行月刊文藝雜誌其第一期業已出版是書係松江雷君曜先生所編著以商榷文藝網羅典籍保存國粹爲宗旨分類計十餘門詩文詞均係時賢新著其前人名作之未經刊行者亦蒐求選錄小說諧文尤取新頴雅馴之作而筆記則更占多數足以引起閱者之興趣其第一期所刊爲[illegible]所[illegible]宋元舊題跋三篇文錄四篇詩錄二十七首詞錄十九[illegible]室隨筆十一則[illegible]窩筆記十三則中州聞見錄五則香艷詩話二十則瑣細閒話十三則小說叢談十七則短篇小說三篇諧文六篇諸詩二十首花福軒菊令等等皆饒有趣味者也特誌之以介紹於愛閱雜誌者

图 5-6 《文艺杂志》内容介绍
(《申报》刊载)

籍,保存国粹为宗旨”的《文艺杂志》从创办之日起,就将杂志的读者拟定为传统文人,并且采取了不少吸引这类读者的举措。

一、诗词作品的刊载与征求

其一,“时贤新著”与“名作未经刊行者”。

《文艺杂志》上既频繁出现与雷瑨有一定往来的曹元忠、李详、樊增祥等当时知名文人的诗词,又陆续选登过一些在世或离世的文化名人的诗词,例如常熟徐兆玮、桐城方尔咸、丹徒丁立钧、宝应成肇麟、长沙陈启泰、闽县陈宝琛等人的作品均可见到。各位诗词作者中,晚清西昆派代表作家之一的曹元忠尤其著名,钱仲联在《近百年词坛点将录》还称其“词笔骚雅,得白石神理”,因此,《文艺杂志》所刊其诗词达 53 首之多。

全部 13 期杂志中的“诗录”和“词录”栏目中所刊的诗词分别为 417 首和 165 首,再加上俞樾《花吟馆忆京都词》、桐威《绝妙好词》、《文艺俱乐部》、《谐诗》、《谐著》、《缪艺风七旬寿言录》、《松江重修二陆草堂题词》中的诗词,共计 808 首,可谓一部小型的诗词集。诗词作品以外,还有雷瑨所作的《香艳诗话》79 则、《沪滨诗话》30 则、《慈竹斋诗话》7 则,更加增添了杂志的传统氛围。

这些诗词作品,不乏文人之间的唱和之作,如曹元忠的《哭北山十首和倚虹》,庄礼本的《风雨泊舟拖路口写怀和张寿芝先生学济韵》,徐兆玮的《东京寓楼守岁和褒父岁暮四首》,徐德培的《和李审言》,陈宝琛的《和净师原韵》,陈启泰的《齐天乐·石君以题画词见寄依韵答之》等。也有离别赠题或者寄赠之作,如曹元忠的《隔浦莲近拍·送别吴挚父汝纶之日本》、《将出都门留别崔师范》、《忆旧游·将出都门为翁泽芝之润题潞岸饯秋图留别缦仙义门琼隐》,李祥的《赠常熟丁秉衡同学》,庄礼本的《渡海狂歌寄吟社诸子用留别元韵》、《赠陶七彪》等。亦有怀古幽思之作,如李详的《射阳故城怀古》,陈启泰的《念奴娇·云中怀古》。还有一些关于买书购书的感叹，如李详的《江宁书肆有初印胡刻文选索价过巨未购书此记恨》。更多的则是题画诗词，如曹元忠的《渔歌子·题松江雷柳浦丈浦上鱼钓图》、《翠楼吟·鹤亭索题云将大令旧藏任渭长熊画桃花扇记云将姬人守节事》、《祝英台近·题王干臣太守仁俊海东访学图回念辛丑旧游已四载矣》，陈启泰的《霜天晓角·题画扇月下黄梅》，李详的《题筱珊先生垂虹感旧图》，蒙古三多六桥的《喝火令·题倦绣图》、《虞美人(题晓妆图)》，樊增祥的《高阳台·题黄皆令流虹桥遗事图》等。

其二，诗词作品的征求。

为了激发读者的参与热情，《文艺杂志》还向广大诗词爱好者发出了稿约。第一期杂志就通过"本社启事"向海内文人征稿，其中有言曰"海内文学大家，如承惠赐佳著，藉联文字之缘，无论诗文杂作及笔记等，均甚欢迎"，并且承诺"寄稿登录者，当赠以本杂志或扫叶山房书券酬雅意"。不久就得到了积极响应，雷瑨在第三期杂志中还特别告知踊跃投稿的文人读者，"本社《文艺杂志》发行以来，荷蒙海内名流时以诗文词寄示。吾道不孤，良深欣幸。爰自第二期起，特开辟一栏，次第登载"，甚至因为稿件太多，不得不决定"现拟嗣后凡有以大著见赐者，除逐期酌量登录外，所积之稿俟本杂志发行满一年后另行刊印成册，分赠投稿诸君藉酬雅意"，并希望"以后诸君寄稿祈将里居姓氏详细开示，或能略述实际，备将来代撰小传资料"，为投稿者考虑得甚是周全。

在第十三期《文艺杂志》的《告白》中，雷瑨写道："自《文艺杂志》发行以来，时荷四方知好宠场，题词佳什纷披，备承奖饰，虽道情之誉，未免惭愧，而知己之殷能无生感？兹自十三期起，将所得各体诗文次第登诸卷端，藉志荣宠。"当期杂志所刊几则寄赠给雷瑨的诗，体现出编者与读者之间的互动，包括元和陈世垣的《题文艺杂志赠颠公》、松江马超群的《读君曜先生所撰文艺杂志奉题》以及蕲州邓世虬的《寄雷君曜先生》等。其中邓世虬更是在诗作前写了一篇百余字的小序，称“先生(按：雷瑨)《香艳诗话》载梁舟山集老杜句为香奁诗，以沉雄之作变冶艳之词，叹其难，余亦喜梁善用反比例，不揣固陋，更反其意集次回句数首，以奉先生。愧不能变冶艳为沉雄，只得略洗疑雨面目，然句句是我心中欲言，不复知是次回所作，沉雄冶艳又不论也”，明确地表达了其作诗寄赠雷瑨的起因，是源于阅读了《文艺杂志》中《香艳诗话》有关“梁舟山集老杜句为香奁诗，以沉雄之作变冶艳之词”的记载(按：《文艺杂志》第七期所刊雷瑨的《香艳诗话》有一则“梁山舟集杜左右风怀诗”)。

二、大量刊登与书籍以及文人、文化相关的笔记作品

《文艺杂志》虽然刊登了近 600 首诗词，但是由于这类作品一般字数不多，每期所占杂志篇幅不过 1/10 而已，因此，真正构成杂志主体的是大量刊登的笔记作品。诚如《编辑大意》中所言：“每期笔记尤占多数，以引阅者兴趣。”目前所存的 13 期杂志共刊载了 17 位作者的笔记作品 20 种[①]，总计达 1 074 则之多，令人叹为观止。

其一，各种类型的笔记作品未刊稿。

所刊笔记包含不少一些当时尚未有刊本，仅以抄本流传于世的作品，例如刊于第三、四期杂志中李慈铭的《李莼客先生笔记》就是如此。据《会稽李莼客先生未刊笔记》中称：“先生(按：李慈铭)著述之已刊者有《越缦堂集》，精深广博，读者莫测其涯。又有笔记一册，未经刊行，中间有述掌故者，有考经史者，有谈艺文者，皆详瞻典雅，独抒所见，盖先生毕生精神之所萃也。近由江阴缪艺风师处，假得原抄本，急印入第三期《文艺杂志》中。”[②]25 则作品中，《文

① 详见本书附录一。这些笔记作品中，除雷瑨的《蓉城闲话》以及病仆的《中州见闻录》记录较多奇闻异事，其余的均可视为学者型笔记小说，即作者本身为学者，作品在内容上以名人轶事、历史事件为主，注重写实，在创作形式上长于议论、考辨。

② 《文艺杂志》，1914，(2)。

人相回护之结习》等述掌故,《论语点尔何如节古义》、《晋书王逊羊鉴传之不当》等考经史,《汤玉茗传奇压倒元人》等谈艺文,同时也不乏一些对书籍内容进行考证的篇目,如《古书成武二字相溷》、《四库提要子书类之疏谬》等均是如此。

这类抄本或者稿本笔记作品的刊登,既践行了杂志"网罗典籍"的宗旨,又满足了喜读掌故、乐窥古籍的传统文人读者需求,其随着杂志的发行而传播,又引发了不少文人读者的荐稿热情。我们可以清晰地看到,第一到第四期杂志除了曹元忠、李慈铭的笔记之外,几乎都是雷㻛的作品如《娱萱室随笔》、《懒窝笔记》、《小说丛谈》、《蓉城闲话》等,但是从第五期开始杂志中开始出现了多位作者不同风格的笔记。有丁秉衡的《荷香馆琐言》、华叟的《四铜鼓斋笔记》、沈详龙的《潭东杂志》、姚光的《怀旧庐丛录》、顾燮光的《崇堪墨话》、汪康年的《雅言录》、何则贤的《蓝水书塾笔记》、陈玉树的《粤游日记》等。其中《潭东杂志》的稿本由封文权转授给雷㻛;《蓝水书塾笔记》先以稿本传抄,福建侯官人丁震录有副本,借与雷㻛印行;《雅言录》是徐少达从汪康年处抄录原稿,函寄雷㻛;《粤游日记》则是陈玉树的同邑友人印水心所藏,并且"远道邮示"。

《文艺杂志》中的笔记内容丰富多彩,《京华梦影录》记车马、慈善、风俗、服饰、路政、旅馆、商店、实业、戏剧、冶游、饮馔等,作者兰陵忧患生描绘出脑海中魂牵梦绕的故都京华;《潭东杂志》述松江名胜古迹的变迁以及文人的遗闻轶事,从沈氏两园、十鹿九回头石、孙雪居遗石、塔射园、熙园万米峰到西林寺、秀甲园、白龙潭胜迹、九峰三泖、芦隐庵、陆顾二祠,均有详细描述;《怀旧庐丛录》记金山的历史名人著述以及藏书,而《金山钱氏藏书之富》、《陈卧子徐暗公夏瑗公诸先生著作》、《陆炯起义祭文》等也均是此类文字;《雅言录》谈各种书籍作品;《蓝水书塾笔记》录福建文人的诗文及轶事。笔记中的文字大体上都与书籍、文人以及文化相关。而书籍则是各类笔记中都会涉及的话题，除了《笺经室所见宋元书题跋》通篇都是各种古籍的提要、《雅言录》论及各种书籍之外，《潭东杂志》有《吴桐云小西腴馆诗文集》，《荷香馆琐言》有《后齐木版书》、《宋时书价》、《汉时竹简书》等与书籍相关的内容，《怀旧庐丛录》中的《香囊记玉簪记》、《黄梨洲先生著作》、《汲古阁刻本六十种曲》，《崇堪墨话》的《毛子林考订金石之著作》、《宋版书价值》等也对书籍多有介绍。

其二，雷瑨的笔记作品。

作为《文艺杂志》的编辑，刊物中出现了很多雷瑨的笔记作品，其所撰的笔记中，关乎书籍的内容更是数不胜数。其《小说丛谈》是从历朝笔记中所辑录的与说部书籍以及作者相关的条目，如"《海上花》人名之考证"由《谈瀛室笔记》中所辑，"《红楼梦》批本之批评"由《三借庐笔谈》中所辑，"李昌祺因著《剪灯余话》不得与祀乡贤"由《都公谈纂》中所辑等，涉及《水浒传》、《三国演义》、《英烈传》、《玉娇梨》、《聊斋志异》、《野叟曝言》、《西厢记》、《牡丹亭》等各类说部书籍50余种。其《懒窝笔记》则是一部关于书价书板、借书藏书、买书易书、刻书校书的笔记作品，既有《活字板》、《顾千里校书之精》、《刻书宜用大字》、《宋时始有书铺之名》、《范氏天一阁之藏书》这类介绍性质文字，也有《解衣买书》、《美婢易宋版书》、《挟科道势力借书》等关于书籍的美谈趣事。

当然雷氏笔记中关于书籍的遗闻轶事，少不了关于扫叶山房的内容。例如《懒窝笔记》中就有一则《扫叶书肆以献书得名》，专门介绍了扫叶山房的历史与荣耀，文中曰："清康熙三十六年，仁皇帝南巡驻于东山席宅。席氏献新雕之《百家唐诗》，仁皇帝大称赏，奖勉有加，自是名益高，刊刻书籍亦益求精美。迄今苏松等处皆有分肆，诚吾国书业中之翘然特异者也。"[①]《慈竹居零墨》中的《俄人

---

① 雷瑨. 懒窝笔记·扫叶书肆以献书得名[J]. 文艺杂志，1914，(1).

购书》,以俄京大学之汉文总教阿利克到扫叶山房购书的具体事例为证,赞扬扫叶书籍传播广泛[①]。另外,《娱萱室随笔》中的《扫叶山房》,记录了扫叶山房的竞争对手扫松山房的失败,后者将"松字别写枀,笔意略带行草,颇与叶字相似,骤观之居然扫叶山房四字也",结果却"以营业清淡力不能支,遂辍业"[②]。雷氏笔记中的这类文字,俨然成为《文艺杂志》对其发行书局的一种隐形广告,达到一种不着痕迹却又令人印象深刻的绝佳效果,后来席氏向康熙献新雕之《百家唐诗》,以及关于扫松与扫叶之争的典故,大抵由此处逐渐流传于世。而正如本书第一章中所阐述的那样,《懒窝笔记·扫叶书肆以献书得名》中所言"闻扫叶创自明季,主人为洞庭东山席氏,当时因得常熟毛氏汲古阁书板,遂设书肆于苏垣",也在某种程度使雷瑨成为将扫叶山房的创立时间从清朝提前至明朝的始作俑者。

另外,雷氏笔记还以介绍书籍的名义推销扫叶山房的图书。例如《懒窝笔记》中的《汲古阁之仿宋〈李义山集〉》一文所云:"毛氏汲古阁所刻各书,校勘精审,三百年来为文学界所称美,惟历年既久,颇不易得。近见沪上扫叶书肆,有代售之《李义山诗集》,系就汲古阁仿宋本重行影古者。"这本雷瑨提及的书,正是曾经在第一期杂志中刊登过广告,由"木石居"影印,扫叶山房代为发行的汲古阁之仿宋本《李义山集》。第六期《小说丛谈》中最后 4 则为《董文敏之黑白传》、《双真记传奇》、《掷杯传传奇》和《南花小史之肇祸》,其文末有言曰:"以上四则均采自曹家驹《说梦》……原书藏之二百

---

① 均耀《慈竹居零墨·俄人购书》:"自五洲通商,彼此互译书籍以交换知识,殆全球同文之佳兆也。沪上扫叶山房书坊,以刊印旧籍,驰誉中外。每岁以诗文别集、笔记等消(按:当作"销")行东瀛者,毋虑数百箱;而欧美各国亦颇有来购经史子集者。今年春间,曾在扫叶见有西人选购书多种,每种必数十部。与之谭,操中国官音,极熟书之内容,亦能举其大概。询其名为阿利克,盖俄京大学之汉文总教也。外人之爱慕于吾国文学于此可见一斑。"《文艺杂志》,1915,(8).

② 《文艺杂志》,1915,(11).

数十年，谈文艺者均求一见而未得，予向故家辗转觅得稿本，汇刊入《清人说荟》(《清人》共数十种，由扫叶山房书肆印行，此其一也。国中多年秘籍遂得流播人间，亦艺林之快事也。颠公志)。”借笔记作品向文人读者推销扫叶山房书籍的意图可谓一览无余。

三、文艺化的“补白”、有奖活动以及鬻文鬻画告白

其一，文艺化的“补白”。

《文艺杂志》中所谓的“补白”亦称“补空”(见图 5 - 7)，就是在不同的栏目之间的空白页面处刊登的内容，例如第 1 期杂志“文录”前一页有“游戏词”，“词录”前有“联语采新”，《娱萱室随笔》前是“射覆”，《中州见闻录》前是“解颐语”，《香艳诗话》前则是“颠倒令”。除了第十三期之外，其余杂志都刊登有各种不同的“补白”内容，尤其以《射覆》、《宝塔诗》、《南菁诗钟》、《欢场新酒令》、《颠公自题书室楹联集曝书亭词句》、《小说书名对》等记录射覆、宝塔诗、诗钟、酒令、楹联、书名对的文字居多。雷瑨在《射覆》中写道：“射覆之法，当令者取室中所见之物，隐一字为鹄而出其上，下字为媒。所出之字皆与鹄不相膠附，缀其鹄者愈专而媒愈幻，务以枝人心使

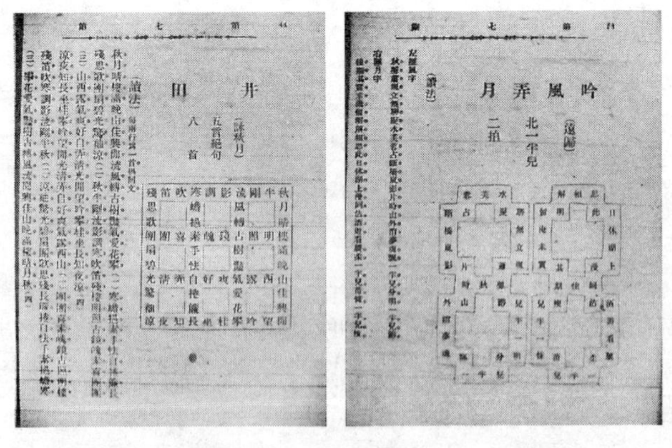
井田
吟風弄月

图 5 - 7 《文艺杂志》第七期所刊“补白”两种

不得寻逐以为快,忽然得之欢愕相伴。曩与友人茶余无事,辄以此为戏。今追记数则于此。"《四书七言诗酒令》有小引曰:"癸巳正月,偕张钱姜诸君赴试,澄江舟中无事谈及张啸山先生赏以四子书中语,平仄与七言诗谐者,举为酒令,不能者罚以巨觥。惜当时其令不传,同人搜索枯肠,得若干句,录之如左。"杂志以记录这类传统文人经常接触的游乐活动的文字作为"补白"内容,其用意不言而喻。

其二,有奖活动。

编著者雷瑨还结合杂志中所刊登的内容举办有奖活动,吸引文人参与。例如在刊登沈桐威《绝妙好词》的同时,《文艺杂志》还刊登了一则《本社启事(读绝妙好词者注意)》,称:"吴门沈桐威先生学问渊雅,所著《谐铎》以书久为艺林传诵,又有《绝妙好词》一卷,计词一百十六阕,每阕隐《西厢》一句,语尚风华,意取曲折,在艺苑中为别创一格,其书从未付梓,稿本辗转流传,为杭郡木石居主吴君所藏,今承吴君惠假原稿,分期登入杂志,词中所隐各谜已经猜得者分注明于题下,尚有未猜得者廿七条。如海内名流能全数猜获,祈函示敝社,敬以扫叶书券洋银四圆奉赠;仅得数条者,酌赠本杂志若干期藉酬雅意,且以结翰墨缘也。"[①]此活动可谓一举多得,既宣传了《绝妙好词》别具一格之处,又使读者为了参与活动而一直购买后续所出连载《绝妙好词》的杂志《文艺杂志》,同时又通过赠送扫叶书券为扫叶山房作了广告。

其三,鬻文鬻画告白。

这类广告一般专门为杂志的作者所刊发,如第十一期的《非儒非侠斋主人鬻文鬻画例言》就是典型的例子。非儒非侠斋是顾燮光的书斋名称,他著有《非儒非侠斋诗文集》、《非儒非侠斋金石丛

① 《文艺杂志》,1914,(3).

书》。顾燮光,字鼎梅,号崇堪,第九到十一期《文艺杂志》中连载的《崇堪墨话》就是他的作品。他博雅好古,潜心研究金石碑刻,访得古人未著录的自汉迄元碑刻700余种,所藏碑拓以墓志为最富;擅书法,所作汉隶饶有古趣;画则以白阳、新罗为宗,为民国年间上乘之文人画。可以说,顾燮光在《文艺杂志》中刊登鬻文鬻画告白是有相当的底气的。他先以"闻达不求,薇蕨难采,饥来驱我,壮尚依人,不使造孽之钱,用售生花之笔,文章敢希善价,翰墨愿缔神交,姑韫匮以待沽,毋卖菜而求益,世有知鳏生者,如例以赏之可也"阐释鬻文鬻画的理由,接着详细开列了各种文类与画类的润例以及创作时间:"文类:寿文每幅五元;寿诗五言律每首二元,五古倍之,七言律每首三元,七古倍之;寿联八言二元,长联倍之(挽联同);墓志五百字十元(加百字二元);散文照例七折;题跋碑传另议。画类(仅画花卉):堂幅每尺一元(横幅同);屏条每尺二元(帐额同);扇册每件一元,仿古临摹倍润;隶书寿屏每幅三元。寿文寿诗一月取件,堂幅屏条二十日取件,联扇半月取件。先润后作,立索不应。"这则近300字的告白,既是出售个人书画创作的广告,又是一种贴近文人的良好宣传,着实令《文艺杂志》更具"文艺"气质。而令人唏嘘不已的是,为顾燮光这样的传统文人刊登过鬻文鬻画告白的《文艺杂志》编辑雷瑨,在10余年之后,由于生活所迫,不得不在《申报》上刊登广告,卖文挣钱,以维持生活①。

① 《松江雷君曜卖文缘起》:"鄙人自幼身弱,今已侥幸偷活至花甲一周。六十年中事悉付一梦,妻室秦氏及子女等,业于民国十七年九月三日,声叙事实理由,状呈松江县政府,批准正式脱离关系,所有历年些微储蓄,亦已拨作赡养费,此后个人不得不别谋度日之资。但自审社会新事业百无一能,惟普通酬应文字尚略解皮毛,倘有以寿言、墓志、诗文、小说序跋以及庆贺、哀挽之诗文、联语等等见委者,均可应命。自维文笔浅陋,不敢规定润格,只须略给笔资,藉以维持生活。或坊肆有需编校书籍与撰作广告传单等,亦可承乏。通信处:松江城外秀南桥西孙氏宗祠或上海棋盘街扫叶山房书坊。取件期以半月为率,诗联小品至速亦需十日,因鄙人行踪不定,展转寄递需时也。特此布陈诸希鉴及。"《申报》,1929-02-23.

正如前文所述，光绪三十三年(1907)扫叶山房曾经出版过一部揭露晚清学界黑幕的新小说《时髦现形记》，突破了"选择出版其他书局业已印行的通俗小说"这个扫叶山房主人一贯坚持的原则，意图借此在通俗小说出版方面进行转型与尝试，最后以失败告终，之后该书坊转而大量石印出版传统的学者型笔记小说。而《文艺杂志》则是扫叶山房这家传统书坊，在民国初年文学期刊兴盛的背景下，改变书籍宣传策略，以出版文学期刊为载体宣传所出版的书籍，融入近代出版潮流的另一次转型与尝试。

这份杂志通过登载诗词、围绕书籍主题的笔记作品，举办与诗词相关的有奖活动，以及刊发鬻文鬻画告白等方式，力图吸引传统文人，所刊小说作品虽然抨击时弊，但是创作方式上依然充满传统色彩[①]，甚至连杂志的印刷与装帧也从第十三期开始，采用石印线装的方式，力图与古色古香的石印书籍更为接近。从目前所见的13期杂志来看，前5期基本月出一册，但是之后开始出现了出版时间不确定的情况[②]，而且第十三期杂志也并未像雷瑨在广告中所言的那样"春季一期定于丙辰年(按：1916年)三月间出版"[③]，而是推迟到民国七年(1918)才问世。虽然《〈文艺杂志〉资料增加，十三期出版》广告中曰"敝社为广集资料，精益求精起见，以致第十三期出版稽迟"[④]，但是从当期所刊《补购〈文艺杂志〉诸君鉴》中可知，此前出版的杂志三四年都尚未售罄[⑤]，可见销路不广是导致第十三期杂志推迟出版的重要原因。可以说，虽然《文艺杂志》承载

---

① 详细论述见本书第六章第二节。

② 详见本书103页注释②。

③ 《〈文艺杂志〉十三期增加篇幅，改换纸张》广告[J]. 文艺杂志，1916，(12).

④ 《申报》，1918-08-30.

⑤ 《补购〈文艺杂志〉诸君鉴》："本杂志发行已十二期，中皆海内秘籍与名贤新著，为类数十，首尾完备，合而订之即一小丛书也。现初前数期间有售罄未及再版外，余尚各有存书，如需补购，务请从速，迟恐无以应命。每册仍售小洋银二角，并不增价。"《文艺杂志》，1918，(13).

着扫叶山房融入近代出版潮流的一种期冀，但是在新学盛行、旧学式微，而且喜欢娱乐性文学的市民阶层日益壮大的社会背景下，《文艺杂志》的命运是可以预见的，这也在某种程度上预示着扫叶山房未来的命运。

第六章
新旧意识交织的编辑雷瑨及其小说创作观

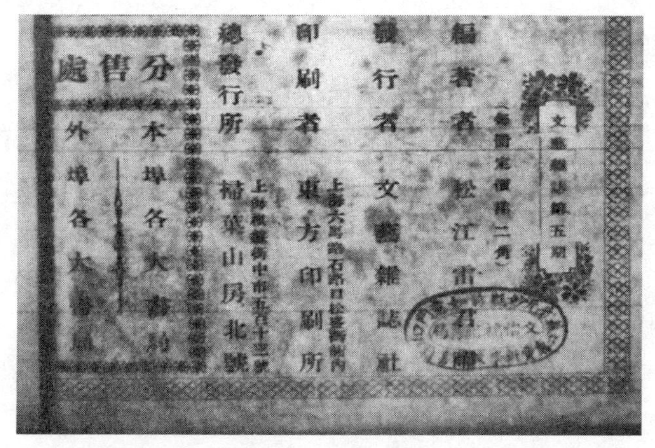
編著者 松江雷君曜
發行者 文藝雜誌社
印刷者 東方印刷所
總發行所 掃葉山房北號
分售處 本埠各大書坊 外埠各大書局

图6-1 《文艺杂志》第六期封底(部分)

仆十龄外即喜读小说,尤嗜笔记书。迄今数十年饱阅世故,百念灰冷而惟此小说之嗜好不衰减。平日汎览典籍,凡关于小说之故实、丛考或评撰,皆随手摘录。

——《小说丛谭》[①]

① 《文艺杂志》,1914,(1).

上一章从《文艺杂志》创办、书籍宣传、对文人读者的吸引等方面对《文艺杂志》进行了讨论，本章则集中于《文艺杂志》的主编雷瑨，探讨其编辑意识及其小说创作观念。《文艺杂志》第六期封底（见图6-1）的杂志宣传广告上这样写道："编著者：松江雷君曜；发行者：文艺杂志社；印刷者：东方印刷所（上海六马路石路口松盛街内）；总发行所：扫叶山房（上海棋盘街中市五百十三号）；分售处：本埠各发书局。外埠各大书局。"

类似这样的文字，近代的文学期刊的版权页中普遍可以见到，并不足为奇。不过，和其他同类型的文学期刊相比，《文艺杂志》的特别之处在于，其宣传广告中并没有像一般刊物那样将主编雷君曜称为编辑者，而是代之以"编著者"。

考察杂志作品刊载的实际情况，我们不难发现第一至第十三期《文艺杂志》不仅由雷君曜编辑，而且所刊的不少作品，例如笔记《娱萱室随笔》、《懒窝笔记》、《小说丛谈》、《蓉城闲话》、《慈竹居零墨》，诗话类作品《香艳诗话》、《沪江诗话》、《慈竹斋诗话》，《福尔摩斯贺上海侦探函》等谐文，以及"宝塔诗"、"名士谑词"等杂志"补白"均出自其笔下；尤其是杂志中标识为"小说"的21种作品[①]，除了《土星祟演义》和《江孝侠女传》之外，其余的无一例外，都是这位雷君曜的作品。

第一节 "老"编辑与"新"编辑角色的交织

《文艺杂志》的编著者雷君曜，就是雷瑨（见图6-2），君曜为其

① 详见本章第二节表6-1。

字，他又别号雷颠、娱萱室主，笔名有均耀、颠公、晋玉、云间颠公、松江颠公、老颠、涵秋、修竹乡人、缩庵老人等[①]，松江县人，清光绪十四年(1888)举人，曾师从著名藏书家与目录学家缪荃孙，与缪氏的门生叶昌炽、李详、曹元忠、丁国钧等人皆有往来。他同时也是清末民初扫叶山房的编辑。任职扫叶山房之前，雷氏曾经在申报馆工作过，并成为《申报》主笔之一，从光绪二十三年(1897)到光绪三十四年(1908)下半年，历时10余年[②]。

图6-2 扫叶山房编辑主任兼《文艺杂志》编辑者雷瑨

作为扫叶山房编辑，雷瑨非常关注诗词文这些传统文学作品类型，编选过《古今诗论大观》、《新文选》、《近人诗录》、《近人词录》、《短篇文选》等，笺评过《唐宋八家文》、《林和靖诗集》、《剑南诗钞》、《郑板桥集》、《小仓山房文集》、《春在堂尺牍》等，还辑录过《闺秀词话》、《闺秀诗话》、《青楼诗话》[③]；也颇为在意风雅之事，有《砚话》、《印话》、《弈话》、《谜话》、《茶话》等作品问世；而《懒窝笔记》关心书籍版本、藏书情况、书坊兴衰、书业沿革，《慈竹斋诗话》对归陶庵、瘿瓢山、杨季子、云麓山庄等诸文人的诗作予以点评介绍，以上种种无不显示出其传统文人的一面。这一点，也反映在其在编辑《文艺杂志》的时候，登载诗词作品、罕见文稿、古籍题跋，设计符合传统文人喜好的小游戏，为顾燮光发布鬻画鬻文的告白等方面。

另外，他格外关心历史政治，著述过《历代史事政治论》、《各国

① 在任《申报》主笔期间，雷瑨也经常署名"颠"，刊发谢赠文字。
② 雷瑨. 申报馆过去之状况[M]//申报馆. 最近之五十季. 上海：申报馆，1922.
③ 其中《闺秀词话》、《闺秀诗话》为雷瑨与其胞弟雷瑊共同辑录。

名人事略》等，编选过《史事论说》、《史事论新编》、《新史论续编》等；也非常赞赏创办新型杂志，称《东方杂志》“内政、外交、军事、财政、教育、宗教各门，采取广博，识论精凿，末附小说，亦新奇可喜，诚有志经世者不可阅之书也”[①]，《绣像小说》“阅之可以挽陋俗、儆官邪、兴教育、振商业，体裁虽仿稗官，而关系于社会颇不浅也”[②]；还注重学校教育，不仅公开在《申报》上支持开办商学中学[③]和振兴女学[④]、儿童教育[⑤]，并且参与了《江南各学校课艺》、《各学校新国文》、《新编国文读本》、《新编女子国文读本》等多种课本的编写。以上种种都显示出他作为一个新式知识分子的眼光。因此，他在“以商榷文艺，网罗典籍，保存国粹为宗旨”的《文艺杂志》上也刊登作品，讽刺李莲英与松寿狼狈为奸(《中州见闻录》)，评论禁烟与外交之关系(《蓉城闲话》)等。

雷瑨是一个非常爱读小说的文人，他自称“仆生平有小说癖，而于摹写人情世态诸书，尤百读不厌”[⑥]；又称“仆十龄外即喜读小说，尤嗜笔记书。迄今数十年饱阅世故，百念灰冷而惟此小说之嗜好不衰减”[⑦]。在任《申报》主笔期间，他曾经收到过商务印书馆、广智书局、乐群小说社等出版机构赠送的原创及翻译小说书籍，并且时常以“志谢”的形式写下相关评论(见图 6－3)。例如“《寒牡丹》二册译自日文，叙述丽查志趣之高洁，性情之贞娴，境遇甚苦，而操守益坚，洵足为中外妇女之模范；《阱中花》二册中叙俄国警察部大臣之恣睢不法，俄主虽甚仁厚而贵族迭肆奸谋，以致激成虚无

① 志谢《东方杂志》[N]. 申报，1905－04－08.
② 志谢商务印书馆惠赠《绣像小说》[N]. 申报，1905－12－07.
③ 志谢商学公会赠书[N]. 申报，1906－01－15.
④ 志谢《女范粹编》[N]. 申报，1906－01－29.
⑤ 志谢春风馆惠赠教科书[N]. 申报，1906－03－08.
⑥ 志谢第三十二期至三十四期《绣像小说》[N]. 申报，1905－05－31.
⑦ 小说丛谭[J]. 文艺杂志，1914，(1).

党实行暗杀，主义专制政体之国可为殷鉴”①，寥寥数笔就将两部小说的人物形象及内容主旨表述清晰，可谓言简意赅。此外，他对于古代小说作者、版本、小说人物等方面的考辨文字也非常感兴趣，曾经从《冷庐杂志》、《竹叶亭杂志》、《春在堂笔记》等若干中笔记中摘录了大量关于古代小说的片断，涉及《西游记》、《儒林外史》、《施公案》、《三国演义》、《新齐谐》、《聊斋志异》等几十种作品，在编辑《文艺杂志》的时候，他就将所摘录的这些文字以“小说丛谭”为题，在《文艺杂志》上陆续发表，共计114则；甚至在他晚年与子女脱离关系，生活窘迫，被迫卖文为生的时候，也将撰写“小说序跋”作为内容之一②。

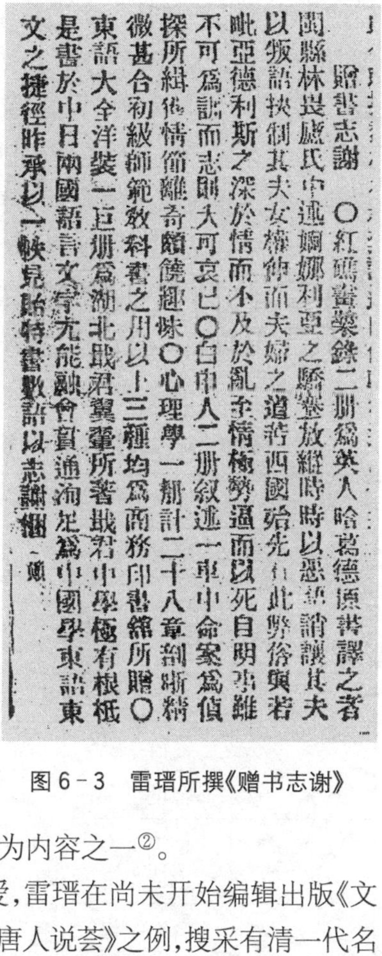

贈書志謝　○紅礁畫槳錄二冊爲英人哈葛德原著譯之者閩縣林畏廬氏中述婀娜利亞之驕奢放縱時時以惡語誚讓其夫以叛語挾制其夫女權伸而夫婦之道苦西國殆先有此弊俗與若毗亞德利斯之深於情而不及於亂至情極勢逼而以死自明者雖不可爲訓而志則大可哀已○白巾人二冊敘述一東中命案爲偵探所緝從情節離奇饒趣味○心理學一冊計二十八章剖晰精微甚合初級師範教科書之用以上三種均爲商務印書館所贈○東語大全洋裝一巨冊爲湖北戢君翼翬所著戢君中學極有根柢是書於中日兩國語言文字尤能融會貫通洵足爲中國學東語東文之捷徑昨承以一帙見貽特書數語以志謝悃

图 6-3　雷瑨所撰《赠书志谢》

正是源于对小说的熟悉与热爱，雷瑨在尚未开始编辑出版《文艺杂志》的民国二年(1913)，就“仿《唐人说荟》之例，搜采有清一代名人所著说部书”，整理出《清人说荟》一书。此外，他还创作了一些符合时人阅读口味的畅销小说作品，例如其所作《上海之骗术世界》、《满清官场百怪录》、《民国艳史》以及《骗术奇谈》等世俗化笔记小说，

① 志谢商务印书馆惠赠小说[N]. 申报，1906-07-16.

② 《松江雷君曜卖文缘起》称：“倘有以寿言、墓志、诗文、小说序跋以及庆贺、哀挽之诗文、联语等等见委者，均可应命。”《申报》，1929-02-23.

皆成为清末民初扫叶山房书籍中的畅销之作。据《文艺杂志》第一期所刊《上海之骗术世界》广告中称:“云间颠公前辑《骗术奇谈》销行数万部,颇为社会欢迎。”另据《文艺杂志》第三期所刊《民国艳史乙编》广告中称:“修竹乡人就所闻见辑成《民国艳史甲编》出版后,大受欢迎,一月中售去数千部。”而《满清官场百怪录》更是3次重印。

因此,可以说雷瑨是一位既爱读小说、爱评论小说,同时又喜欢辑录与小说相关的文字并收集小说作品,还能自己创作小说的编辑。他在编辑《文艺杂志》的同时,也为这份刊物提供了很多小说作品。

表6-1 《文艺杂志》刊载标识为“小说”的作品统计表

期 数	类 型	作 品 名 称	作 者
第一期	警世小说	芙蓉怨	颠公
	纪事小说	芦燕奇缘	修竹乡人
	社会小说	火财神	涵秋[①]
第二期	纪事小说	一百四十元	颠公
	艳情小说	茉莉伞	颠公
	警世小说	偷神帽	颠公
第三期	长篇小说 艳情小说	天韵阁	老颠
第四期	警世小说	娃娃亲	颠公
	札记小说	地藏王诞日之白粮船	颠公
	社会小说	叶氏子	颠公

① 刘永文:《民国小说目录(1912—1920)》(上海古籍出版社,2011年)将《火财神》作者“涵秋”著录为“(李)涵秋”,但是因《文艺杂志》所刊《娱萱室随笔》作者标“涵秋”,而“娱萱室主”是雷瑨的别号,所以笔者据此判断此“涵秋”当为雷瑨而并非刘永文所认为的李涵秋。

续 表

期 数	类 型	作 品 名 称	作 者
第五期	滑稽小说	朵颐语	颠公
	讽刺小说	阔教习	颠公
	社会小说	误杀案	颠公
第六期	长篇小说	土星祟演义	弢庐
第七期	社会小说	禁烟怪现状	颠公
	短篇小说	江孝女侠传	弢庐
第八期	短篇小说	旅馆毒	颠公
	短篇小说	白蚂蚁	颠公
	短篇小说	选举怪现状	颠公
第十一期	短篇小说	终南径	颠公
	短篇小说	挟目记	颠公

从表 6－1 可以看出，杂志中除了两篇弢庐的作品《土星祟演义》与《江孝女侠传》之外，所有的小说几乎都由雷氏包办创作。即使雷瑨的小说作品相当受欢迎，这种情况的出现也是颇为特别的。实际上，类似《文艺杂志》这样由某家书局发行，其中的小说作品却仅由编辑本人创作的刊物，在近代文学期刊中并不多见①。

出现这种情况很大程度上应该与当时的稿酬制度有一定关系。从清末开始，文学期刊纷纷将小说作品的稿酬以货币的形式

① 光绪十八年(1892)发行的《海上奇书》，虽然只刊登编辑韩子云的小说作品，不过该杂志是由韩子云出资自办，委托点石斋印刷的一份文学期刊。

明码标价，其中以四大小说杂志最为典型①。一方面，杂志为小说作品开出了优厚的稿酬待遇，而另一方面，诗词札记却是几乎没有货币稿酬的，例如新小说社向社会公开征诗，称“寄稿一章者，以印出之本号报奉谢。常年寄稿，每年在十二章以上者，以全年小说报奉谢”；月月小说社征求“短篇、札记、杂歌、灯谜、剧本或诗词、寓言宗旨”，允诺“视其字数酌量赠以本报或报以新书，结文字之缘”；小说林社募集文苑杂著的时候则声明“以图书代价券酌量分赠”。类似这种关于诗词札记的稿酬制度，一直延续到民国初年。据包天笑回忆说：“当时的报纸，除小说以外，别无稿酬，写稿的人，亦动于兴趣，并不索稿酬的。”②

扫叶山房发行《文艺杂志》这种文学期刊，最重要的目的之一就是转变该书坊的宣传策略③，以期刊的形式向文人读者推销扫叶山房的书籍，而实现这一目的，实物稿酬的好处当然远远胜于货币稿酬。因此，我们可以在《文艺杂志》中看到多则启事（见图6－4），有的说：“海内文学大家，如承惠赐佳著，藉联文字之缘，无论诗文杂作及笔记等，均甚欢迎”，“寄稿登录者，当赠以本杂志或

---

① 以近代四大小说杂志为例：《新小说》第一号《本社征文启》中公布的稿酬是，自著小说甲、乙、丙、丁四等，酬金分别为每千字四元、三元、二元、一元五角；翻译小说甲、乙、丙三等，酬金分别为每千字二元五角、一元六角、一元二角；《绣像小说》第二十二期所刊登的《上海商务印书馆征文》中，对于获奖的应征小说“第一名酬洋一百元，二、三名各五十元，四、五名各三十元，六名至十名各廿元，十一名至二十名各十元”，那么按照最低标准两万字计算的话，入选第一名的小说可视为甲等，每千字约五元；二、三名可视为乙等，每千字约二元五角；四、五名可视为丙等，每千字约一元五角；六至十名可视为丁等，每千字约一元；光绪三十二年七月二十一日（1906年9月9日）《时报》中有《新小说丛报社征求小说》（新小说丛报社后改名为月月小说社），其中明确规定向《月月小说》投稿，“甲等每千字洋五元，乙等每千字洋四元，丙等每千字洋三元，丁等每千字洋二元”；《小说林》第一号《募集小说》中所承诺的稿酬是“甲等每千字五元，乙等每千字三元，丙等每千字二元”。

② 包天笑.《时报》的编制[M].包天笑.钏影楼回忆录.北京：中国大百科全书出版社，2009：348.

③ 具体论述详见本书第五章第二节。

扫叶山房书券酬雅”；有的说：“现拟嗣后凡有以大著见赐者，除逐期酌量登录外，所积之稿俟本杂志发行满一年后另行刊印成册，分赠投稿诸君藉酬雅意”；有的说：“凡有笔记诗文词曲谱录谐著等等，苟系未刊之名著，皆为本社欢迎。一经登载，或赠本杂志若干册，或另酬他项书籍，藉答雅谊”。所征求的作品绝无小说，而所承诺的稿酬不是刊登大量扫叶山房书籍广告的《文艺杂志》，就是扫叶山房的书券。在此种背景下，《文艺杂志》的主编雷瑨成为小说创作的主力也就在情理之中了。

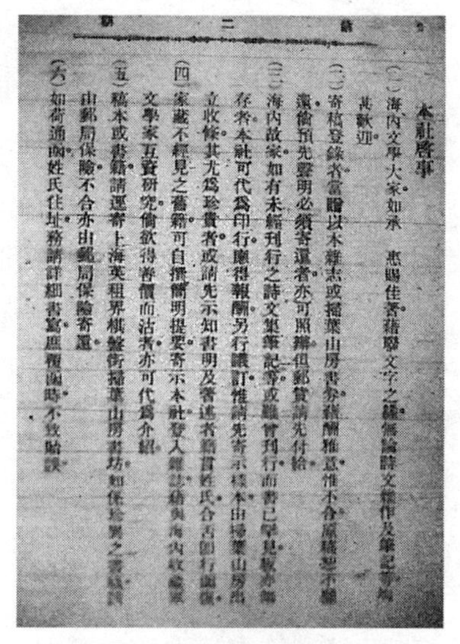

本社啓事

(一)海內文學大家。如承　惠賜佳著。藉聯文字之緣。無論詩文雜作及筆記等類。[illegible]其歡迎。

(二)寄稿登錄者。當贈以本雜志或掃葉山房書券。藉酬雅意。惟不合原稿恕不[illegible]還。倘預先聲明必須寄還者。亦可照辦。但郵費請先付給。

(三)海內故家。如有未經刊行之詩文集筆記等。或雖曾刊行而書已罕見者。[illegible]存者。本社可代爲印行。願得報酬。另行議訂。惟請先寄示樣本由掃葉山房出立收條。其尤爲珍貴者。或請先示知書明及著述者籍貫姓氏[illegible]

(四)家藏不經見之舊籍。可自撰簡明提要。寄示本社登入雜誌。俾與海內收藏家文學家互資研究。倘欲得善價而沽者。亦可代爲介紹。

(五)稿本或書籍。請逕寄上海英租界棋盤街掃葉山房書坊。如係珍貴之書籍。請由郵局保險。不合亦由郵局保險寄還。

(六)如荷通函。姓氏住址務請詳細書寫。庶覆函時不致貽誤。

图 6－4　《文艺杂志》所刊《本社启事》

第二节　传统小说观与现代小说观的交糅：《文艺杂志》中雷瑨的小说作品

《文艺杂志》所刊 19 种标识为“小说”的雷瑨作品，包括“警世”、“纪事”、“社会”、“艳情”、“滑稽”、“讽刺”等类型。

“警世小说”《芙蓉怨》借青梅竹马的一对夫妻因鸦片而致使婚姻破裂，为瘾君子敲响警钟；《偷神帽》以少妇求子为线索，劝民众关心流浪儿童的教育；《娃娃亲》用张氏女和赵氏女的经历，声讨非人道的童养媳陋习。“社会小说”《火财神》述某甲设计焚毁自家陋居，而获赔 6 000 大洋巨款，斥责以诡计发财的小人；《叶氏子》记商界巨富叶氏之子挥霍家产之事，批评窝囊无能的败家子；《禁烟怪现状》讲开烟馆的冯姓之人在朝廷下令禁烟之后的遭遇，讽喻借禁烟之名行敲诈之实的地方官员。“纪事小说”《一百四十元》描写了某侦探为晋升领赏，而用 140 元栽赃茶房某甲为革命党的丑恶嘴脸。“讽刺小说”《阔教习》细致描绘了留学归国之教习不学无术、空讲排场的坏习气。其余标识为“短篇小说”的作品《旅馆毒》、《白蚂蚁》、《选举怪现状》等分别对欺骗客人的旅馆、拐卖妇女的人贩子、投机咨议局选举的地方豪绅进行了讽刺或者批判。就连标注为“艳情小说”的《天韵阁》在叙写名妓李苹香坎坷经历的同时，也将笔墨直指造成其不幸的社会制度。这些小说的主旨与出版于《文艺杂志》创刊之前的雷瑨小说作品，例如《骗术奇谈》、《满清官场现形记》等有异曲同工之处，虽然创作时游戏心态与诙谐笔墨不甚明显，然而其中所蕴含的目的：展示各种社会丑恶现实，借以讽刺鞭挞，并警醒世人，却是如出一辙。

雷瑨所持小说创作观与其申报馆的任职经历有一定的联系。他任职申报馆的 10 余年期间，有较长一段时间，即光绪二十三年(1897)到光绪三十一年(1905)《申报》大改革之前，报纸的总主笔是黄式权。这位黄君的政治态度异常保守，在“康梁变法之际，新学说新政说，杂然并起。新旧党争，愈益剧烈”的时代中，“昧于时势，犹牢守其往昔成见，对于戊戌政变，则斥康、梁为叛徒，对于甲午战败、庚子拳乱，亦未敢直揭其责任所在”[①]，雷瑨对于“总主笔黄君即尤兢兢于字句间，撰述之稍涉激烈者，记载之略触忌讳者，必于阅总时悉数删去”[②]的做法颇为不满，但是也无可奈何，只能偶尔创作一些借古喻今的谐文以排遣心中之积郁。《文艺杂志》中

① 张蕴和. 六十年来之申报[M]//申报馆. 申报概况. 上海：申报馆，1935.
② 雷瑨. 申报馆过去之状况[M]//申报馆. 最近之五十季. 上海：申报馆，1922.

所刊《登徒子夫人致谢上海牙医徐某保证书》、《东施致吉凌汉女士请修补面目书》、《富民卓王孙控司马相如诱奸寡女案呈嗣》即是这种创作方式的延续。

《申报》大改革之后，从日本留学归来的张蕴和成为《申报》总主笔，光绪三十三年(1907)开始在《申报》上开辟专栏刊登小说作品①，除了内容生动有趣、情节曲折离奇的长篇小说，当年12月开始《申报》上还陆续出现了大量短篇小说②。《申报》编辑在《本馆启事》(见图6-5)中称："连日所登时事小说《人面兽》昨已刊竣，从今日起续印短篇小说，专以借景生情，唤醒社会为主义，阅者注意。"③这则启事虽然不一定由时任《申报》主笔之一的雷瑨所拟，但是该报"借景生情"，"唤醒社会"的短篇小说刊登意图，无疑对后来雷瑨的小说创作产生了影响。应该说这在发表于《文艺杂志》上的雷氏小说中体现尤为明显，这些作品对社会陋习、行骗伎俩、浮夸风气、栽赃陷害、敲诈勒索、选举投机等社会阴暗面均有涉及，从内容上看确实具有强烈的"借景生情"、"唤醒社会"的意味。

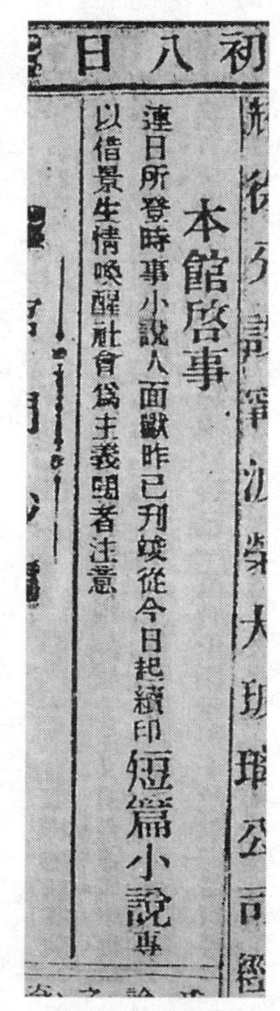
初八日

本館啟事

連日所登時事小說人面獸昨已刊竣從今日起續印短篇小說專以借景生情喚醒社會爲主義閱者注意

图6-5　《申报》所刊《本馆启事》

雷瑨关于小说作品的一些评论文字也可以从侧面反映其小说创作观念，例如他认为"读

① 关于《申报》恢复小说作品刊登的论述，详见文娟.试论申报馆与近代小说联系的沉潜期[M]//上海市社会科学界第五届学术年会论文集.上海：上海人民出版社，2007.

② 据统计，光绪三十三年(1907)到宣统三年(1911)，《申报》共刊登小说248种，其中各类短篇小说207种。

③ 《申报》，1908-01-10.

《文明小史》可以箴砭近日之学界；读《活地狱》可以警告近日之官场；读《扫迷帚》可以袪除社会上之迷信；读《生生袋》可以发明生理学之功用。盖小说也，而改良政教整齐风尚，亦寓于其中矣”①，“《一束缘》小说一册，描写西国社会上欺诈情状与夫妇女贪憎妒嫉之心，颇足箴砭愚顽醒世俗”②，“（《绣像小说》）作者于改良社会、警醒痴迷之心，时时见于言外，诚有功世道之作，不仅作小说观也”③。

不过，从某种程度上而言，雷瑨的小说概念显然还停留在传统文人对小说的保守认识阶段，从他对于小说的分类就能窥见一斑。刊于《文艺杂志》中的小说被分为“警世”、“纪事”、“社会”、“艳情”、“札记”、“滑稽”、“讽刺”、“短篇”、“长篇”等 9 种类型，有的以作品内容划分，有的以作品篇幅划分，而其中的“纪事小说”两篇，《一百四十元》实际上完全能归入警世小说，《芦燕奇缘》归入社会小说也亦无不可。此外，标识为“札记小说”的作品《地藏王诞日之白粮船》，通篇都是介绍松江地区每年地藏王诞日，焚化纸糊白粮船习俗的来历，其中没有任何小说元素，但是依旧安排在“小说”栏目中，这明显是传承了一种将“小说”外延扩大，进而将“札记”视为“小说”的旧式文人观念。类似雷瑨这样小说观念杂糅的表现，在清末民初并不少见，例如《月月小说》的编辑吴趼人就把周桂笙翻译的外国小笑话《解颐语》作为“札记小说”刊登，而《申报》编辑也将算命先生拆字占卜所言的一席话作为一篇“新年小说”刊登，因此，《文艺杂志》中“小说”的标识显然是这种传统小说观念的一种反映。这些“标识”为小说的作品所具有的如下特点，也颇能反映雷瑨较为传统的小说观念：

---

① 志谢《绣像小说》[N]. 申报，1906-02-28.

② 志谢赠书[N]. 申报，1906-05-27.

③ 谢赠书[N]. 申报，1906-08-06.

其一，小说人物较少出现具体名字①，常常以某某或者某氏代替。

例如《芦燕奇缘》中是严某、某孝廉，《火财神》、《一百四十元》是某甲，《茉莉伞》是某校书，《娃娃亲》是张氏女、赵氏女，《误杀案》是某氏女，《朵颐语》是某绅以及县民甲乙等五六人，《终南径》是某太守，《白蚂蚁》是姓卜的，这恰恰也是当时小说创作方式的一种折射。清末《申报》、《时报》和《神州日报》的短篇小说中就出现过不少以某类人为主人公的作品，甚至直接以“某”为小说标题开头，如《申报》有《某留学生》、《某县令》、《某侍郎》、《某京卿》，《时报》有《某统领》、《某县令》、《某学生与某教员》、《某公子》，而《神州日报》上也有《某委员》、《某二尹》、《某观察》等性质相同的短篇小说。可见，这样的小说创作方式在当时是为作者和读者所普遍接受的一种流行作法。不过，类似这种小说主人公名字的拟定方式，也显示出文人笔记小说的浓厚气息，即以记载奇闻异事的心态来创作小说。

其二，小说保留说书体痕迹，或以套话开头，或在末尾以议论点明主题。

例如《白蚂蚁》的开头云：“看官们，听者，小子的家乡住在一个半村半郭的地方。”《选举怪现状》开篇一句便是：“话说诸肖鹰千方百计，费尽无限心思居然将初选头名运动到手。”《天韵阁》的末尾，有评论曰：“恶贯满盈之潘某则久已牛羊之地，白骨成尘，过其地者但余黄土一抔，秋烟数点，供行人谈论而已。”《选举怪现状》则以“正是是非有据难逃众口品评，诉讼无灵枉受当场侮辱”这样对仗的句子进行点评，而《禁烟怪现状》文末那句“欲知后事如何，且待将来再说”，几乎与“欲知后事如何，且听下回分解”如出一辙。

---

① 只有《芙蓉怨》出现秦芙臣、张蓉娘，《天韵阁》出现李蘋香，以及《选举怪现状》出现诸再鹰、诸肖鹰。

其三,小说中时常出现一些空洞的描述语句。

例如《芙蓉怨》中仅仅用“南国春来,芳华三月,女有摽梅之感,郎深采苻之思”来形容秦芙臣与张蓉娘之间的互相钟情的情景,并没有具体描绘人物内心活动和细腻的情感变化;《天韵阁》中写天韵阁女史心怡的男子,只是一句“乌巾紫裘,神采奕奕,含笑入市中”,所述抽象,根本无法突出人物的特点;《茉莉伞》(见图 6-6)只将故事发生的环境笼统地交代为“扬州为自古名胜之地,二分明月,占尽繁华,而绿杨城郭间夹道青楼”。类似这种不重视细节描写的小说创作方式在晚清短篇小说创作中也屡见不鲜,例如刊登在《月月小说》中的吴趼人短篇小说 13 篇,几乎没有一篇出现过较为典型的细节描写片段。

文藝雜誌 217

艷情小說 茉莉繖

揚州爲自古名勝之地。二分明月。占盡繁華。而綠楊城郭間。夾道青樓……

图 6-6 艳情小说《茉莉伞》部分

传统因素之外,雷瑨这些标识为“小说”的作品中也蕴含着一些较为新颖的创作方式。比如以倒叙手法叙事,像《一百四十元》就从士兵枪毙犯人的场景开始,继而追述此人如何被某侦探栽赃而冤枉致死的经过。又比如具体场景截取,像《阔教习》就通过截取少年教习下车入室落座、就餐、餐毕与同僚高谈阔论、授课几个场景,使一个不学无术、夸夸其谈、空讲排场的留学归国之教习的可笑形象跃然纸上。作为扫叶山房的编辑与《文艺杂志》的编著者,可以说,雷瑨这些作品中新旧因素杂陈的特点,也是该时期扫叶山房的一种特点。

第七章
《织云杂志》新方向的昙花一现

迩来小说风行，杂志林立，云间本为文薮，爰亦组织一杂志名曰《织云》，庄谐并录，无美不臻。

——《〈织云杂志〉出版广告》[1]

在《文艺杂志》创办3个月之后，扫叶山房于民国三年(1914)九月出版了一份新的刊物——《织云杂志》，该杂志由扫叶山房负责人之一席悟奕创办，顾痴遯、杜啸霞任编辑。与“商榷文艺，网罗典籍，保存国粹”为宗旨的《文艺杂志》不同，《织云杂志》意在“以至理至情寓于诙谐文字，唤醒痴聋”[2]，作品刊登“短什长篇嬉笑怒骂兼而有之”[3]，尤其重视刊登松江地区文人创作的作品。

如果说前面所讨论的《文艺杂志》是扫叶山房秉承着一直以来“刊印秘籍，以惠学林”的出版宗旨，在民国初年上海文学期刊繁荣的社会文化背景中所创办，包含着向文人宣传书坊所刊书籍的需

① 《文艺杂志》，1914，(2).
② 悟奕.《织云杂志》序四[J]. 织云杂志，1914，(1).
③ 笨伯.《织云杂志》序三[J]. 织云杂志，1914，(1).

要,意味着一种转型,其中的文学作品只是顺应时代潮流的应景而已,那么《织云杂志》的出现,则是扫叶山房试图出版一种真正意义文学期刊的一次"自觉",而这次"自觉"是扫叶山房在新的历史条件下,书籍出版新方向的尝试在杂志创办上的一种投射。

第一节 重视与期待:创办背景及扫叶山房主人的参与

上海地区的杂志创办经历了清末画报兴起、清末民初小说杂志盛行,以及民国初年综合性文学期刊繁荣3个阶段,其中第三个阶段以民国二年(1913)十二月中华图书馆发行陈蝶仙、王钝根主编的《游戏杂志》为标志。诚如王钝根所言"上海一隅,在今半年中发行之杂志舍政治经济而外,专载诗文小说者已达二十余种"①。在扫叶山房创办《文艺杂志》和《织云杂志》的民国三年(1914),上海地区陆续出版的综合性文学期刊共计31种②,详见表7-1。

表7-1 民国三年(1914)上海地区文学期刊出版统计表

	刊物名称	主办或发行机构		刊物名称	主办或发行机构
1	中华小说界	中华书局	5	礼拜六	中华图书馆
2	东社	东社	6	黄花旬报	黄花旬报社
3	民权素	民权出版部	7	文艺杂志	扫叶山房
4	小说丛报	国华书局、小说丛报社	8	五铜元	五铜元周刊社(即小说丛报社)

① 王晦甫.《织云杂志》序一[J].织云杂志,1914,(1).

② 胡无闷编辑,中华图书馆发行的《莺花杂志》出版于1915年1月,与这31种杂志的创刊时间也非常接近。

续 表

	刊物名称	主办或发行机构		刊物名称	主办或发行机构
9	快活世界	和记中国图书公司	21	七襄	七襄社
10	好白相	新剧小说社	22	女子世界	中华图书馆
11	繁华杂志	锦章书局	23	上海滩	夏星社
12	江东杂志	江东书局	24	十日新	改良小说社
13	白相朋友	广益书局	25	余兴	有正书局
14	小说旬报	国华书局	26	销魂语	销魂语社
15	俳优杂志	文汇图书局	27	剧场月报	民友社
16	织云杂志	扫叶山房	28	七天	锦章书局
17	小说杂志	扫叶山房代发行①	29	香艳杂志	中华图书馆
18	快乐杂志	东亚书局②	30	情杂志	许廑父主编
19	眉语	新学会社	31	百新新话	百新公司③
20	朔望	改良小说社			

① 1914年8月28日《申报》刊载《〈小说杂志〉出版预告》广告："鄙人酷喜诙谐文字，故组织一《小说杂志》，征求海内大文豪小说家触景生情之作，以贡献于社会，唤醒乎人民。兹已取精舍粕，编辑告成。月出一册装潢精致，纸质洁良，准于阳历九月初出版，定价每册大洋四角。代理总发行所：上海苏州松江扫叶山房。发行兼编辑人杜文馨谨启。"

② 1914年10月29日《申报》刊载《〈快乐杂志〉即将出版之先声》广告，称"人生在世无一事不有烦恼，无一日不有烦恼，惟有读书，开卷有益，最为快乐，若读我《快乐杂志》则更快乐。本杂志取庄谐并列，雅俗咸宜，令人可惊可喜之快乐文字，编为杂志一种，即名曰《快乐杂志》。内容分图书、杂文、谐书、笑林、拾遗、诗词、丛谈、小说、专集、碎锦等十门，篇篇快乐，字字快乐。敦请童爱楼先生为编辑主任"，文末称"总发行所本埠法大马路中市二百二十四号东亚图书局快乐杂志社启"。

③ 1914年11月26日刊载《百新公司〈百新新话〉已出版未出版书露布》广告："世界日进化而呈新气象，国民之观念亦日进步而富新识，向所视为空言诧为幻想今则一一皆见诸事实即其明证也。然但增新智识而无新道德以维持矫正之则，恐如缩颈驼背者之学柔软体，燥然体操虽日增一种手术而适日增一种恶劣之姿势，故不可无法以矫正之。本公司即本斯宗旨而有此《百新新话》之作，延聘名家编辑，数据丰富，趣味深永，以滑稽之笔墨及新颖之思想，而寓讽世觉民警醒社会之旨，阅者见之当无不笑口常开也。内容计分六类：一新话、二新译丛、三新评、四新小说(长篇短篇两种：长篇历史小说《党人碑》、警世弹词《后庭花》)、五新文苑、六新杂货店。第一年第一号现已付印，定价洋三角，准期阳历十二月一号出版，以后按期出书。阅者试一购买，当自知与他杂志不同也。"

这一年发行文学期刊的书局中，不少都与扫叶山房存在联系。例如，扫叶山房曾经为国华书局代售过《小说丛报》，为新剧小说社代售过《恶家庭》、《家庭恩怨记》、《新茶花》、《补情天》等小说作品，与中华图书馆共同发行过《天风阁荟谭》①，而这些书局所发行的刊物，如《小说丛报》、《好白相》、《香艳杂志》、《礼拜六》等，从办刊宗旨、栏目设置、内容刊登等方面来看，完全都是面向普通市民读者的文学期刊，以轻松愉悦消闲的文字为主，以诗词雅言为辅，这当然会对扫叶山房产生一些影响。杂志编辑之一的顾痴遯在《弁言》中称："席子悟奕以今杂志风行，爰拟延请云间文人学士，亦组织一杂志而未得其名，嘱余序其端而任编辑之事"②，也从一个侧面证明了这一点。有时候，《织云杂志》的广告还与其他数种文学刊物广告同时出现在《申报》的同一个版面上（见图 7-1）。

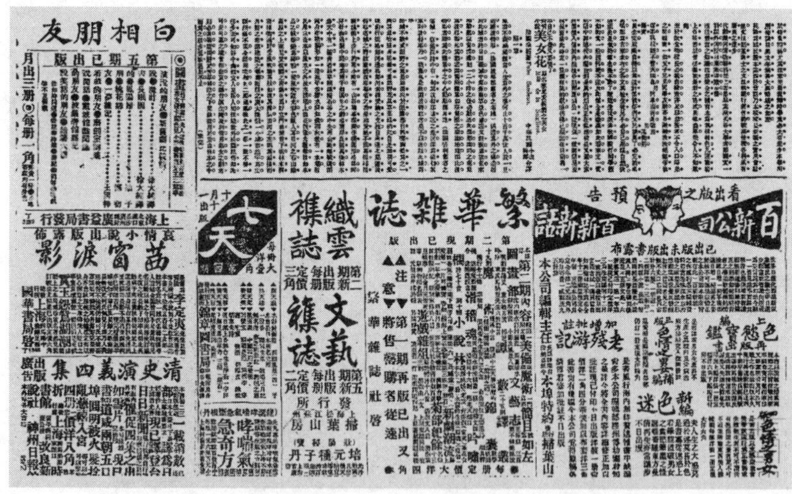

白相朋友
第五期已出版
茜窗淚影
清史演義四集
七天
織雲雜誌
文藝雜誌
掃葉山房
繁華雜誌
第二期現已出版
百新公司
百新新話

图 7-1　1914 年 11 月 6 日《申报》上同时出现《织云杂志》、《文艺杂志》、《白相朋友》、《繁华杂志》、《百新新话》等 5 种文学期刊广告

① 欢迎名著《天风阁荟谭》[N]. 申报，1914-08-31.
② 痴遯.《织云杂志》弁言[J]. 织云杂志，1914，(1).

正如本书第四章所分析的，扫叶山房在文学期刊兴盛的潮流之中创办了《文艺杂志》，为了适应这一潮流，刊物中刊登了一些带有休闲文学成分的作品，如《中州见闻》、《蓉城闲话》就记录了不少奇闻异事，甚至还有雷瑨创作的若干小说；不过像《笺经室所见宋元书题跋》、《懒窝笔记》、《小说丛谭》等栏目的内容或者是所过目的善本书籍题跋介绍，或者是各书肆沿革变迁，或者是小说作者、版本、人物考证等，即所谓"注重旧籍一类，既录笺经室宋元本题跋，此外遗闻逸事之有关古籍者，必详细记录之"[①]。虽然这些内容是扫叶山房所推崇和需要的，然而它们对于市民阶层而言显然曲高和寡。因此，可以说《文艺杂志》这份在宣传广告中标明发行者"文艺杂志社"，总发行所"扫叶山房北号"的杂志，并非一种纯休闲性质的文学刊物，而是扫叶山房在转型中坚持传统的一种投射。

相较而言，扫叶山房南号发行的《织云杂志》比起文言用语居多、庄重典雅风格为主的《文艺杂志》，更为契合当时由《游戏杂志》所开创的文学期刊出版新潮流。发行伊始扫叶山房对这本杂志的创办是颇为重视的。

《织云杂志》第一期的版权页（见图 7 - 2）上写着"发行者：席悟弈（按：杂志行文中均作"奕"）"，但是同一时期出版的《文艺杂志》的发行者却写着"文艺杂志社"。像《织云杂志》这种具体标明由杂志发行书局的负责人担任发行者的情况在清末民初虽有出现，但是并不常见。例如晚清四大小说杂志中只有《月月小说》第一期到第八期，清楚地标明发行者是其发行所乐群书局的老板汪惟甫，其他 3 种或将发行者标注为小说杂志社的名称（如《新小说》、《小说林》），或只标注杂志的发行所（如《绣像小说》）。实际上，这其中的微小差别反映的是书局负责人对于杂志创办的重视

① 编辑大意[J]. 文艺杂志，1914，(1).

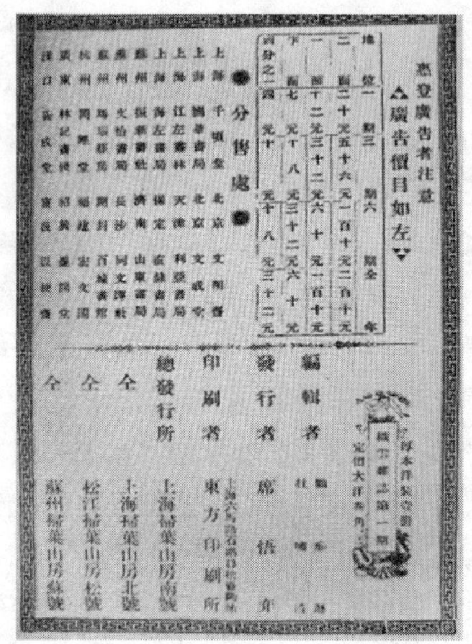
惠登廣告者注意
廣告價目如左
分售處
織雲雜誌第一期
編輯者
發行者　席悟奕
印刷者　東方印刷所
總發行所　上海掃葉山房南號
仝　上海掃葉山房北號
仝　松江掃葉山房松號
仝　蘇州掃葉山房蘇號

图 7-2 《织云杂志》第一期的版权页

与亲力亲为程度。像乐群书局的汪惟甫为了创办《月月小说》,就曾亲自前往大清邮政局上海分局办理出版许可证①,他甚至还担任了杂志 1—4 期的编辑一职。因此,从席悟奕担任杂志发行者不难看出他对杂志的看重。

此外,席悟奕还亲自为这份新出版的杂志撰写序言,其文曰:

> 语曰文以载道,作游戏文以问世,得毋有道其所道,非我所谓道之讥乎。孟子曰,息邪说放淫辞为游戏文以示人,得毋有邪说淫辞以坏人心乎。噫误矣。盖游戏其文,挽救其心,不

① 《执据》:"大清邮政沪局,为给发执据事照得。本日据月月小说报馆司事人庆祺、主笔人吴趼人赴局声(申)请挂号,将该报纸照章认为新闻纸类,核准挂入第六十四号,给据为凭。"《月月小说》,1907,(3).

过以其道而反论之，曲喻之，隐告之，其归于道也则一耳。人心日趋于邪，作邪说以讽之，人心日即于淫，造淫辞以感之，亦以毒攻毒之法也，极正人心之苦衷也。言者无罪，闻者足戒坏，何有焉？故渊明之闲情赋，昌黎之送穷文，子厚之捕蛇说，青田之卖柑言，莫不以至理至情，寓于诙谐文字，唤醒痴聋，至今奉为金箴，百读不厌，则我后人之组织此志也，古人其亦许我乎？美其名曰织云，亦以文章本天成，期妙手得之，为本杂志荣尔。悟奕序于三鱼书屋。

从席氏的这篇文字中，不难发现他对文人游戏之作的看法，“盖游戏其文，挽救其心，不过以其道而反论之，曲喻之，隐告之，其归于道也”，将游戏之作视为“以毒攻毒之法”；也可以看出他创办杂志的最大目的就是刊登类似“渊明之闲情赋，昌黎之送穷文，子厚之捕蛇说，青田之卖柑言”这样的文字，期待“以至理至情，寓于诙谐文字，唤醒痴聋”。席悟奕所秉持的办刊宗旨深受当时文学刊物办刊理念的影响。

席氏还专门邀请当时非常受欢迎的《礼拜六》主编王钝根写序，作为书坊主人的他甚至创作了几篇作品在杂志上刊载，如《论警察为行人之导师和平之军士》、《论读书足以变化气质》、《孔门总统制》、《拟尊孔会启》、《游西子湖记》等。这一点连亲自参与编辑《月月小说》的乐群书局的老板汪惟甫也未曾做到①。作为作者之一，席悟奕的照片还与其他的主要撰述者一起刊印在第一期当中。同样是扫叶山房的刊物，北号发行的《文艺杂志》不仅创刊号中并没有书局负责人的贺词，而且后面10余期也没有席氏的任何作品，两相比较不难发现，席氏对于南号发行的《织云杂志》的重视程

① 汪惟甫刊登在《月月小说》上的一则文字是为自己的朋友代为出售寿板的广告《寄售顶上婺源圆心寿板》：“今有休友托代售寿板一副。此寿板实为不可多得之料，无上之物。如有欲买者，请至棋盘街乐群书局看货议价。”《月月小说》，1907，(3).

度,应该说远远胜过了《文艺杂志》。

席悟奕之所以重视通俗用语居多、休闲诙谐风格为主的《织云杂志》,暗含着民国初年扫叶山房对于书籍出版新方向开创的一种期待,即借助这一新的出版方向与模式,吸引旧式文人以外的其他普通市民阶层读者。

第二节　娱乐与言情:杂志的作品刊载

与《文艺杂志》相比,《织云杂志》显然更为契合当时文学期刊的出版潮流,其所刊的作品体现出娱乐性与言情性并重的风格,这也是民国初年文学期刊的主要特色。

其一,娱乐性。杂志出版之前曾经在《文艺杂志》第二期上刊登宣传广告,曰:“迩来小说风行,杂志林立,云间本为文薮,爰亦组织一杂志,名曰《织云》,庄谐并录,无美不臻。内容分八类,曰文选,曰诗词,曰谐文,曰谭丛,曰小说,曰传奇,曰杂俎,曰征献。”其中“谐文”、“谭丛”、“杂俎”3 种所包含的内容都具有娱乐化的意味,而“谐文”一栏尤为如此。

表 7-2 对杂志“谐文”栏目所刊作品进行了统计,其中一部分即使不看内容,仅从题目就能看出戏谑的笔调,例如《拟方寸与毛颖绝交书》、《茅厕序》、《驱蚊蝇文》、《老书生卖油炸烩》、《说高帽子》。那篇《拟方寸与毛颖绝交书》用拟人的手法,生动地描写纸张与毛笔之间绝交的原因,借“方寸”批评“毛颖”要小聪明,趁着小说风行,就随便将“所见闻缀以新意”拼凑出无聊文字以赚取稿费,讽刺了那些用低质量的小说作品滥竽充数的无良小说作者,表达了作者希望小说家创作时应该“借以移风易俗,施教育于无形,领异标新,吐文章为瑞气”的愿望。另外,题目与议论文相似的作品,如

《普及教育》、《禁赌序》、《狙公致小吹先生书》、《小吹答狙公先生书》、《参鸦片烟折》等，遣词造句也颇为诙谐。像《普及教育》的作者野鹤，因为痛恨当时不少国人沉溺于麻将赌博，遂以反讽的手法，建议学部废止学堂，改为通过赌场普及教育，所谓“建设学校延请名师，积年累月谆谆教诲，反不若狎友淫朋开场聚赌，饱食终日专事赌博之为愈也”，这样的句子背后是一种无可奈何的心酸；《参鸦片烟折》虚构了一个烟国世界，而这篇文字是以“黄烟大王”为代表的烟界大臣呈给烟界皇帝的奏折，历数鸦片烟害民灭种的罪状，希望烟界皇帝降旨诛杀之，作者正是用这种戏谑的方式，反映了鸦片流毒对民众造成的种种危害，呼吁政府能够坚决惩治贩卖鸦片的不法分子。

表 7－2 现存《织云杂志》“谐文”栏目所刊作品统计表

期数	作 者	作 品
第一期	老素	拟方寸与毛颖绝交书
	白隄过来人	冶游自悔文
	泽周	拟贾宝玉吊林黛玉文
	怡然	茅厕序
	怡然	论黄克强
	碧海女史	驱蚊蝇文
	野鹤	普及教育
	素朴	禁赌序
第二期	无言	祝《织云杂志》文(仿八股调)
	狙公	狙公致小吹先生书
	小吹	小吹答狙公先生书
	老松	参鸦片烟折

续 表

期数	作 者	作 品
第二期	老素	富翁月令
	顽民	老书生卖油炸烩
	吹万	发问
	笨伯	说高帽子
	素朴	赌场文
	泽洲	苏理相公传

这种诙谐幽默的特点也带进了标识为“小说”的作品中。第一期杂志就出现了滑稽小说《书献子》和诙谐小说《牛女之离婚》。前者描写的是某闭塞村落中一个钟情于科举,反对一切新生事物的迂腐书生之丑态,他听说辛亥革命清帝退位之后,“三跪九叩,首望北阙而终日嚎哭”,令人不禁哑然失笑;后者全用白话文,写下界离婚风潮正盛,织女因长期与牛郎分居,便学习凡间之人,向玉帝递交诉状,与牛郎离婚,其中调侃道:“因玉帝晓得下界各国现在都主张立宪,不立宪就要革命。他恐天国一革命,那龙位也要坐不住了,所以他一切都效下界的法儿”,令人忍俊不禁。

此外,“谭丛”和“杂俎”栏目中的一些文章,也是用语浅显,逗趣意味明显。像“谭丛”的《乐余室随笔》,有的通过讲述富翁治疗良心缺失之病,讽刺为富不仁之徒;有的记载心怀暗杀恐惧症的人解除忧郁之法,讽刺社会上那些杯弓蛇影之流。而“杂俎”的《吹牛拍马学撰余谈》嘲讽的是马屁精政客;《戏拟某女士布告全国女同胞文》模拟某女士的口吻,号召女同胞们找低龄男青年结婚,这样便能像自己那样“为所欲为,弄吾夫于股掌上”;《理财家之妙算》则借棺材店老板欲把店铺中囤积的棺材当作卧具出售的广告,映射当时夸张的宣传手段。扫叶山房主人席悟奕也加入了“杂俎”的创作中，他的《孔门总统制》甚至拿孔子及其弟子做起了文章，把他们按照各自才能分配到政府的各个部门。

笨伯曾写道，“慨自时局纷更，人心变诈，正言庄论既难深入人心，隐讽微言或可渐移顽梗。于是慷慨激昂之士，窃取淳于东方之风采，托于诙谐文字，以抒其抑郁不平之气，而寓彰善瘅恶之衷”[①]，这样的评论可以视为《织云杂志》青睐游戏文章、刊登诙谐文字的一个注脚。

其二，言情性。虽然席悟奕推崇“诙谐文字，唤醒痴聋”，但是作为一份创办于民国初年的文学刊物，《织云杂志》不可避免地具有言情性的特点。

民国初年言情小说在社会上广受欢迎，从苏曼殊的《断鸿零雁记》、《天涯红泪记》，陈蝶仙的《玉田恨史》、《芙蓉影子》到徐枕亚的《玉梨魂》、《箫史》，吴双热的《孽镜缘》、《兰娘哀史》，以“情”为主题的小说比比皆是，甚至有研究者评论道：“如果说晚清最有代表性的小说类型是谴责小说，那么民初则让位给了言情小说。”[②]连以“含有伦理学意味，乃为上选”作为编选小说标准的《小说月报》主编恽铁樵，都在民国三年(1914)的一则征求小说广告中明确表示，“言情艳体之作，亦复兼收并蓄”[③]。创刊于民国三年(1914)四月的《礼拜六》更是刊登了大量言情小说，而且对于言情小说采取了非常细致的分类，有“艳情”、“哀情”、“惨情”、“怨情”、“忏情”、“苦情”、“痴情”、“丑情”、“侠情”等。与此相仿，《织云杂志》也对描写感情生活的小说进行了标识。

---

① 笨伯.《织云杂志》序三[J]. 织云杂志，1914，(1).

② 柳珊. 在历史缝隙间挣扎——1910—1920 年间的《小说月报》研究[M]. 南昌：百花洲文艺出版社，2004：184.

③ 小说月报[J]. 1914，(11).

表 7-3 现存《织云杂志》"小说"栏目所刊作品统计表

期数	类 型	作 者	作 品
第一期	短篇小说	野鹤	一封书
	苦情短篇	孤松	无情郎
	言情小说	(英)伦梅爱题,张叔通译	潘旖艳史(未完)
	哀情小说	破浪	秋月恨(未完)
	烈情小说	魔	葬火(未完)
	记事小说	弱舟	织云
	寓言小说	阿素	非非想
	哀情小说	耑玉	良缘会
	诙谐小说	半龙	牛女之离婚
	社会小说	明明	不嫁孽
	滑稽小说	天然	书献子
	义侠小说	云客	鹦鹉冢
	风俗小说	望洋	壁听
第二期	短篇小说	野鹤	警钟
	短篇小说	孽儿	行不得也哥哥
	痴情小说	怡然述略,啸霞氏著	鸳湖孽镜(未完)
	言情小说	(英)伦梅爱题,张叔通译	潘旖艳史(续,未完)
	烈情小说	魔	葬火(续,未完)
	教育小说	阿素	牛儿
	言情小说	里仁口译,半龙笔述	斯拉夫之婚姻(未完)
	言情小说	破浪	紫薇花下(未完)

续 表

期数	类型	作者	作品
第二期	醒世小说	淡	孽缘
	记事小说	云客	陆象贤
	哀情小说	孤松	杜鹃声里惨春光
	社会小说	汉侠	真假徐娘

从表 7－3 中可以看到,现存两期《织云杂志》所刊 23 种小说中,分类标识含有“情”字的就有 11 种,包括“苦情”、“言情”、“哀情”、“烈情”、“痴情”(而标识为“短篇小说”的《行不得也哥哥》内容实际上也是男女感情),几乎占所刊小说的一半,可见在编辑心中分量之重。

《织云杂志》中以抒写情感为主要题材的小说,有的是女主人公的母亲执意将其嫁给同邑某公之子而引发的悲剧(如《葬火》中的宝素);有的是男主人公由于无意解救了女方的妹妹而得以缔结婚姻(如《良缘会》中的讫力克与良娥);有的是男女主人公解开误会,重修旧好(如《行不得也哥哥》中的维司和爱德);有的是两女一男之间的感情纠葛(如《潘旖艳史》中的潘绮、奇南脱与汉斯脱);有的是男女两情相悦却不能成为眷属(如《秋月恨》中的陈生与荀冰月);有的是恩爱的男女双方因为战争而人鬼殊途(如《杜鹃声里惨春光》中的李生与英娘)等。

《织云杂志》中所谓的言情小说和当时其他的此类作品一样,描写爱情场景的时候,男女双方多正襟危坐、出言谨慎,止于相爱结婚,而很少有对于婚姻生活的描绘,作者们似乎生怕多写一点就会染上“诲淫”的罪名。正如有研究者所评论的那样:“其言情小说的毛病不但不是太淫荡,而且是太圣洁了——不但没有性挑逗的场面,连稍为肉欲一点的镜头都没有,至多只是男女主人公的一点

‘非分之想’。”①

虽然杂志中刊登的感情故事迥然而异，叙述手法各有不同，但是大部分都偏好使用若干散文化的文言句子夹杂在白话文体中，渲染小说的氛围，让情感更加动人。《秋月恨》中描绘陈生与荀冰月相遇之时的风景，“宿雨初歇消，朝暾已上，钱塘门外西子湖头，但见桃红夹岸，柳绿成荫，咸舒笑以迎人”，营造出一种暖意融融的舒适气氛。《紫薇花下》写菱姑怨恨薄情郎的心态，“妆台菱镜时孤照，枕儿空抛常独眠，惊鸟折翼燕单飞，庭草无人空自秀，池塘水满鸭不栖”，刻画出一种被丈夫背叛抛弃后的凄凉心境。《杜鹃声里惨春光》中英娘祭拜亡夫时的情景，“少妇乃含泪而行，觉余音凄怆，宛如喘月吴牛；素容惨淡，恪似带雨梨花。时则夕阳凄碧，烟水黯然，杜鹃又声声啼泣，如怨如诉”，既描绘出未亡人的孤独无助与悲伤，同时还用周围的景物烘托渲染了这种情绪。

顾痴遯在杂志《弁言》中称“席子悟奕以今杂志风行，爰拟延请云间文人学士，亦组织一杂志而未得其名，嘱余序其端而任编辑之事”，可见《织云杂志》的作者不少都是籍贯松江或者是以松江为主要居住地的文人②。以上这种言情小说中散文化的描述，隐约透露出一些明末性灵派小品的韵味，显示出松江文人作者在小说创作上对于传统文学的一种追寻与呼应。另外，这些作者的笔名“孤松”、“野鹤”、“怡然”、“云客”、“破浪”、“啸霞”、“天然”、“望洋”等（见图 7－3），相比晚清小说杂志中作者的笔名“忧患余生”、“血泪余生”、“嘿生”、“悔学子”（《绣像小说》），“冷血”、“报癖”、“文癖”、“天僇生”（《月月小说》），也能看出其中浓浓的文艺化痕迹。

---

① 陈平原.二十世纪中国小说史（第一卷）[M].北京：北京大学出版社，1989：258.

② 例如《行不得也哥哥》的作者孽儿，即朱鸳雏，他是江苏苏州人，长期在松江居住。

图7-3 《织云杂志》主要撰述者

第三节 昙花一现的原因

《织云杂志》第二期刊登了一则《本社启事》,征求“一为明季野史,二为清宫秘史,三为红羊佚闻,四为革命外史”,其中称“海内文豪倘有以上四种遗文佚事,富于情节,饶有趣味,合于小说笔记资料者,不拘白话文言,均可惠,藉结文字因缘”,或许编辑是期待杂志继续出版的,但实际上这份受到席悟奕重视的刊物应该仅发行过两期①,它也与同一年创刊的许多杂志一样,没有逃脱昙花一现

① 从扫叶山房在《申报》上刊登的广告来看,《织云杂志》只出现过第一至第二期的宣传广告,且目前可见的杂志也仅有两期。

的命运[①]。

在清末民初的出版市场中，一份杂志若发行持续时间比较长，原因一般有 3 种，我们可以将《织云杂志》的情况与其逐一对照，进而对《织云杂志》转瞬即逝的原因进行分析探讨。

持续发行原因第一种：所刊内容适应市场需要，广受读者欢迎，杂志销量大，能为发行书局带来可观的利润。例如中华图书馆发行的《礼拜六》就是这样。在一般文学期刊销量仅有一两千册的民初杂志界，该杂志以精心的策划、到位的宣传、高质量的作品以及美观的装帧设计[②]，吸引了大量读者，在发行第二期之时销量就达 10 000 余册，第三期的销量则骤增至 17 000 余册，后来最高销量达到了 20 000 余册，以至于“每逢星期六清早，发行《礼拜六》的中华图书馆门前，就有许多读者在等候着。门一开，就争先恐后地涌进去购买”[③]。与《礼拜六》相比，《织云杂志》不仅在装帧设计上中规中矩，而且在《申报》上刊发的首期杂志出版广告，是最低档次的“后幅短行”方式(见图 7 - 4)，与《礼拜六》使用“封面长行”广告(见图 7 - 5)相比，宣传效果与影响力相差甚远。虽然第一期杂志上也刊发过王钝根所作的序言，但是比起那篇令人过目不忘的《〈礼拜六〉出版宣言》之煽情，王氏的《〈织云杂志〉序言》则纯属应景之作，泛泛而谈，实在无法出彩。另一方面，杂志以“唤醒痴聋”为办刊目的，以市民大众为拟想读者，而在实际的作品刊登上却是“则见夫茹古而涵今者，文选也；抱残而守缺者，征献也。则见夫飘然而若仙者，诗词也；俗不伤雅者，谐文也。则见夫栩栩欲活者，小

---

① 例如 1914 年 8 月创刊的《快活世界》、《好白相》都在当年 10 月停刊；9 月创刊的《小说杂志》目前只见过第一期的出版广告；11 月创刊的《朔望》与 12 月创刊的《上海滩》，都是次月即停刊；12 月创刊的《十日新》，也仅出版了 4 期。

② 详细分析可以参见刘铁群.《礼拜六》：民初市民文学期刊的代表作[J]. 广西师范大学学报(哲学社会科学版)，2006，(4).

③ 周瘦鹃. 闲话《礼拜六》[M]//周瘦鹃. 花前新记. 南京：江苏人民出版社，1958：47.

说与传奇也;井井有条者,谭丛而杂俎也”①。可以说,尽管《织云杂志》以娱乐性和言情性为主,但是8个栏目的作品涵盖了各个方面,内容驳杂,与市民大众的消闲阅读需要存在着一定程度的脱节,而且又没有质量上乘能让读者口耳相传的佳作,这就注定《织云杂志》不可能在当时竞争激烈的杂志市场中脱颖而出,获得读者青睐,自然也绝对不会具有销售量上的优势。

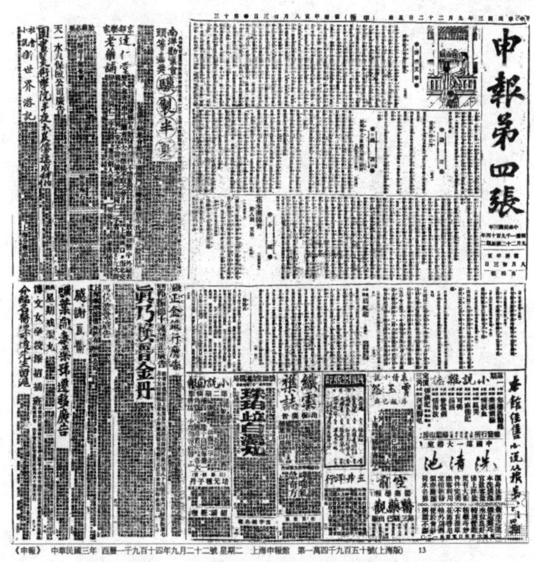
申報第四張

《申報》 中華民國三年 西曆一千九百十四年九月二十二號 星期二 上海申報館 第一萬四千九百五十號(上海版) 13

图7-4 《织云杂志》首期出版广告

持续发行原因第二种:杂志难以为继之时,其他书局予以收购,继续投入资金办刊。像乐群书局发行的《月月小说》就是如此。该杂志是由乐群书局创办的,第一至第八期由该书局发行,到了第

① 无言.祝《织云杂志》文[J].织云杂志,1914,(2).

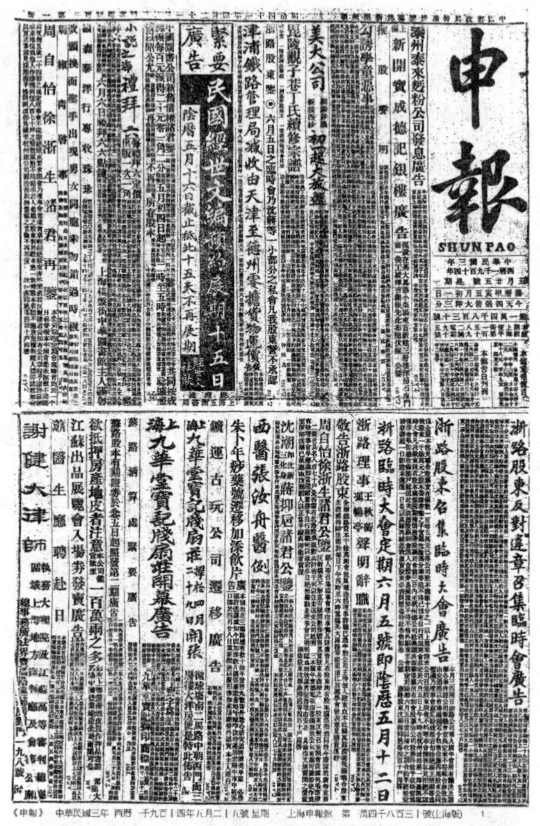
申報
SHUN PAO
濒州泰來麪粉公司發息廣告
新開寶成德記銀樓廣告
美大公司
津浦鐵路管理局減收由天津至德州零擔貨物運價
緊要廣告
民國經世文編預約展期十五日
陰曆五月十六日截止從此十五天不再展期
小說之海 禮拜六
周自怡徐浙生諸君再鑒
浙路股東反對違章召集臨時會廣告
浙路股東召集臨時大會廣告
浙路臨時大會定期六月五號即陰曆五月十二日
敬告浙路股東
周自怡徐浙生諸君公鑒
西醫張汝舟醫例
鐵運古玩公司遷移廣告
上海九華堂寶記箋扇莊開幕廣告
江蘇出品展覽會入場券發賣廣告
謝健大律師

图 7－5 《礼拜六》首期出版广告

九期则改由群学社出版发行。群学社之所以愿意出资收购《月月小说》，很大程度上是因为它的总撰述是晚清著名的小说家吴趼人，总译述则是当时颇有影响力的翻译家周桂笙，作者中还包括陈景韩、包天笑等知名小说家。正如前文所分析论述的那样，《织云杂志》的作者大部分都是松江地区的文学爱好者，这与《月月小说》有好几位知名作者加盟的情况截然不同，某种程度上甚至可以说《织云杂志》是席悟奕在民国初年文学杂志层出不穷的背景下，为了迎合当年扫叶山房新的出版方向，集合周围的文人群体而创办的。这样一份不在意市场反应，不注重作者选择，文人之间唱和之意明显的杂志，其他书局愿意收购的可能性微乎其微。

持续发行原因第三种：虽然盈利不多，但是发行书局愿意持续提供资金，支持其出版。例如商务印书馆发行的《小说月报》就属于此类。杨扬在论及《小说月报》时曾说："五四时期，新文学不可一世，然而，热销时期《小说月报》的销售数量也不过万把左右，后来订数更是一路下跌，跌到几千份。如果不是商务印书馆财大气粗，一直养着，不知道还会不会有那么多的作家提及它。"[①]正是在商务印书馆的支持下，这份创刊于宣统二年(1910)的杂志，一直到民国二十一年(1932)"一·二八"事变中因商务印书馆遭战火而停刊，历时 20 余年。反面的例子是《创造季刊》。在谈及文学期刊的出版时，陈思和分析说："创造社的背景是又穷又乱的泰东书局，《创造季刊》等都办不了几期就倒了，最后弄得人财两空。"[②]扫叶山房作为当时在古籍出版方面影响力颇大的一家书局，虽然谈不上"财大气粗"，但是"又穷又乱"显然是不至于的，将一份期刊"养"上一年半载是不成问题的。对比同时期扫叶山房的《文艺杂志》陆续出版了 13 期，《织云杂志》的匆匆结束显然与得不到扫叶山房的资金支持有莫大关系。扫叶山房在民国三年(1914)集中出版了一批世俗化笔记小说之后，并未将此种虽然能盈利但是背离书坊宗旨的出版新方向继续下去，而是回归到了出版学者型笔记小说的

---

① 杨扬. 后记[M]//杨扬. 商务印书馆：民间出版业的兴衰. 上海：上海教育出版社，2000：176.

② 陈思和.《商务印书馆：民间出版业的兴衰》序[M]//杨扬. 商务印书馆：民间出版业的兴盛. 上海：上海教育出版社，2000：2.

传统之中[①],那么作为一份以娱乐性和言情性为主的杂志,显然已经没有存续的必要,自然也不可能获得资金支持。

诞生于民国初年现代与传统交织融合的社会环境中的《织云杂志》,与重在"网罗典籍,保存国粹"的《文艺杂志》不同,它是扫叶山房出版新方向在杂志发行上的一种投射。民国初年扫叶山房南号发行内容通俗、语言诙谐的《织云杂志》,扫叶山房北号则出版内容通俗、语言浅显的世俗化笔记小说;书坊主人席悟奕为《织云杂志》写序写稿,书坊编辑雷瑨为世俗化笔记小说的出版提供书稿,以上种种南北号书坊倾力互动的情况充分说明,《织云杂志》的办刊宗旨"诙谐文字,唤醒痴聋",俨然已经成为扫叶山房努力开创的一种出版的新方向。虽然这种方向在扫叶山房的出版历史中持续时间不长,而且最后以《织云杂志》停刊,而笔记小说出版回归扫叶山房传统的方式结束,但是它作为旧式书坊融入时代潮流的尝试与自觉,在扫叶山房的出版史中不应该被忽视。

① 详见本书第五章第三节论述。

第八章
时代潮流的映射：代售的说部作品与代发行的杂志

> 敝号开设苏、申历年最久，素以刊印精本书籍，辱承海内赞许。现因推广营业，特在汉口黄陂街回龙寺巷口开设分号，发行精本各书以及江浙等省局版、家刻经史子集，以供两湖名士购阅之便。
>
> ——《上海扫叶山房分设汉号装修竣工择吉开张广告》[①]

扫叶山房既是一家出版发行机构，同时也是一家书店，在上海、苏州、松江、武汉等地都设有分店，销售本书坊刊行的图书，同时也代售个人藏书、其他书局出版的书籍以及杂志等，其中包括一些说部作品。例如，1923 年 12 月 2 日刊登的一则《上海棋盘街扫叶山房特设年假廉价部》广告，就附有“本号经售各家图书”一栏，开列所代售的各类书籍 147 种，内有说部 16 种。有人曾评论说：“扫叶山房、千顷堂、文瑞楼等店则为旧式书店，设立年度最早，印行之书大抵为翻刊印旧籍，自行编辑之书甚少。”[②]虽然出版书籍

① 《申报》，1915－03－17.
② 贺岳僧. 上海书业界之现状[N]. 申报，1925－10－16.

“大抵为翻刊印旧籍，自行编辑之书甚少”，但是扫叶山房代售的作品却颇为丰富，从清朝年间的《江南闱墨》、《三场备要》等科举考试用书，到民国年间的《观剧指南》、《三民主义》、《新颁刑法》等社会热点图书，从《小说丛报》这样注重小说作品刊载的杂志，到《新剧杂志》这份定位于话剧爱好者的刊物，以及《东方漫画》这种为漫画作品提供发表平台的期刊[①]。扫叶山房所代售的书籍与杂志，出现在各地该书坊的书店之中，成为其刊行书籍的补充，在某种程度上反映着这家书坊借此融入时代潮流的努力，而它所代售的说部作品也是如此。

20 世纪 30 年代，扫叶山房书局协理王松亮曾发起过一个名为“书业同乐会”的组织，“以联络同业感情，提倡储蓄为宗旨”，会员有百新公司、校经山房、海左书局等 7 家[②]，其中的百新公司就是一家经常委托扫叶山房代售说部书籍的出版机构，它出版的《老残游记》、《秘幕异闻》、《听夕闲谈》和“以滑稽之笔墨及新颖之思想，而寓讽世、觉民、警醒社会之旨”[③]的杂志《百新新话》都曾在扫叶山房销售。据《申报》所刊小说广告统计，该书坊先后代售过文渊山房、北京琉璃厂自强书局、北京惟德图书局、新剧小说社、晋益书局、东方书局、中华图书馆、尚友山房、大通书局等 20 多家出版机构的说部作品 90 余种，这些书籍仅有少数几种与扫叶山房所刊行

---

① 《〈东方漫画〉出版》：“东方出版社筹备已久之《东方漫画》创刊号已于本日出版，内容充实丰富，式样玲珑美观，漫画文艺均系当代名家的心血杰作，洵不可多得之良好刊物也。现为优待定户起见，在五月十日前定阅全年，概收大洋九角（邮费在内），过期仍照 1 元 2 角。代定处棋盘街扫叶山房、百新书店、四马路春明书店。”《申报》，1934 -04 - 29.

② 《书业同乐会成立》：“扫叶山房书局协理王松亮发起之书业同乐会，已于前晚在都益处成立，计到会员世界书局王锦南张子谦、百新公司徐鹤龄、鸿宝斋尹仲卿、萃英书局高温和、共和印局周楚材、校经山房王淡如、海左书局陈杏生浦凤来等十人。”《申报》，1930 - 08 - 20.

③ 百新公司广告[N]. 申报，1914 - 11 - 26.

的重复，其余的作品，或者以不同的题材，或者以新颖的内容，或者以新剧改编小说的特殊方式，使扫叶山房出售的说部书籍种类大为丰富。

第一节　不拘一格的题材：代售的中、长篇通俗小说

光绪年间，扫叶山房选择长篇通俗小说刊行的时候，一般都高度重视传统题材作品的出版，提倡忠诚与侠义，讲究惩恶扬善的教化性，同时也强调作品的民间性，而且所代售的小说书籍也同样如此。

比如1883年在扫叶山房寄售的《金枪杨家将传》，歌颂杨氏家族精忠报国的壮举，尽显忠君爱国之意，其主旨与该书坊刊行过的《说岳全传》异曲同工。又如1893年由春草堂主人代为刊发广告的《梦中缘》，"虽同稗官杂纪以立说，却有正史葩经以命意。臣不失其忠，子不失其孝，女不失其节，仆不失其义"①，而且作者"将喜怒哀乐、世态人情，曲曲穷来，奕奕有致，觉其须眉毕现，跃跃纸上，令读者只赏其笔墨之工，不知其化功之良苦也"，类似这种在爱情故事中潜移默化，达到教化目的的做法，又有着《二度梅》的不少影子。

尤为典型的是1894年所代售的由图书集成局排印的《后施公案》和《续永庆升平》，前者"凡名臣传方略实录，无不采集殆尽，而施公之政迹于是乎全也"②，后者"惊愚劝善，感化人心，善恶

① 新出石印绘图《梦中缘》[N]. 申报，1893-04-25.

② 绘图《后施公案》出售[N]. 申报，1894-05-13.

分明”[①],创作目的与扫叶山房在书业公所挂号登记过书底版权的《小施公案》以及《全彭公案》非常相似。更为巧合的是,《续永庆升平》的作者恰恰正是曾经创作过《彭公案》的那位“贪梦道人”。这位署名为“贪梦道人”的作者在《续永庆升平》的书首自序中写道:“实事百数回,各种目录书中之大旨,无非是惊愚劝善,感化人心,善恶分明,使忠臣义士,得留名于后世,邪教乱臣,尽遭报应循环,使读者有悦目赏心之”[②],这与其在《彭公案》的书首自序中所言,“今竟著实事百余回,所论者忠臣义士得以流芳千古,乱臣贼子尽遭报应循环,使读者无废书长叹之说,有拍案惊奇之妙”[③],几乎如出一辙。

宣统与民国年间,扫叶山房的长篇小说出版集中于《三国志演义》、《水浒传》、《红楼梦》、《儒林外史》、《东周列国志》等这样知名度极高的古典长篇小说名著,但是与此同时,该书坊却代售了武侠、黑幕、言情、历史等不同题材的中、长篇通俗小说。例如新剧小说社的《恶家庭》、《家庭恩怨记》、《新茶花》、《补情天》,晋益书局的《野鸳鸯》,新中华图书馆的《金屋梦》,尚友山房的精印五彩绘图《九尾龟》,百新公司的《老残游记》、《昕夕闲谈》,大通书局的《海上活地狱》、《南北剑侠传》、《侠血情魂》、《情场血泪史》、《战场喋血惨史》等,可谓五花八门。在长篇通俗小说的出版上恪守传统,而在代售上却不拘一格,成为这一时期扫叶山房的典型特征。

这些代售的说部中,有少量与扫叶山房光绪年间出版的长篇通俗小说主旨相类似的作品。例如,1911 年代售的武侠小说《雍

---

① 贪梦道人.《续永庆升平》自叙[M]//丁锡根.中国历代小说序跋集(下).北京:人民文学出版社,1996:1562.

② 贪梦道人.《续永庆升平》自叙[M]//丁锡根.中国历代小说序跋集(下).北京:人民文学出版社,1996:1562.

③ 贪梦道人.《彭公案》自序[M]//丁锡根.中国历代小说序跋集(下).北京:人民文学出版社,1996:1614.

正剑侠奇案》叙述的是“宪庙在潜邸三十余年，尝微服巡幸物色，海内侠士剑客，尽入其彀中，登极后用以察奸摘伏，如神如天，不可思议”，“惩贪污之官吏，振国民之懦弱，于此书不无深望焉”[①]；1915年代售的言情小说《金屋梦》，“大而君臣家国，细而闺壶婢仆，兵火之离合，桑海之变迁，生死起灭，幻入风云，果因禅宗，寓言亵昵，而其旨一归之劝世”[②]。

当然，更多的是应潮流而动的代售作品。例如，1917年代理发行的艳情小说《帘外桃花记》，“全书都六十万言，分集出版”，“记上海一埠淫靡成风，脂粉女儿习于逸乐，所谓红粉党也、磨镜党也、十姊妹会也、女拆白党也、女总会也，脂怪粉妖，黑幕重重，本书费十年调查，尽情揭露。所述自小家偏户至宦室宫闱，荡妇隐事，淫娃奇闻，形形色色应有尽有”[③]。1918年所代售的《秘幕异闻》，此书与《上海秘幕》、《中国黑幕大观》以及上文所述的《帘外桃花记》等作品一样，“揭发种种秘幕情形，无一不备，无事不奇”，属于当时流行的黑幕小说，而且声称与“流行各书分类阐发，笔墨繁冗，读之易生厌倦”不同，它仿照长篇小说体裁，分章分回，“笔致曲折，文字简洁，兼附精细影图数十幅，按图披阅”，甚至直接告之读者，“较读《上海秘幕》、《中国黑幕大观》等别饶趣味”。

1916年9月上海《时事新报》开辟“上海之黑幕”专栏，向社会悬赏征集上海各界魑魅魍魉的文字，由此揭开了黑幕文学浪潮。对于此种文学的兴盛，出版商的解释是：“世风不古人心日趋险，诈奸淫邪僻之事愈出愈奇，热心世道之士本欲恶儆邪之旨，作摘奸发

---

① 中国武士道皇帝之侦探术，二百年来初出现之侠客谈，雍正剑侠奇案[N]. 申报，1911-08-31.

② 《金屋梦》凡例，转引自郭浩帆.《金瓶梅》续书《金屋梦》若干问题考述[J]. 厦门教育学院学报，2011，(2).

③ 最近女界之黑幕每册四角《帘外桃花记》[N]. 申报，1917-09-27.

伏之文,俾世人一经寓目知所趋避,此黑幕之所以日出不穷也。"[①] 1918 年《中国黑幕大观》的出版标志着此种文学发展达到高潮,以当年交通图书馆出售的小说为例,有高等社会黑幕《海上罪恶史》、女界黑幕《小姊妹秘密史》和《粉阵历险记》、男女黑幕《小弟兄秘密史》和《脱靴党》、拆白党秘幕《他之秘密》、官眷黑幕《莲魂记》、家庭黑幕《不幸之妻》等。因此,扫叶山房先后代售《帘外挑花记》与《秘幕异闻》,某种上正是这家传统书坊对此种出版潮流的应和。不过,在应和的过程中,扫叶山房也根据实际情况作出了调整。例如该书坊曾在 1917 年 9 月至 10 月代售过自称为"最近女界之黑幕"的作品《帘外桃花记》,但是从这部书此后所刊的广告来看,扫叶山房却不再为其担任代理,某种程度上是因为该书在"黑幕"之中夹杂着不少淫秽的内容,即如后来有人评论的那样"最可恶者竟以淫字撩人,如《帘外桃花记》其例也"[②],故而为扫叶山房所摒弃。

20 世纪 20 年代武侠题材的作品蓬勃发展,在此种小说从萌芽期进入繁荣时期之后[③],一批长篇武侠小说代替了黑幕小说,开始出现在扫叶山房的代售书目里,其中包括《女子剑侠大观》以及大通书局的《神剑奇侠传》、《惊人奇侠传》、《南北剑侠传》、《三剑侠》、《侠血情魂》等。刊行于武侠题材萌芽时期的《女子剑侠大观》,全书洋装两册共 32 回,从宣传广告中的回目"第一回　柳国英父子去世,李志安主仆横行;第二回　运帷幄军师施毒计,脱牢笼侠女用奇谋;第三回　避后祸侠女见机,刺面字恶徒受创;第四回　恶少爷终收恶报,苦寡妇细诉苦衷;第五回　拦舆告状嫠妇呼

① 《秘幕异闻》广告[N]. 申报,1918-05-07. 本段所引关于《秘幕异闻》一书的文字均出于此则小说广告。

② 丹凤. 小说杂谭(上)[N]. 申报,1918-12-18.

③ 据范伯群主编《中国近现代通俗文学史》第二编"武侠会党编"的论述,"民国时期武侠小说的发展,经历了三个阶段: 1912 年至 1922 年,为萌芽期。1923 年至 1931 年,为繁荣期;1932 年至 1949 年,为成熟期"。

冤，隔窗飞镖侠女仗义"[①]便可窥全豹，即该书所讲述的是一个侠女运用计谋与功夫，为嫠妇惩罚恶仆，行侠仗义的故事。而刊行于武侠题材繁荣期的《惊人奇侠传》由赵焕亭创作，全书40万言共计60回，故事情节较为复杂，该书"以北方大侠方二戏官一生事实为根据，插入绿林大盗、市井无赖、淫贼、荡妇、顽童、村愚、土豪、恶霸、女侠、异僧以及九流三教的人物无不全体登场"，大通书局称其"以生动出奇的刻划，打破小说界沉闷空气；以真确可据的事实，扫除武侠书虚构乱说"，"北方人读了当然亲切有味，南省人读了更觉奇趣横生；紧张处令人心惴，雄放处令人兴奋，肉感处令人麻醉，宛转处令人神往如观电影，似听京戏，幕幕紧凑"[②]，显然在创作手法上要比《女子剑侠大观》略胜一筹。中华集成图书公司的《武侠大观》广告中云："国民性弱以武侠救之则强，国民性懒以武侠救之则勤，国民自私以武侠救之则公，国民自利以武侠救之则义。武侠者今国民之兴奋而又补养之圣药也，欲以精神救国，除武侠外无良法。"[③]此段话，可以视为20世纪20年代之后武侠小说盛行的原因，也是扫叶山房由黑幕小说转而代售武侠小说的原因之一。

此外，该书坊甚至还曾代售过翻译小说《昕夕闲谈》，这是一部由百新公司出版的作品。作为较早介绍到中国的小说，《昕夕闲谈》早在同治十一年(1873)就由蠡勺居士翻译并在《瀛寰琐纪》上连载，两年之后由申报馆将其结集出版，光绪三十一年(1905)又经藜床卧读生(管斯骏)重新翻译再次出版。民国十三年(1924)这次重新出版，百新公司称是由于不满"迩来译本小说汗牛充栋，多不胜数，顾或则东鳞西爪摭零星，或则累语冗词翻译不善，欲求一译笔简当之长篇小说，殆如凤毛麟角不可多得"的情况，所以"请英国

---

① 女子剑侠大观[N]. 申报，1920-04-08.
② 大通书局广告[N]. 申报，1929-11-01.
③ 武侠大观[N]. 申报，1921-07-21.

名进士傅君重译，并由颜君删润”。该作品“写婚姻不自由与财产遗袭制两种毒害，致社会发生种种问题，影响及于国家，有侠客义士、有佳人才子、有侦探律师，至于奸盗诈伪、忠孝节义无不兼全”[①]，广告中所宣扬的此种主题，倒是比较符合扫叶山房的选择标准。

民国年间，扫叶山房代售的一些作品在某种程度上也反映了当时的小说与话剧互动的情况，最为典型的就是新剧小说社的4部作品。

《恶家庭》原是新民新剧社[②]社长郑药风创作的剧本，所表现的“黑暗家庭状态，可谓无不毕具，个中情节最为悲惨”；《家庭恩怨记》“原是新剧同志会陆镜若编撰排演，与各社所演大有出入并加排续本”；《新茶花》原名《缘外缘》，“春阳社王钟声与许啸天君编撰，乃近时著名之爱情新剧”。以上3种剧本曾经在1912—1913年间先后排演，此次出版的小说，改编者分别是耕渔室主、勤补斋主、天随室主。改编之前，作为话剧，它们各有特色，或者情节感人至深，以至“凡曾参观斯剧者无不泪下沾襟”，或者深受欢迎，“海上新旧各舞台每演一次观者无不争先恐后”。改编之后，作为小说，它们又具有了新的生命，或者“文章简浅趣味深浓大有可观”，或者“其中情节较剧中更为周到”；更具特色的是，“各书内皆附有新剧巨子化妆小影，及剧中人物化装图十数幅”[③]。像这样将时下流行的新剧剧本改编为小说作品，并且在改编过程中将剧本情节进一步丰富，同时又将舞台之上剧照与舞台之下的小说文字结合在一

---

① 英国名著《昕夕闲谈》上集出版[N]. 申报，1924-05-25. 本段所引文字均出于此则小说广告。

② 民国三年(1914)，新民新剧社曾经将扫叶山房发行的该书坊编辑雷瑨创作的《骗术奇谈》改编为滑稽剧上演。

③ 新剧小说社书籍出版[N]. 申报，1914-06-28. 本段所引文字均出于此则小说广告。

起的做法，充分反映出当时话剧的发展对于小说创作的深刻影响。

与以上 3 种有所不同的是，作者署名“剑尘”的《补情天》则是一部已经被改编成话剧，即将开演的小说。因此，广告不仅有“此书为江西剑尘先生手笔，先生既专武备，又长文学，诚现世一失势英雄”这样对于作者的赞扬和褒奖，还有“内容宏富，叙事精详，情节新奇，章法绝妙，诚言情小说中之杰作”这样对于作品本身的溢美文字，另外还以“现承海上新剧大家编成新剧脚本，不日开演”① 这样与剧目相结合的内容，来宣传介绍《补情天》，以此引起读者的注意与购买兴趣。新剧小说社称“凡爱观新剧及喜阅小说不可不手置一编”②，可见在出版机构看来，无论是由话剧改编而成的小说，还是作为话剧底本的小说，凡是此类与时髦新剧有着一定联系的小说书籍，对新剧爱好者与小说爱好者同时具有吸引力，购买群体也将由此获得扩展。

扫叶山房所代售的中、长篇通俗小说，光绪年间与该书坊刊行的作品题材高度贴合，而宣统与民国年间出现了丰富性与多样化的转变，甚至还在黑幕小说发展的高潮阶段，以及在武侠小说的不同发展时期，代售相关题材小说的作品，这无疑是扫叶山房在销售上逐渐对时代潮流的趋同；代售剧本改编的小说以及那些被搬上话剧舞台的小说作品，其中的商业性意味则更加浓厚，反映出书坊与时代潮流的互动性。虽然在代售的书目中所出现的翻译小说《昕夕闲谈》是一部早在光绪元年(1875)就由申报馆出版过的作品，但是作为一家传统性非常强的书坊，这种代售翻译小说的做法本身，就反映了扫叶山房在此阶段经营的灵活性。

不过，让人疑窦丛生的是，民国年间扫叶山房出版了《三国志

---

① 言情小说《补情天》[N]. 申报，1914 - 12 - 02. 本段所引关于《补情天》一书的文字均出于此则小说广告。

② 购新剧小说社书籍者注意特别赠品[N]. 申报，1914 - 07 - 17.

演义》、《红楼梦》等若干种传统长篇小说的经典代表性作品，但是其代售的中、长篇小说，除了《老残游记》、《昕夕闲谈》等少数几种之外，大部分作品现在看来几乎都有点不登大雅之堂，而且作者也都是无名之辈，没有苏曼殊、徐枕亚、李涵秋、吴双热、周瘦鹃、程小青等人的作品，即使是曾经在国华书局出版过系列书籍的李定夷，其作品也未曾出现在扫叶山房的代售书籍中。而更让人不解的是，扫叶山房实际上曾经代售过国华书局出版的艳情小说《掷果缘》，却没有选择销售该书局出版的李定夷作品。这样的一个代售“空白”所蕴含的意味，随着今后更多材料的发掘，应该能得到较为合理的解释。

第二节　贴近世俗化的选择：代售的笔记小说

通过本书第三章的分析不难发现，扫叶山房的笔记小说刊行呈现出这样的发展态势：光绪年间学者型与通俗型并存，继而在宣统年间至民国三年(1914)出现世俗化倾向，此后学者型出版成为主流与常态，不过该书坊的笔记小说代售情况与此不尽相同。

光绪年间，扫叶山房曾经代售过《新闻新裹新》、《奇闻新编》、《品花四奇合璧》、《智囊补》等作品，以通俗型甚至世俗化的笔记小说居多。《智囊补》是冯梦龙辑录的一些关于智慧和计谋的故事，“其中详载历代有智之士语言识力，分门别类，簇簇生新。如识见高超，料事远到者，则谓上智、明智；胆识兼优权奇善变者，则谓察智、胆智；其他应对敏捷则分乎语智、术智；临机决胜则列乎兵智、捷智；至若闺阁奇才儿童巧妙，则更有闺智、杂智”，扫叶山房代售的这一个版本，是“德馨斋主人觅得初印善本，敦请宿儒校正付诸石印”的[①]。

比较特别的是《新闻新裹新》与《奇闻新编》，这两种作品的辑录者都是俞家骏(吟香)。《新闻新裹新》宣称书中“世间平淡无奇之新闻，概不纪录”，“毕载天下所希(稀)闻，古今所未有之奇事”[②]，而《奇闻新编》也是俞氏“所辑近年奇闻”。据《申报》主笔之一雷瑨回忆，当时总主笔钱昕伯编纂新闻稿件的时候不得不“举笔点之，有类传奇小说者，一一淘汰之”，可见当时具有小说意味的新闻并不罕见。虽然有钱昕伯的把关，但是主张“务求其事真实无妄，使观者明白易晓，不为浮夸之辞，不述荒唐之语”[③]的《申报》，还是出现了标题为“佳狐记”、“送鬼遇鬼”、“狐仙质衣”、“婢女遇怪”之类，标榜新闻故事，实际却为奇闻异事的内容，这样的情况，就为俞家骏的辑录提供了有利的条件。不过作为《青楼梦》的作者，俞家骏在辑录这些故事性浓郁的新闻时，所挑选的都是与男女情感相关的内容，因此《新闻新裹新》又题“艳异新编”，其中的篇目有“枯杨生花”、“痴女钟情”、“海上奇缘”、“蓝田种玉”等；《奇闻新编》以《淫邪十二害山歌》冠首，其中的篇目有“虐婢欢场被窃”、“妻厌夫贫”、“老妇少夫”、“情种轻生”、“悍妇争夫”等。40余年之后，《申报》“上海掌故谭”栏目中一位署名为“沆瀣斋主”的作者发表了这样的评论，“两书完全是剪辑报纸新闻而成，大都为两性间事”，“两书之编成，一系在骗取编辑费，在牟利”，“实为精神纸张之浪费，且于读者有坏影响，然此风迄今并未完全肃清，遗迹犹存，殊未免令人惘然”[④]。由此看来，扫叶山房代售的这两种作品，与光绪年间刊行笔记小说时颇为严肃的选择

---

① 石印新增《智囊补》[N]. 申报，1895-07-06.
② 新出《新闻新裹新》[N]. 申报，1883-09-03.
③ 本馆告白[N]. 申报，1872-03-23.
④ 上海掌故谭·《新闻新裹新》[N]. 申报，1938-12-26.

倾向迥然而异，相反倒是同清末民初该书坊出版的几种世俗化笔记小说的性质类似。

在民国初年，扫叶山房同时出版了以《分甘余话》为代表的学者型笔记小说和以《满清官场百怪录》、《滑稽谈》为代表的世俗化笔记小说，其代售的笔记小说也呈现出类似这样分化的情况。一方面，代售了中华图书馆出版的创作态度较为严肃的一批作品，如叶梦得《避暑录话》、俞樾《俞曲园琐记》、袁枚《随园随笔》、俞清源《梦厂杂著》等。另一方面，同时又代售东方书局《世界皇室奇谈》、《世界新婚奇谈》以及《泰西选渠录》：《世界皇室奇谈》中"宫廷之奇习，皇族之秘事，以及鬼怪魔术，均系闻所未闻，为世界上秘密不泄之事迹"[①]；《世界新婚奇谈》"举凡关于离奇之情态，罕异之俗尚，特殊之礼节，罔不搜罗备"[②]；《泰西选渠录》"又名《西洋笑林广记》，原系日本和田万吉所辑，凡欧美有趣之事，戏谑之谈，悉皆择尤(优)登载，共有谐谈数百则"[③]，与扫叶山房出版的《滑稽谈》颇为相似。此外，还有晋益书局的《古今艳史》、《海外新奇丛话》与《曼倩新语》，这 3 种作品或者"体裁仿小说编次，若传记字字生香，言言霏玉，如披百美图"，或者"译世界奇闻五洲异事，辑为一编，其事实为吾人闻所未闻"，或者"以曼倩之妙笔，记世界之趣事，足令阅者解颐，闻者捧腹"[④]，皆为世俗化色彩强烈的作品。

这些代售的作品中较为特别的是东方书局的《世界皇室奇谈》，因为与其他书籍不同的是，该书的书末附赠了日本山田氏所著的《清宫宦官秘史》一卷，并且在宣传广告中特别说明："详述慈

① 世界皇室奇谈[N]. 申报，1914－08－22.
② 世界新婚奇谈[N]. 申报. 1914－11－01.
③ 东方书局所刊广告[N]. 申报，1915－03－03.
④ 晋益书局所刊广告[N]. 申报，1915－01－03.

禧御极时宦官之秘史，如安德海之被杀，李莲英之宠遇，均与我国人民传说者不同，且其事迹多为《清季宫闱秘史》及慈禧外纪所不载，亦世界皇室中一种之秘密谈也。”

之所以附赠《清宫宦官秘史》，还将其与《清季宫闱秘史》比较，与1913年10月商务印书馆出版的《东方杂志》开始连载德菱撰写的《清宫二年记》，并且反响热烈有很大关系。因为“（德菱）女士入宫侍慈禧太后二年，极为慈禧所宠爱，凡慈禧性情之乖僻，政见之卑陋，以及私蓄之美富，游戏之荒纵，言之历历如绘”，所以该作品很受读者欢迎，于是在拥有该书版权的《东方杂志》连载尚未结束之时，已经有出版社请人将全书翻译，把书名改为《清季宫闱秘史》，抢在商务印书馆之前，于1914年1月出版。据《申报》编辑称：“顷承惜余社赠《清季宫闱秘史》两册，阅为则民所译，文笔雅驯，事实离奇，足以深悟有清失政之原因，诚留心掌故者之参考书也，《东方杂志》有《清宫二年记》，与此同出一本，惟《东方杂志》以月刊分载，及今只见其半，此则为单行专本，购者可以立窥全豹也。”[①]而商务印书馆的《清宫二年记》也随后出版，不到一年就重印了三次[②]。此后，还有根据该书改编的话剧《西太后》上演，而德菱也因此成为社会名人，数次受邀参加开幕式、演讲以及慈善募捐活动等。作为一部翻译笔记小说，使用意译的题目“清季宫闱秘史”显然比商务印书馆直译为“清宫二年记”更吸引读者眼球，也更符合读者的猎奇心理，进而导致盗版比正版流传更为广泛，于是“宫闱秘史”系列的小说层出不穷，以至连《世界皇室奇谈》都要以书末附有“清宫宦官秘史”作为卖点之一。

此种情况在1914—1915年之后继续发展，不仅有《洪宪宫闱

① 介绍新书[N].申报，1914-01-01.
② 《清宫二年记》三版出书[N].申报，1915-12-10.

秘史》、《欧洲宫闱秘史》等这样的小说作品，还有电影《印度宫闱秘史》、新剧《法国宫闱秘史》等。因此，这一时期的扫叶山房虽然转向学者型笔记小说的出版，但是依旧代售了两部以“宫闱秘史”为题的作品，包括《明朝宫闱秘史》和《满清十三朝宫闱秘史》。前者“从洪武时代至三王偏安末为止，凡宫闱中之奇闻秘事，未经他书道及者，无不详载，他如建文朝之靖难、英宗之复辟、正德之南巡、天启朝之客魏乱宫，以及崇祯殉国时种种贞烈奇骇可泣可歌之事，更不胜枚举”，发行该书的中华图书馆称“前明宫闱之事最为珍秘名贵，当时因多忌讳不便轻易传世，迨满清入主后偶有故老秘记又不敢揭露，故二百数十年来迄无传本。兹者禁网已弛，本馆以重资觅得此稿，其内容皆从清初私家秘载中辑出”。后者是燕北老人“自辛亥光复之岁，身经丧乱，挂冠退隐以还，目击世事日非人心不古，因此灰心进取，惟日与诸戚友及素识之年老宫监数辈抵掌谈往事，以相消遣，偶有涉及清宫者，归必纪之，积五六载已不下百数十，则检旧笥又得我祖若父所记，天命以下六七朝之宫闱秘载”，“托友人赴申排印千部”，“除分赠戚友外尚余五百余部，即托上海中华图书馆代卖，以饷世之与余有同好，而爱阅清宫秘事者”，并且附送“早岁被掠居太平朝中七八载”的老友甯山民所著而未刊之《太平天国宫闱秘史》。类似《明朝宫闱秘史》这样，“二百数十年来迄无传本”，“内容皆从清初私家秘载中辑出”，而且详细记载了不少“可泣可歌之事”的作品，以及像《满清十三朝宫闱秘史》和所附赠的《太平天国宫闱秘史》这样著而未刊之作，非常符合扫叶山房对于那些“皆世无刊本，尤可宝贵”，“虽曾刊行，然当时只投赠亲友，并非卖品，故流传无多”①的选择标准，同时又契合了当时一种流行的出版潮流，自然成为 1919 年扫叶山房笔记小说的代售

① 清人说荟出版[N]. 申报，1913-12-12.

书目。

除了以“宫闱秘史”主题的笔记小说之外，与当时武侠小说流行的社会环境相对应，20 世纪 20 年代扫叶山房代售的笔记小说当然也包括武侠题材的作品，例如《历代剑侠大观》这种记载侠客轶事的作品即属于此类。这部作品的广告虽然称其“活现古往今来万千剑侠的真面目，充满着古往今来万千剑侠的真精神，汇无数名家著述古代逸闻而成”①，但是仅仅 15 万言，却“从上古以迄现代剑客侠士，无一不包罗”，有“子目数百节”，其中自然很难见到关于人物形象的塑造与故事情节的渲染，而且不少篇目都有生搬硬套、拼凑成书之嫌，像“夏代之剑侠”一栏中包括“嫦娥”、“桑村老翁”、“牧牛儿”、“绛衣女子”等子目，其余且不论，单视将嫦娥归入剑侠之列这一点，实在是滑稽之极，这种牵强附会的背后，显露出的是一种强烈的“赶武侠题材之时髦”的痕迹。

此外，扫叶山房代售的由姜泣群选辑的《近代小说汇海》更典型地反映了出版潮流变迁的轨迹。这部书在 1916 年就已出版，当时该书辑录了“一百五十名家名著三百篇”，内容包括“于文学史上最著名，于历史界上最著名，及最香艳动人、奇突绝俗等篇，或哀艳奇伟，或魁诡谲怪”，但是在 1921 年武侠题材逐渐繁荣之时再次出版的时候，“由原本十二卷重加删辑三分之二，并增辑四卷共计为一十六卷”，“宗旨所在可分为四缕，例如下，一曰崇尚公忠，二曰振兴武侠，三曰觉牖民心，四曰发挥情谛”，“是书共二百五十六编，其十之七为纳肝披胆之忠臣、轻利挥金之义士、黄衫白卫之豪侠、绝世骁勇之健将，或雪国耻、或御夷侮、或报公仇、或卫社稷，使国民读之浚其爱国之思想，扩其豪杰之心胸；十之三为明清宫闱之轶

① 历代剑侠大观[N]. 申报，1923－11－11.

事、名士美人之韵史,或哀艳奇伟、或魁诡谲怪”[①]。无论是编选宗旨还是所辑内容,都与 5 年之前完全不同,而当年所辑录的 300 篇“或哀艳奇伟、或魁诡谲怪”的作品,此时仅只占该书的 3/10 而已。扫叶山房并未在 1916 年代售初版的《近代小说汇海》,而选择在 1921 年代售改版之后的该书,恰恰从侧面证明了出版潮流对于代售行为所产生的潜移默化影响。

第三节　小说爱好者的办刊实践:代为发行的杂志[②]

本书第七章第一节对民国初年,尤其是 1914 年文学期刊的出版情况进行了统计,当年上海地区共计出版各种类型的文学期刊 31 种,其中有不少存在的时间都非常短暂。例如 1914 年 8 月创刊的《快活世界》、《好白相》分别于 10 月停刊;9 月创刊的《织云杂志》目前仅见两期;11 月创刊的《朔望》与 12 月创刊的《上海滩》,都是次月即停刊;12 月创刊的《十日新》,也仅出版了 4 期。而由杜文馨组稿编辑、扫叶山房代为发行的《小说杂志》(见图 8 - 1)就是其中的一种。这份与扫叶山房的《织云杂志》几乎同时出现的刊物,仅仅发行了一期,可以说它是扫叶山房帮助小说爱好者实现梦想的一种方式,也反映着文学期刊创办大潮中个人的全情融入,成为时代的典型缩影。

---

① 近代小说汇海[N]. 申报,1921 - 12 - 10.

② 《申报》上所刊载的《小说杂志》广告有两则,其中一则题为“《小说杂志》出版预告”,将扫叶山房称为“代理总发行所”,而另一则题为“第一期《小说杂志》定价三角”,将扫叶山房称为“总发行所”。因《小说杂志》由杜文馨组织稿源并且编辑,与时任扫叶山房编辑的雷瑨编辑出版的《文艺杂志》和扫叶山房主人席悟奕组织人编辑出版的《织云杂志》不同,故本书将其视为扫叶山房代为发行的杂志。

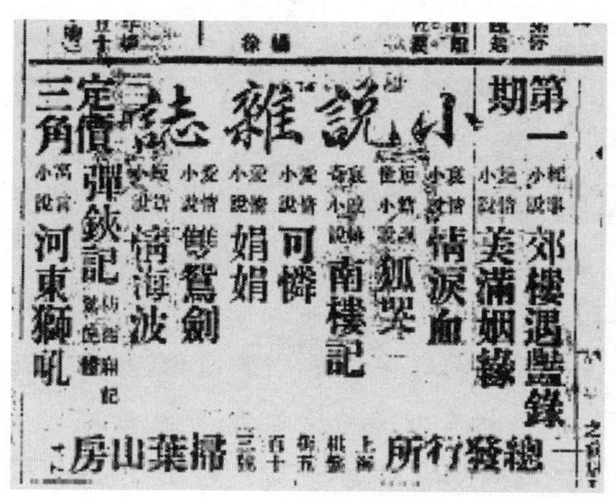

图 8-1　《小说杂志》目录广告及编辑者杜文馨小影

《小说杂志》的编辑者兼发行人杜文馨，字扬武，号競适轩主，是一位文学爱好者。1913 年 9 月 2 日与 8 日的《申报》上刊登过他与《自由谈》栏目编辑陈蝶仙的诗作唱和，陈氏的诗题为“杜文馨君自松江来函，误寄杭县转达此间，两被邮误致忘居址，无从裁答诗以代柬”，杜氏的诗题为“蝶仙君忘却不才住址，无从裁答作诗代柬（因步原韵以覆）”，这些编辑与作者之间一来一往的交流联系，被《自由谈》栏目冠以“文字因缘”的美名，而且该栏目还在当年 12 月 7 日刊登了杜文馨的照片以及介绍文字，称“杜扬武名文馨，江苏华亭人，住松江西外秀南桥东”[①]。可以说，此次经历对于之后杜文馨的文学创作活动产生了不小的影响，翌年，陈蝶仙编辑的《游戏杂志》第七期就刊载了他的作品——用张船山梅花诗韵所作的《无题》8 首，该期杂志的“投稿者小影”中还出现了杜文馨的照片。

① 此介绍文字当源于杜文馨应和陈蝶仙的诗句，其诗曰：“未识荆州愿不除，临风握管慕相如。知音惠寄西关外，秀野桥东是我居。心契全凭一纸传，还云片片杳无缘。始知两被邮筒误，几若洪乔没英川。”

此外,杜文馨又给《滑稽杂志》、《七天》以及《笑林杂志》投稿,发表过《乞丐装题辞》、《医厚皮》、《臭桂》等滑稽文字与游戏文章,这与他自称"鄙人酷喜诙谐文字"[①]颇为符合。

杜文馨不仅是一位文学爱好者,更是一位小说爱好者。他在《小说杂志》序言中这样写道:

> 余自束发受书恒为经史问题所束缚,苦不自由,独于小说一门,虽似捕风捉影之谈,颇有心旷神怡之乐,故无论政治上之小说,世俗上之小说,人情上之小说,眼帘所触,靡不悉心研究,体味入神,每获一卷,如同珍宝,手不忍释,寝食俱忘,此性之所在,余亦不自知有若是之酷爱也。

或许上述文字有言过其实的夸张成分,但是杜文馨自掏腰包请扫叶山房代为出版发行杂志的做法,却是他热爱小说这种文学体裁最确凿无疑的表现。为了筹备这本杂志,他提前一年刊登征求广告,在应征稿件不多,无法汇编成册的情况下,始终没有放弃,继续多方收集小说作品,最后实现了心中的夙愿。以下这段文字记录了他编辑出版杂志的曲折经历:

> 爰于去岁借《时事新报》俱乐部内载登,征求各种小说,私心窃冀海内大文豪小说家不吝珠玉,惠我佳章,俾得广集宏篇,刊传人世,稍慰我平日向往之苦衷,偿我完全之志愿,不谓征求者有心应课,无意限期已满,得卷无多,心不甚惬,欲罢不能,于是复又一再征求,并致函于同志中善于小说者,旋蒙不弃,源源而来,始能汇定成册,因题其名曰"小说杂志"。

① 《小说杂志》出版预告[N]. 申报,1914-08-28.

正因为如此，他才会兴奋地在《小说杂志》的扉页题词："他人不识我文馨，报上徒闻贱姓名；记得当年同志影，孰肥孰瘦问知音。不是诗家并画家，笔尖从未梦生花；征求小说今如愿，杂志编成敢自夸。"在杜文馨的题词与序文之后，还刊有署名"破浪"的作者为杂志题写的一篇序，据"破浪"云："杜君扬武，翩翩少年佳士也，壬子春始识君于里次，见其幽康惇竺，勰然克皇，余深契之。今夏君集同志诸作，有《小说杂志》之刊，间征序于余。"这位"破浪"先生是《织云杂志》的撰稿者之一，应与席悟奕相识，很有可能为杜文馨的《小说杂志》在扫叶山房出版牵线搭桥。而《织云杂志》是席悟奕"以今杂志风行，爰拟延请云间文人学士"所创办的，这位"住松江西外秀南桥东"的江苏华亭人杜文馨，也很有可能通过"破浪"进而认识《织云杂志》的其他作者。

作为小说爱好者编辑的刊物，这份由扫叶山房代为发行的《小说杂志》与《织云杂志》相比，显然更加注重小说作品的刊登。作为与扫叶山房出版的《织云杂志》几乎同时出现的刊物，《小说杂志》在内容刊载的倾向上，与前者有一些相似之处，即重视作品的言情性。现存两期《织云杂志》共计刊载小说 23 种，标识含有"情"字的就有 11 种，包括"苦情"、"言情"、"哀情"、"烈情"、"痴情"(见表 8－1)，几乎占所刊小说的一半，与之相比，《小说杂志》实在是有过之而无不及。

表 8－1　现存《小说杂志》所刊作品统计表

类　型	作　者	作　品	类　型	作　者	作　品
纪事小说	半仙魏羽	郊楼遇艳录	爱情小说	公天	娟娟
绝情小说	仙半魏起予	美满姻缘	爱情小说	未署名	双鸳剑
哀情小说	次言魏咨	情泪血	短篇小说	天钟	情海波

续 表

类 型	作 者	作 品	类 型	作 者	作 品
短篇讽世小说	梦塵金门投稿	狐哭	未标类型	次言魏咨	弹铗记(仿《西厢记》惊艳体)
哀戚传奇小说	起予魏羽	南楼记	寓言小说	杜文馨	河东狮吼
哀情小说	公天	可怜			

从以上统计表格不难发现，整本《小说杂志》作品的主题大部分都与情感有关，所刊作品11种，小说9种，而标识中带有“情”字的小说就有5种，其中“爱情小说”与“哀情小说”各两种，“绝情小说”1种，实际上，纪事小说《郊楼遇艳录》、短篇小说《情海波》与寓言小说《河东狮吼》内容也与男女感情有关，甚至连哀戚传奇小说《南楼记》同样也围绕着“情”的主题。

《郊楼遇艳录》以第一人称“余”叙述自己与故人燕妙侬偶遇，听其诉说不幸的婚姻；《美满姻缘》以想象的笔触描绘了鄞县娄慕陶与菊仙幻化而成的女子舜英、琼英、玉蕊之间的故事；《情泪血》翻译自日本小说，以悼文的形式，以回忆的方式描述小樱村对于战死沙场的丈夫鲍斯尔一郎的深情；《可怜》描述少妇因从军数年的丈夫生死未卜而心力交瘁的悲哀；《娟娟》讲述的是娟娟与王鲁之的自由结婚；《情海波》以信件的方式记录了谈生对妻子小芳的真挚情感，以及小芳因嫂氏虐待而亡的经历；《河东狮吼》写胡贤与美女素娟的母亲对饮，醉后朦胧中见素绢母亲化为睡狮在其身边，清醒之后遂对素绢“深情蜜语，百般奉承”，具有一定滑稽的色彩。

虽然杜文馨在《〈小说杂志〉出版预告》中曰：“鄙人酷喜诙谐文字，故组织一《小说杂志》。”但是从上述作品内容来看，除了杜文馨创作的《河东狮吼》之外，其中实在难以寻觅"诙谐"的因素，这与《织云杂志》言情性之外同时具有娱乐性有所区别。应该说，单纯刊登言情性的作品，并非杜文馨的本意，造成这一情况实际出现的原因是因为稿源的问题。他曾经在《时事新报》上征求作品，但是"无意限期已满，得卷无多，心不甚惬"，继而"欲罢不能，于是复又一再征求"，最终的情况是"致函于同志中善于小说者，旋蒙不弃，源源而来，始能汇定成册"。从《小说杂志》所刊作品的作者署名来看，只有《狐哭》一种署"梦麈金门投稿"，其余署名"公天"、"天钟"，以及使用了"半仙魏羽"、"仙半魏起予"、"次言魏咨"、"起予魏羽"等不同笔名的魏姓作者的作品，应该都是杜文馨"致函于同志中善于小说者"所得。与此相比，《织云杂志》的作者群体则丰富得多，仅从第一期刊登的"本杂志撰述者"照片来看，就有"孤松"、"野鹤"、"怡然"、"云客"、"破浪"等 13 位。可以说，作为杜文馨以一己之力组稿编辑，由扫叶山房代为刊发的杂志，《小说杂志》在内容的丰富性和作者的数量上，远远逊色于扫叶山房自身所出版的《织云杂志》。

虽然《小说杂志》的内容较为单调，作者也比较单一，但是杜文馨还是相当敝帚自珍，他在杂志的题词中所写的"征求小说今如愿，杂志编成敢自夸"，就是这种心境的体现。此外，出于对该刊物的重视，《小说杂志》出版之前，杜文馨特意在《申报》连续 3 天刊发 100 余字的广告，进行推广宣传，称"鄙人酷喜诙谐文字，故组织一《小说杂志》，征求海内大文豪小说家触景生情之作，以贡献于社会，唤醒乎人民。兹已取精舍粕，编辑告成。月出一册装潢精致，纸质洁良，准于阳历九月初出版，定价每册大洋四角。代理总发行所：上海苏州松江扫叶山房。发行兼编辑人杜文馨谨启"①。在《小说杂志》出版之后，他又将近百字的杂志目录先后 5 次在《申报》后幅上以短行广

① 《小说杂志》出版预告[N]. 申报，1914-08-28.

告形式刊登。令人惊讶的是,那则《〈小说杂志〉出版预告》杜氏居然选择刊登在收费最为昂贵的《申报》头版(见图8-2)。按照1914年《申报》的广告刊登收费标准,“刊发封面二行起码,第一日每行一元二角,第二日起每行七角五分”,因此,仅仅这则“出版预告”广告,杜文馨就花费了五元多。这种为杂志在申报封面刊登宣传广告的做法,一般都是财大气粗的出版机构所为,例如商务印书就曾经在1910年11月9日的《申报》头版刊登了《新出〈小说月报〉广告》(见图8-3),而扫叶山房的《文艺杂志》与《织云杂志》的宣传广告都选择了价格最为低廉[①]的后幅短行的刊登方式,对比之下,杜文馨对《小说杂志》毫不吝惜宣传花费的做法,更显示出他对于所编刊物的珍爱。

申報
SHUN PAO
欲買印璽及印破報紙者注意
許方氏啟事
鐵路管理局緊要廣告
招商輪船進塢修理停駛一班廣告
小說雜誌出版預告
上海掃葉山房

图8-2 《小说杂志》出版预告

申報
大清宣統二年庚戌十月初八日共二張
萬泰洋行廣告
萬源祥綢緞皮貨莊
涵芬樓古今文鈔
新出小說月報廣告
商務印書館謹啟
明華公司廣告

图8-3 新出《小说月报》广告

① 《本馆告白刊例》:“封面二行起码,第一日每行1元2角,第二日起每行七角五分;中缝价例同。后幅长行三行起码,第一日每行四角,第二至第七日每行二角四分,第八日起每行二角;短行五十字起码,多则以十字递加,第一日每字五厘,第二日至第七日每字三厘,第八日后每字二厘半。”《申报》,1914-01-01.

从组织稿源到编辑杂志，从撰写题词与序文到创作小说作品，从委托扫叶山房代为发行到选择费用最高的广告形式在《申报》上刊登，杜文馨可谓用心良苦。破浪在为《小说杂志》作序时，记录了他与杜文馨的一次对话，其间破浪质疑杜文馨的举动，曰："方今世界多故，弱肉强吞，岌岌不可终日，而君乃于黄金岁月，窗明几净下，调墨舒翰，以耽耽小说间，徒事无益之举，毋乃不识时而不爱世乎?"杜文馨则慷慨激昂地答曰："小说并列庄谐醒世，以寓言翼经而宣道，正风泣雨愁之日，把转波挽澜之柁，词涉绮华，酝酿才人心血，旨多冷隽，会萃百于肝肠，阅之者益气尚志，事之者易俗移风，谁谓小说之刊无益之举乎?"杜氏内心这种深深的小说情结，源于1902年小说界革命以来知识分子对小说认识的传承，而他以个人之力，创办杂志发行的举动，则是当时杂志风行的时代潮流的一种映射，扫叶山房为其代为发行《小说杂志》促成了杜氏办刊实践，使其内心的小说情结物化为期刊，与时代潮流结合在一起。

结 语

创立于乾隆五十一年(1786)左右的扫叶山房,是一家有着浓厚知识分子传统的出版机构,其创始人席世臣担任《四库全书》文渊阁三分书总校的人生经历,使成立之初的书坊就确立了"刊刻秘籍,以惠学林"的宗旨。其后百余年间,这一宗旨体现在扫叶山房所出版的各种书籍之中,同样也体现在笔记作品的出版方面。从选择《容斋随笔》作为刊刻的第一部笔记小说,到光绪年间于上海重开之后推出《蝶阶外史》、《履园丛话》,继而出版《兰苕馆里乘》、《曼陀罗华阁琐记》等一系列学者型笔记小说,都是对书坊开办宗旨的体现。在通俗小说作品出版蔚然成风的清末民初,扫叶山房曾经编撰出版过描写官场、女界,揭露行骗手段,讽刺吹牛拍马的世俗化笔记小说,加入了此种笔记小说刊行潮流之中,试图在某些方面实现突破。不过,由于书坊的历史渊源,受到首任书坊主人审美选择取向以及文化传承的影响,扫叶山房的笔记小说出版最终还是由盈利性的世俗化笔记小说回归到学者型笔记小说的出版传统当中,而这种回归,这种对于传统的执著,这种对于文化的操守,这种对于书籍品质的追求,既是与书坊开办宗旨的一种遥相呼应,同时也使笔记小说出版成为民国年间扫叶山房的一个品牌。

笔记小说之外,扫叶山房也出版了不少通俗小说,在此种说部书籍刊行方面,尤其能体现传统书坊的特征。其一,首刊通俗小说之初，对于作品题材的精心选择，折射出光绪初年通俗小说出版业特殊的时代背景，而这一选择既显示出传统书坊谨慎与保守的一面，又标志着此类大众喜闻乐见的作品正在逐渐进入该书坊的出版视野。其二，在高度重视传统题材作品的出版，特别选择出版其他书局业已印行的作品，强调作品的民间性与传统性的同时，最终还是尝试出版了时人创作的与现实社会相关的作品。其三，一直坚持木刻雕版刊行通俗小说，在铅石印技术普遍应用于通俗小说翻印的年代中，才被出版潮流推动着步履蹒跚地加入此种行列之中，却在通俗小说翻印处于兴盛的余势之时，从以手写石印法刊行通俗小说，发展为以照相石印法出版精美的石印精本。以上种种充分反映出这家积淀深厚的书坊，带着自身所固有的一些传统性融入近代小说发展的"文学场域"中，进而又不断受到"场域"因素的深刻影响，试图进行某些革新的努力以及革新维艰的困境。

民国年间，面对竞争激烈的图书销售市场，为了吸引读者购买，增加销售数量，扫叶山房在营销模式上进行了自我突破，改变此前传统单一的书目广告推广模式，开始变革书籍宣传促销方式。最典型的莫过于其借鉴了商务印书馆的营销方式，开始围绕文言文与白话文之争等社会潮流，有针对性地创作长篇幅宣传广告；同时又采用发售购书预约券的办法，以提前付款享受 5 折优惠的办法，销售说部书籍，其中《唐人说荟》不同时期的发行方式典型地反映了扫叶山房营销模式的变迁。此外，商务印书馆的季节性打折与购书抽奖等促销方式，也先后为扫叶山房所吸纳并且进一步发展，例如为了扩大影响，扫叶山房甚至请《申报》记者以新闻稿的形式宣传书坊的打折与抽奖活动，在"本埠新闻"栏目中刊登，还将华丝纱长衫料、赤金戒指、永安礼券等作为奖品。营销策略的变革扩大了民国时期扫叶山房版《太平广记》、《五朝小说大观》等小说丛书以及《三国演义》等一系列传统长篇通俗小说的销售，成为扫叶山房说部书籍销售的助力之一。一方面反对新兴出版机构使用新式标点刊行经典的长篇通俗小说,一方面又效仿这些机构的营销模式推广说部作品,扫叶山房这种传统与现代交融于此一览无余。

《文艺杂志》是扫叶山房这家百余年历史的传统书坊,在民国初年文学期刊兴盛的背景下,试图改变书籍宣传策略,以文学期刊为载体宣传所出版的书籍,融入近代出版潮流的一次转型与尝试。不过,杂志并没有面向民国初年日益壮大的市民阶层,而是依旧以传统文人为拟想读者群体。该杂志通过刊登诗词作品、以古籍与书坊为主题的笔记、未曾刊行的珍贵文稿(如《荷香馆琐言》、《潭东杂志》、《蓝水书塾笔记》)以及举办与诗词文字相关的有奖活动,为鬻文鬻画的文人宣传等方式,力图吸引传统文人的关注,在各方面都体现着"以商榷文艺,网罗典籍,保存国粹为宗旨"的办刊理念,这是扫叶山房古籍出版在文学期刊发行上的投射。而所刊编辑雷瑨的小说作品,虽然抨击时弊,但是创作方式上依然充满传统色彩,例如小说人物较少出现具体名字,常常以某某或者某氏代替;保留说书体痕迹,或以套话开头,或在末尾以议论点明主题;时常出现一些空洞的描述语句等。甚至连杂志的印刷与装帧也从第十三期开始,采用石印线装的方式,力图与古色古香的石印书籍更为接近。

《织云杂志》与《文艺杂志》不同,它"短什长篇嬉笑怒骂兼而有之",办刊宗旨意在"以至理至情寓于诙谐文字,唤醒痴聋",是扫叶山房在新的历史条件下,书籍出版新方向的尝试在杂志创办上的一种投射——《织云杂志》发行的这一年,也是该书坊以市民大众为读者对象的通俗型笔记小说集中出版的时期。从扫叶山房主人席悟奕亲自担任杂志发行者、亲自为杂志写序、亲自创作文稿等做法可以看出他对这份杂志的重视和所寄予的期望。在刊载内容上,《织云杂志》也比《文艺杂志》更契合当时文学期刊的出版潮流,其所刊载的不同作品，体现出娱乐性与言情性并重的风格，这也是民国初年文学期刊的主要特色。如果说《文艺杂志》中所刊的小说作品几乎都由编辑雷瑨一人包办，那么《织云杂志》的小说作者则主要来自松江地区，这些作者大部分都偏好使用散文化文言句子夹杂在白话文体中，渲染小说氛围，让情感更加动人，隐约透露出一些明末性灵派小品的韵味，显示出松江文人作者群在小说创作上对于传统文学的一种追寻与呼应。不过，这份被席悟奕所看重的《织云杂志》，最终由于所刊内容不能适应读者需求，缺乏有号召力的知名作者以及书坊出版方向回归传统等原因，与同时期出现的很多文学期刊一样昙花一现。

扫叶山房不仅是一家出版机构，同时也是一家书店，在上海、苏州、松江、武汉等地设有分店，销售本书坊刊行的图书，同时也代售个人藏书、其他书局出版的书籍以及杂志等，其中就包括多种说部作品。扫叶山房代售过文渊山房、北京琉璃厂自强书局、北京惟德图书局、新剧小说社、晋益书局、百新公司、东方书局、中华图书馆、尚且友山房、大通书局等 20 多家出版机构的说部作品 90 余种，这些书籍仅有少数几种与扫叶山房所刊行的重复，其余的作品，或者以不同的题材，或者以新颖的内容，或者以新剧改编小说作品的特殊方式，使扫叶山房出售的说部书籍种类大为丰富。长篇通俗小说从代售颇具教化色彩的传统题材小说，逐渐转变为追随潮流，销售新剧改编小说以及黑幕、武侠类书籍。在笔记小说代售方面，该书坊较为注重选择贴近世俗的作品，无论是那些通过剪辑报纸上的奇闻异事编成的作品，还是宫闱秘史，抑或是与剑侠相关的书籍，均是如此，这在某种程度上也反映着其借代售的契机，融入时代潮流的努力。此外，扫叶山房还为小说爱好者杜文馨代为发行过一份名为“小说杂志”的刊物，这本杂志的创办以及编辑者杜文馨的重视，是 1902 年小说界革命后知识分子所形成的小说功用观念的一种传承，扫叶山房的参与，使这种传承转化为了杜文馨的办刊实践，而《小说杂志》与该书坊自身所出版的《文艺杂志》和《织云杂志》一起，融入了 1914 年文学刊物出版繁盛的潮流之中。

实际上，作为一家历史悠久的书坊，扫叶山房在笔记小说与通俗小说的出版上，有着自身的传统与特色，进入近现代之后，该书坊力图继续将之保持下去，在小说出版与文学期刊出版方面，与商务印书馆等新兴的书局相区别，以形成独特的竞争优势。这一做法在笔记小说的出版方面获得了成功，民国年间扫叶山房的笔记小说出版的确深入人心，并且在出版界也得到了良好的口碑，但是在通俗小说与文学期刊出版方面，却远远落后于新式出版机构。扫叶山房的通俗小说出版，在题材选择、出版方式等方面，一直被动地适应时代潮流，并且始终显得陈旧落后，变革的步履十分艰难。而该书坊文学期刊的出版中，《文艺杂志》的出现对于宣传书坊所出版的传统书籍而言，具有突破性的意义，《织云杂志》的出现则是书坊从文学意义上开始重视市民大众读者的表现，但是这两种期刊的出版，依旧未能突破旧时书坊自产自销的落后模式，没有进行商业化的运作。因此，期刊始终无法突破书坊编辑与书坊主人所关注的传统文人这个小圈子，即使是以“唤醒痴聋”为目的，以市民大众为读者对象的《织云杂志》，都无法放下传统文人固有的审美追求。探讨扫叶书坊在小说出版与刊载小说的杂志出版上的得与失、成与败，于今天而言，依旧具有丰富的启迪意义。本书只是一部抛砖引玉之作，希望借此引发学界对于这家传统出版机构更多的重视与关注。

附录一
扫叶山房说部作品知见录

说　明

1. 本知见录包括长篇通俗小说与笔记小说，按照书籍出版时间顺序排列。

2. 若图书馆馆藏书籍出版时间早于扫叶山房广告刊登时间，则只著录前者时间；若晚于，则两者同时著录；若仅见诸报刊广告，则著录最早出现时间。其中 1912 年之前刊行，民国年间再版而又暂未见诸馆藏者，既著录所见最早刊行时间，同时又著录民国年间其他版本的时间，例如《容斋五笔》等即属此例。

3. 参考上海图书馆馆藏目录、国家图书馆馆藏目录、上海档案馆藏《光绪三十年上海书业公所书底挂号簿》、《申报》和《文艺杂志》所刊扫叶山房广告、王清原等《小说书坊录》以及杨丽莹《扫叶山房史研究》附录三《扫叶山房石印古籍知见录》整理。

4. 王清原等《小说书坊录》所著录的扫叶山房出版小说书目中，不同版本的《东周列国志》和《三国志演义》分别著录为 4 种和 2 种，本书均著录为 1 种；此外，各种《彭公案》及其续书著录为 4 种，本知见录根据《光绪三十年上海书业公所书底挂号簿》著录为《全彭公案》1种。

5. 因本书主要以扫叶山房的长篇通俗小说与笔记小说为研究对象，故骈文小说与戏曲作品未列入。该书坊所刊行的骈文小说有《燕山外史》1种，戏曲作品有《西厢记》、《桃花扇》、《燕子笺》、《长生殿》、《缀白裘》、《牡丹亭》、《还魂记》、《酬红记》、《沧桑艳》、《桃溪雪》、《琵琶记》、《南柯记》等12种。

一、刊行作品

洪迈:《容斋五笔》,乾隆五十九年刻,河北省档案馆馆藏书目;民国三年石印,1914 年 7 月《文艺杂志》第一期《扫叶山房新印书目》广告。

石玉昆:《忠烈侠义传》,光绪五年,上海图书馆馆藏目录。

蔡元放:《东周列国志》,光绪六年,吉林市图书馆馆藏目录;民国十一年,天津图书馆馆藏目录;民国十七年,黑龙江省图书馆馆藏目录。

惜阴堂主人:《二度梅》,光绪六年,天津师大图书馆馆藏目录。

高继珩:《蝶阶外史》,光绪六年,1880 年 5 月 19 日《申报》所刊《已卯科直省乡墨发兑》广告。

谢堃:《雨窗寄所记》,光绪九年,1880 年 10 月 16 日《申报》所刊《新书发兑》广告。

钱泳:《履园丛话》,光绪七年,1881 年 2 月 4 日《申报》所刊《新出书籍发兑》广告。

吴敬梓:《儒林外史》,光绪七年,1881 年 2 月 4 日《申报》所刊《新出书籍发兑》广告;民国十一年,1922 年 6 月 23 日《申报》所刊《扫叶山房最近新出版书特价一月》广告。

俞樾:《右台仙馆笔记》,光绪七年,1881 年 4 月 18 日《申报》所刊《新出书籍发兑》广告。

蒲松龄:《聊斋志异》,光绪九年,1883 年 2 月 13 日《申报》所刊《精刻朱批增注〈聊斋志异〉》广告;民国十一年,1922 年 7 月 29 日《申报》所刊《上海扫叶山房出品,价值可称第一》广告;民国十四年,上海图书馆馆藏目录。

竹溪山人:《粉妆楼全传》,光绪九年,天津师大图书馆馆藏目录。

许仲琳:《封神演义》,光绪九年,辽宁省图书馆馆藏目录;民国十八年,1929 年 12 月 22 日《申报》所刊《上海北市棋盘街中扫叶山房再版新出廉价一月》广告。

李汝珍:《镜花缘》,光绪九年,大塚秀高《增补中国通俗小说目录》。

许奉恩:《兰苕馆里乘》(《扫叶山房丛钞》收入):光绪九年,丁锡根《中国历代小说序跋集》。

刘向:《列仙全书》,光绪十三年,天津图书馆馆藏目录。

陈康祺:《郎潜纪闻》,光绪十三年,1887 年 4 月 26 日《申报》所刊《新书籍发兑》广告;光绪二十九年/宣统二年,上海图书馆馆藏目录。

松云氏:《英云梦传》,光绪十四年,天津图书馆馆藏目录。

罗贯中:《三国志演义》,光绪十四年,北京师范大学图书馆馆藏目录;民国三年,上海图书馆藏目录,民国十二年,辽宁大学图书馆馆藏目录。

杜文澜:《曼陀罗华阁琐记》(《曼陀罗华阁丛书》收入),光绪十八年,国家图书馆馆藏目录。

汪道鼎:《坐花志果》,光绪十九年,1893 年 1 月 1 日《申报》所刊《新出石印绘图〈坐花志果〉并各种木板书籍》广告。

李庆辰:《醉茶志怪》,光绪十九年,1893 年 8 月 14 日《申报》所刊《上海扫叶山房发兑各种书籍》广告。

褚人获:《隋唐演义》,光绪二十一年,1895 年 12 月 1 日《申报》所刊《开印〈隋唐演义〉》广告。

黄钧宰:《金壶七墨》,光绪二十二年,1896 年 3 月 8 日《申报》所刊扫叶山房广告;民国十年,1921 年 3 月 1 日《申报》所刊《扫叶发售精本书籍》广告。

无名氏:《小五义》,光绪二十五年,吉林省图书馆馆藏目录。

俞樾:《七侠五义》,光绪二十五年,吉林大学图书馆馆藏目录。

无名氏：《续小五义》，光绪二十五年，上海图书馆馆藏目录；辽宁大学图书馆馆藏目录。

昭梿：《啸亭杂录》，光绪二十七年，上海图书馆馆藏目录。

陈康祺：《燕下乡脞录》，光绪二十七年，上海图书馆馆藏目录。

姚元之：《竹叶亭杂记》，光绪二十七年，上海图书馆馆藏目录。

周寿昌：《思益堂日札》，光绪二十七年，上海图书馆馆藏目录。

啸侬：《时髦现形记》，光绪三十四年，上海图书馆馆藏目录。

贪梦道人：全《彭公案》，光绪年间，光绪三十年《上海书业公所书底挂号簿》。

钱彩、金丰：《说岳全传》，光绪年间，光绪三十年《上海书业公所书底挂号簿》。

无名氏：《灯月醉世传》，光绪年间，光绪三十年《上海书业公所书底挂号簿》。

甄伟清、清远道人：《东西汉演义》，光绪年间，光绪三十年《上海书业公所书底挂号簿》。

无名氏：《小施公案》，光绪年间，光绪三十年《上海书业公所书底挂号簿》。

无名氏：《大八义》，光绪年间，光绪三十年《上海书业公所书底挂号簿》。

无名氏：《说唐演义全传》，光绪年间，光绪三十年《上海书业公所书底挂号簿》。

郭小亭：《济公全传》，光绪年间，光绪三十年《上海书业公所书底挂号簿》。

张华:《博物志》,光绪年间,光绪三十年《上海书业公所书底挂号簿》。

萧晶玉:《第一奇女》(又名《十粒金丹》、《宋史奇书》),光绪年间,光绪三十年《上海书业公所书底挂号簿》;《绣像宋史奇书》,民国元年,辽宁省图书馆馆藏目录。

抱瓮老人:《今古奇观》正续,光绪年间,光绪三十年《上海书业公所书底挂号簿》。

文康:《儿女英雄传》,光绪年间,复旦大学图书馆馆藏目录。

雷瑨:《骗术奇谈》,宣统元年,上海图书馆馆藏目录。

梁绍壬:《两般秋雨庵随笔》,宣统元年/民国三年/民国九年,上海图书馆馆藏目录。

葛洪:《神仙传》,宣统元年,1909 年 8 月 28 日《申报》所刊《扫叶山房广告》。

梅鼎祚:《青泥莲花记》,宣统二年,吉林省图书馆馆藏目录。

陈其元:《庸闲斋笔记》,宣统三年,上海图书馆馆藏目录;民国十年,1921 年 3 月 1 日《申报》所刊《上海棋盘街扫叶山房发售精本书籍》。

王士禛:《香祖笔记》,宣统二年/宣统三年,上海图书馆馆藏目录。

陆游:《老学庵笔记》,宣统二年/宣统三年,上海图书馆馆藏目录;民国十年,1927 年 6 月 27 日《申报》所刊《扫叶山房新出版书籍百种廉价四十天》。

查慎行:《人海记》,宣统二年/民国四年,上海图书馆馆藏目录。

梁章矩:《归田琐记》,宣统三年/民国七年,上海图书馆馆藏目录。

梁章矩:《浪迹丛谈》,宣统三年/民国七年,上海图书馆馆藏目录。

梁章矩:《浪迹续谈》,宣统三年/民国七年,上海图书馆馆藏目录。

王士禛:《燃灯记闻》,宣统三年,上海图书馆馆藏目录。

陈世熙:《唐人说荟》,宣统三年,1911 年 5 月 16 日《申报》所刊《新出石印精本〈唐人说荟〉一百六十四种》广告;民国十一年,1922 年 7 月 29 日《申报》所刊《上海扫叶山房出品,价值可称第一》广告。

樵云山人:《斩鬼传》,清末,大冢秀高《增补通俗小说目录》。

无名氏:《走马春秋》,清末,中国艺术研究院戏曲研究所藏书目录。

素庵主人:《锦香亭》,清末,国家图书馆馆藏书目。

俞鸿渐:《印雪轩随笔》,民国元年,上海图书馆馆藏目录。

薛福成:《庸庵笔记》,民国二年,上海图书馆馆藏目录。

雷瑨:《满清官场百怪录》,民国二年/民国三年/民国十九年/民国二十四年石印,上海图书馆馆藏目录。

名教中人:《侠义风月传》,民国二年,首都图书馆馆藏目录;《好逑传》,民国十四年,上海图书馆馆藏目录。

吴趼人:《札记小说》,民国二年,1913 年 6 月 11 日《申报》所刊《我佛山人遗著出版》广告;民国十一年石印,复旦大学图书馆馆藏目录。

吴趼人:《滑稽谈》,民国二年,1913 年 6 月 11 日《申报》所刊《我佛山人遗著出版》广告。

雷瑨:《清人说荟》初集,民国二年,1913 年 12 月 12 日《申报》所刊《〈清人说荟〉出版》广告。

雷琳:《渔矶漫钞》,民国二年,上海图书馆馆藏目录。

无名氏:《宣和遗事》,民国三年,上海图书馆馆藏目录。

雷瑨:《上海之骗术世界》,民国三年,上海图书馆馆藏目录。

元好问:《续夷坚志》,民国三年,上海图书馆馆藏目录。

雷瑨:《最新滑稽杂志》,民国三年,上海图书馆馆藏目录。

王士禛:《谈异》,民国三年,上海图书馆馆藏目录。

阮葵生:《茶余客话》,民国三年,1914 年 7 月《文艺杂志》第一期《扫叶山房新印书目》广告。

陆采:《虞初志》,民国三年,1914 年 7 月《文艺杂志》第一期《扫叶山房新印书目》广告。

雷瑨:《民国艳史》,民国三年,1914 年 6 月 4 日《申报》所刊《〈民国艳史〉出版》广告。

雷瑨:《文苑滑稽谭》,民国三年,1914 年 6 月 17 日《申报》所刊《〈文苑滑稽谈〉出版》广告。

无名氏:《晏子春秋》,民国三年,1914 年 7 月《文艺杂志》第一期《扫叶山房新印书目》广告。

王士禛:《分甘余话》,民国三年,1914 年 7 月《文艺杂志》第一期《扫叶山房新印书目》广告。

王士禛:《说部撷华》,民国三年,1914 年 7 月《文艺杂志》第一期《扫叶山房新印书目》广告。

朱翊清:《埋忧集》,民国三年,1914 年 9 月《文艺杂志》第三期《札记小说〈埋忧集〉》广告。

小吹:《吹牛拍马讲义》,民国三年,1914 年 8 月 16 日《申报》所刊《〈吹牛拍马讲义〉出现》广告。

风生:《天风阁荟谭》,民国三年,1914 年 9 月 3 日《申报》所刊所刊《欢迎名著〈天风阁荟谭〉》广告。

雷瑨:《民国艳史乙编》,民国三年,1914 年 9 月 10 日《申报》所刊《〈民国艳史乙编〉定价四角》广告。

陈世箴:《敏求轩述记》,民国四年,上海图书馆馆藏目录。

陆以湉:《冷庐杂识》,民国四年,上海图书馆馆藏目录。

松泉、彦臣:《谈史志奇》,民国四年,1915 年 3 月 3 日《申报》所刊《精印书籍》广告。

周密:《齐东野语》,民国四年,1915 年 3 月 3 日《申报》所刊《精印书籍》广告。

黄承增:《广虞初新志》,民国四年,1915 年 3 月 3 日《申报》所刊《精印书籍》广告;民国二十年,上海图书馆馆藏目录。

王士禛:《说部精华》,民国四年,1915 年 7 月 1 日《申报》所刊《扫叶山房广告新印精本书籍》广告。

倪鸿:《桐阴清话》,民国四年,1915 年 7 月 1 日《申报》所刊《扫叶山房广告新印精本书籍》广告;民国十三年,上海图书馆馆藏目录。

叶廷琯:《鸥陂渔话・吹网录》合刻,民国四年,1915 年 7 月 15 日《申报》所刊《精印书籍出版》广告。

金武祥:《粟香随笔》,民国五年,1916 年 2 月 18 日《申报》刊载《粟香随笔》广告。

惠洪:《冷斋夜话》,民国六年,1917 年 4 月 17 日《申报》所刊《精印大字〈五朝别裁集〉出版》广告,列书籍五种。

雷瑨:《娱萱室小品六十种》,民国六年,1917 年 10 月 18 日《申报》所载《上海棋盘街中市扫叶山房新出版书目》广告。

雷瑨:《清人说荟二集》,民国六年,1917 年 10 月 18 日《申报》所刊《上海棋盘街中市扫叶山房新出版书目》广告。

袁枚:《随园戏墨》,民国七年,1918 年 9 月 28 日《申报》所刊《随园戏墨》宣传广告。

无名氏:《历代神仙传》,民国八年,1919 年 5 月 14 日《申报》所刊《〈王十朋全集〉出版》广告,列扫叶山房新出各类书籍 33 种,其中小说 6 种。

陈沂:《畜德录》,民国八年,1919 年 5 月 14 日《申报》所刊《〈王十朋全集〉出版》广告,列扫叶山房新出各类书籍 33 种,其中小说 6 种。

司马光:《涑水纪闻》,民国八年,1919 年 5 月 14 日《申报》所刊《〈王十朋全集〉出版》广告,其中列扫叶山房新出各类书籍 33 种,其中小说 6 种。

王应奎:《柳南随笔》,民国十年,1921 年 3 月 1 日《申报》所刊《扫叶山房发售精本书籍》广告。

刘义庆:《世说新语》,民国十年, 1921 年 3 月 2 日《申报》所刊《扫叶山房发售精本书籍》广告。

何良俊:《世说新语补》,民国十年, 1921 年 3 月 2 日《申报》所刊《扫叶山房发售精本书籍》广告。

余怀:《板桥杂记》,民国十年,1921 年 9 月 1 日《申报》所刊《上海扫叶山房廉价书籍经售百种》广告。

珠泉居士:《续板桥杂记》,民国十年,1921 年 9 月 1 日《申报》所刊《上海扫叶山房廉价书籍经售百种》广告。

施耐庵:《水浒全传》,民国十三年,首都图书馆馆藏书目;民国十四年,1925 年 7 月 21 日《申报》所刊《扫叶山房发售八大预约印有样本》广告。

魏秀仁:《花月痕》,民国十年,1921 年 3 月 2 日《申报》所刊《扫叶山房发售精本书籍》广告。

曹雪芹:《红楼梦》,民国十一年,1922 年 6 月 23 日《申报》所刊《扫叶山房最近新出版书》广告;民国十一年,复旦大学图书馆馆藏目录。

鸳湖烟水散人:《女才子》,民国十二年, 1923 年 3 月 7 日《申报》所刊《扫叶山房春季开学大廉价四十天》广告。

李昉等:《太平广记》,民国十二年,1923 年 10 月 29 日《申报》所刊《〈太平广记〉发售预约》广告。

无名氏:《五朝小说大观》,民国十五年,1926 年 5 月 21 日《申报》所刊《扫叶山房发售十大预约印有样本奉赠》广告。

冯梦龙:《古今情史》,民国十五年,1926年11月14日《申报》所刊《上海扫叶山房冬季大廉价》广告。

捧花生:《画舫余谈》,民国十七年,复旦大学图书馆馆藏目录。

捧花生:《三十六春小谱》,民国十七年,复旦大学图书馆馆藏目录。

雪樵居士:《青溪风雨录》,民国十七年,复旦大学图书馆馆藏目录。

作者不详[①]:《五朝稗史》,民国十七年,1928年9月9日《申报》所刊《扫叶山房秋季大廉价》广告。

作者不详[②]:《情海秘记》,民国十七年,1928年9月9日《申报》所刊《扫叶山房秋季大廉价》广告。

杨南邨:《亡国痛史》,民国十七年,1928年9月9日《申报》所刊《扫叶山房新出》广告。

铁楼:《六十四奇案》,民国十七年,1928年9月9日《申报》所刊《扫叶山房秋季大廉价》广告。

姜侠魂:《天涯异人传》,民国十七年,1928年9月9日《申报》所刊《扫叶山房秋季大廉价》广告。[③]

---

① 若《五朝稗史》与1919年交通图书馆出版的《稗史秘籍》为同一种书籍,则由姜侠魂辑录。

② 若《情海秘记》与1919年交通图书馆出版的《情天绮语》为同一种书籍,则由情禅室主编纂。

③ 《亡国痛史》、《六十四奇案》与《天涯异人传》3种作品在1919—1927年的《申报》广告中大部分标注上海交通路交通图书发行,1928年之后则标注扫叶山房发行。这一年9月9日扫叶山房书目广告将以上作品列入最新出版书籍,并在10月4日为其专门刊登广告,详细介绍了《亡国痛史》的内容,且文末用大号字体标注“扫叶山房发行”,而此前上海新华书局曾在1927年7月27日《申报》上刊发《盘店大贱卖》广告,其中提及交通图书馆“停歇已久”,故推测这4种作品的版权发生了转移。此外,若《五朝稗史》与《稗史秘籍》,《情海秘记》与《情天绮语》为同一种书籍,则情况相同。

吴承恩:《西游记》,民国十七年, 1928 年 11 月 24 日《申报》所刊《上海扫叶山房冬季廉价本版书籍只售六折》广告。

张潮:《虞初新志》,民国二十年,上海图书馆馆藏目录。

郑澍若:《续虞初新志》,民国二十年,上海图书馆馆藏目录。

纪昀:《阅微草堂笔记》,民国年间, 1918 年编《扫叶山房发行石印精本书籍目录》[①]。

段成式:《酉阳杂俎》,民国年间,1918 年编《扫叶山房发行石印精本书籍目录》。

沈景贤:《泖东草堂笔记》,民国年间,1918 年编《扫叶山房发行石印精本书籍目录》。

俞青源:《梦厂杂著》,民国年间,1918 年编《扫叶山房发行石印精本书籍目录》。

俞樾:《曲园琐记》,民国年间,1918 年编《扫叶山房发行石印精本书籍目录》。

冯梦龙:《增广智囊补》,民国年间,1918 年编《扫叶山房发行石印精本书籍目录》。

麟庆:《鸿雪因缘图记》,民国年间,1918 年编《扫叶山房发行石印精本书籍目录》。

二、刊载作品[②]

颠公:《芙蓉怨》,标“警世小说”,《文艺杂志》第一期,1914 年 7 月[③]。

---

① 1918 年编 1923 年重订《扫叶山房发行石印精本书籍目录》所见书籍转引自杨丽莹《扫叶山房史研究》,以下同。

② 根据上海图书馆《文艺杂志》、《织云杂志》缩微胶卷整理。除本书著录的作品之外,《文艺杂志》所刊《懒窝笔记》51 则,《小说丛谈》114 则,《李莼客先生笔记》25 则,《荷香馆琐言》174 则,《四铜鼓斋笔记》33 则,《里语杂记》32 则,《十二砚斋随录》5 则,《潭东杂志》67 则,《怀旧庐丛录》18 则,《慈竹居零墨》49 则,《崇堪墨话》82 则,《雅言录》32 则,《榕阴谈屑》37 则,以上 13 种因主要为书籍评论、学术考证内容,故未予著录。

③ 根据《申报》1914 年 7 月 19 日刊载《文艺杂志社第一期出版》广告。

修竹乡人[①]:《芦燕奇缘》,标“纪事小说”,《文艺杂志》第一期,1914 年 7 月。

涵秋[②]:《火财神》,标“社会小说”,《文艺杂志》第一期,1914 年 7 月。

颠公:《一百四十元》,标“纪事小说”,《文艺杂志》第二期,1914 年 8 月[③]。

颠公:《茉莉伞》,标“艳情小说”,《文艺杂志》第二期,1914 年 8 月。

颠公:《偷神帽》,标“警世小说”,《文艺杂志》第二期,1914 年 8 月。

老颠:《天韵阁》,标“长篇小说,艳情小说”,《文艺杂志》第三期,1914 年 9 月。

颠公:《娃娃亲》,标“警世小说”,《文艺杂志》第四期,1914 年 10 月。

颠公:《地藏王诞日之白粮船》,标“札记小说”,《文艺杂志》第四期,1914 年 10 月。

颠公:《叶氏子》,标“社会小说”,《文艺杂志》第四期,1914 年 10 月。

颠公:《朵颐语》,标“滑稽小说”,《文艺杂志》第五期,1914 年 11 月[④]。

颠公:《阔教习》,标“讽刺小说”,《文艺杂志》第五期,1914 年

---

① 此即雷瑨的笔名之一。

② 刘永文《民国小说目录(1912—1920)》将《火财神》作者“涵秋”著录为“(李)涵秋”,但是《文艺杂志》所刊《娱萱室随笔》作者标“涵秋”,因为“娱萱室主”是雷瑨的别号,所以笔者据此判断此“涵秋”当为雷瑨而并非刘永文所认为的李涵秋。

③ 此时间根据《申报》1914 年 8 月 20 日刊载《文艺杂志社第二期出版》广告。

④ 此时间根据《申报》1914 年 11 月 24 日刊载广告,称“《文艺杂志》第五期新出版,每册定价二角”。并且由此可以推测,杂志第三、四期应该分别于当年 9 月和 10 月出版。

11 月。

颠公:《误杀案》,标“社会小说”,《文艺杂志》第五期,1914 年 11 月。

弢庐:《土星祟演义》,标“长篇小说”,《文艺杂志》第六期,1915 年 1—2 月[①]。

颠公:《禁烟怪现状》,标“社会小说”,《文艺杂志》第七期,1915 年 3—4 月[②]。

弢庐:《江孝女侠传》,标“短篇小说”,《文艺杂志》第七期,1914 年 12 月至 1915 年 6 月之间(具体出版月份未知)。

颠公:《旅馆毒》,标“短篇小说”,《文艺杂志》第八期,1915 年 5—6 月[③]。

颠公:《白蚂蚁》,标“短篇小说”,《文艺杂志》第八期,1915 年(具体出版月份未知)。

颠公:《选举怪现状》,标“短篇小说”,《文艺杂志》第八期,1915 年(具体出版月份未知)。

颠公:《终南径》,标“短篇小说”,《文艺杂志》第十一期,1915 年 11—12 月[④]。

颠公:《挟目记》,标“短篇小说”,《文艺杂志》第十一期,1915 年(具体出版月份未知)。

涵秋:《娱萱室随笔》91 则,《文艺杂志》第一至第五、第十至第十二期。

---

① 从《申报》所刊若干则《文艺杂志》的出版广告可知,该杂志第一期至第五期于 1914 年 7 月至 1914 年 11 月出版,每月一期;第六期至八期于 1914 年 12 月至 1915 年 6 月出版。由此可见,杂志第五期之后从月刊改为双月刊,据此推测,第六期的出版时间在 1915 年 1—2 月。

② 根据注释①,推测第七期出版时间在 1915 年 3—4 月。

③ 根据注释①,推测第八期出版时间在 1915 年 5—6 月。

④ 第十一期的出版时间大约在 1915 年 11—12 月。

病仆:《中州见闻录》9 则,《文艺杂志》第一至第二期。

雷颠:《蓉城闲话》103 则,《文艺杂志》第一至第二、第四至第七、第十至第十三期。

兰陵忧患生:《京华梦影录》11 则,《文艺杂志》第三期。

张尚:《环山阁随笔》16 则,《文艺杂志》第十至第十二期。

归昌世:《假庵杂著》83 则,《文艺杂志》第十三期。

王文珪:《听莺仙馆随笔》42 则,《文艺杂志》第十三期。

野鹤:《一封书》,标"短篇小说",《织云杂志》第一期,1914 年 9 月[①]。

孤松:《无情郎》,标"苦情短篇",《织云杂志》第一期,1914 年 9 月。

(英)伦梅爱题,张叔通译:《潘旖艳史》,标"言情小说"(未完),《织云杂志》第一至第二期,1914 年 9 月。

破浪:《秋月恨》,标"哀情小说",《织云杂志》第一期,1914 年 9 月。

魔:《葬火》,标"烈情小说"(未完),《织云杂志》第一至第二期,1914 年 9 月。

弱舟:《织云》,标"即事小说",《织云杂志》第一期,1914 年 9 月。

阿素:《非非想》;标"寓言小说",《织云杂志》第一期,1914 年 9 月。

端玉:《良缘会》,标"哀情小说",《织云杂志》第一期,1914 年 9 月。

半龙:《牛女之离婚》,标"诙谐小说",《织云杂志》第一期,1914 年 9 月。

---

① 此时间根据《申报》1914 年 9 月 22 日刊载《织云杂志出版》广告。

明明:《不嫁孽》,标"社会小说",《织云杂志》第一期,1914 年 9 月。

天然:《书献子》,标"滑稽小说",《织云杂志》第一期,1914 年 9 月。

云客:《鹦鹉冢》,标"义侠小说",《织云杂志》第一期,1914 年 9 月。

望洋:《壁听》,标"风俗小说",《织云杂志》第一期,1914 年 9 月。

野鹤:《警钟》,标"短篇小说",《织云杂志》第二期,1914 年 11 月①。

孽儿:《行不得也哥哥》,标"短篇小说",《织云杂志》第二期,1914 年 11 月。

怡然述略,啸霞氏著:《鸳湖孽镜》,标"痴情小说"(未完),《织云杂志》第二期,1914 年 11 月。

阿素:《牛儿》,标"教育小说",《织云杂志》第二期,1914 年 11 月。

里仁口译,半龙笔述:《斯拉夫之婚姻》,标"言情小说"(未完),《织云杂志》第二期,1914 年 11 月。

破浪:《紫薇花下》,标"言情小说"(未完),《织云杂志》第二期,1914 年 11 月。

淡:《孽缘》,标"醒世小说",《织云杂志》第二期,1914 年 11 月。

云客:《陆象贤》,标"记事小说",《织云杂志》第二期,1914 年 11 月。

---

① 刘永文《民国小说目录(1912—1920)》未标注刊载时间月份,此时间根据《申报》1914 年 11 月 24 日刊载广告,称"《织云杂志》第二期新出版,每册定价三角"。

孤松:《杜鹃声里惨春光》,标“哀情小说”,《织云杂志》第二期,1914 年 11 月。

汉侠:《真假徐娘》,标“社会小说”,《织云杂志》第二期,1914 年 11 月。

笨伯:《乐余室随笔》8 则,《织云杂志》第一至第二期。

啸霞:《啸霞偶笔》3 则,《织云杂志》第一期。

端玉:《笔记盗记》1 则,《织云杂志》第一期。

逸庐:《逸庐漫笔》2 则,《织云杂志》第一期。

叔:《豆花棚下挑粪人笔记》2 则,《织云杂志》第二期。

餐英:《三余随笔》6 则,《织云杂志》第二期。

破浪:《破浪漫笔》7 则,《织云杂志》第二期。

附录二
《申报》所刊扫叶山房说部及杂志广告编年

说　明

1. 本编年中整理的相关广告为其第一次在《申报》上出现的时间，重复刊载的广告后均附有其最后一次出现的时间，以及刊登次数，附录三"《申报》所刊扫叶山房代售说部及杂志广告编年"与此相同，不再另作说明。

2. 《申报》所刊第一则扫叶山房书目广告为1879年7月31日的《新书发兑》，曰："袖珍《日知录集释》价洋二元，《金台书院课士录》初二三四集洋七角，《四书会要录》洋一元二角，《清河书画舫》洋一元二角，《徐灵胎医书》六种附《洄溪医按慎疾刍言》共八种洋一元六角。此外新刻各书籍名目繁多，不能备载，赐顾者请至各书坊内或本坊选择购取不误。苏州阊门内中市街、上海大东门彩衣街老扫叶山房谨启。"而与说部书籍相关的广告，则最早出现在1880年。

1880 年

5 月 19 日 刊载《己卯科直省乡墨发兑》广告，列各类书籍 16 种，内有《蝶阶外史》，称“近来新刻各书繁多不及备载，赏鉴者至城内并抛球场。扫叶山房谨启”。(至 6 月 10 日，刊登 8 次)

10 月 15 日 刊载《新书发兑》广告：“甘泉谢佩禾先生所著《春草堂三种》，考据古今书画，赏识金玉器皿，其《雨窗寄所记》一书可与《阅微草堂》相颉颃，尤为新人眼目之作。倘蒙赐顾请至上海北市抛球场并城内扫叶山房书坊购取。其价开后：《书画所见录》白纸四本洋三角，《金玉琐碎》白纸一本洋一角，《雨窗寄所记》白纸四本洋四角。”(至 12 月 20 日，刊登 10 次)

10 月 19 日 刊载《新书籍发兑》广告，列各类书籍 60 余种，内有朱批增注《聊斋志异》三元、《雨窗寄所记》四角。文末云：“本坊书籍繁多，不及备载。另有书目一本，以便鉴购。倘蒙赐顾者，请至上海北市抛球场并城内。扫叶山房启。”(本年至 12 月 20 日，刊登 8 次；1883 年 2 月 19 日至 12 月 20 日，刊登 6 次)

1881 年

2 月 4 日 刊载《新出书籍发兑》广告，列各类书籍 27 种，内有《履园丛话》八角，《儒林外史》七角，称“近来新刻各书繁多，不及备载，鉴赏者请至上海北市抛球场并城内苏州阊门内。扫叶山房谨启”。(至 2 月 11 日，刊登 5 次)

4 月 18 日 刊载《新旧书籍发兑》广告，列各类书籍 17 种，内有俞荫甫《右台仙馆(笔记)》六角，称“本坊书籍并各省官刻铅印、新选时文等繁多，不及备载，附家藏各种旧书，鉴赏者选择购取请至上海抛球场并城内扫叶山房启”。(至 5 月 17 日，刊登 7 次)

1883 年

2 月 13 日 刊载《精刻朱批增注〈聊斋志异〉》广告："《聊斋》一书，自王但二公评后，文登吕叔清复详加注释，益臻美善。本坊旧有鲍氏雕本及墨批吕注本，风行已久，江广虽有套版，惜无注释且多讹误，读者病之。爰重为校刊，其批语圈点悉以朱色标印，益觉爽心豁目。世有深于文者，当不以稗官野乘视之也。每部价洋三元，上洋抛球场并城内、苏阊内扫叶山房发兑，三处之外别无分店。"（至 3 月 10 日，刊登 4 次）

1887 年

4 月 26 日 刊载《新书籍发兑》广告，列各类书籍 40 余种，内有朱批增注《聊斋志异》三元、《郎潜纪闻》初三刻一元。（至 9 月 26 日，刊登 17 次）

1892 年

6 月 28 日 刊载《〈曼陀罗华阁丛书〉》广告："秀水杜小舫方伯通才，循吏兼习韬钤，《平定粤寇纪略》一书是其纂辑，彬彬乎良史才也，其他者述咸谙习堂，故成一家言，而校订医学、词律诸书尤称精善。前购得原板散佚过半，爰广为搜集前缺订讹，期年始竣，计十六种百四十八卷，分订四十册，每部价洋八元。由苏申扫叶山房、江左书林发兑。席诒谷堂谨启。"丛书第二十三册《曼陀罗华阁琐记》为笔记小说。（至 1893 年 4 月 9 日，刊登42 次）

1893 年

1 月 1 日 刊载《新出石印绘图〈坐花志果〉并各种木板书籍》广告，列各类书籍 14 种，其中云："《坐花志果》一书为吴中汪道鼎先生所作,隐寓惩恶劝善之意,实于世道人心大有裨益。间如十金易命一洋致富,味银被殉殛杀婢索命,以及乞儿之获报,小窃之仗义,无一事不足助人为善之心,即无一事不足化人为恶之心,最可观者其中逐名逐字详为间释,虽粗知字义者,亦能一目了然,训雅俗所共赏妇孺所皆知也。至其叙事之委曲详尽,措词之简洁鲜明,较一切之稗官小说,实有天渊之隔。兹特逐回绘图付之石印,分装四本,价洋四角。倘有乐善印送者百部以上,照工料给价可也。上洋南北市扫叶山房发兑。"(至8月6日,刊登36次)

8月14日 刊载《上海扫叶山房发兑各种书籍》广告,列各类书籍27种,内有新出《醉茶志怪》白纸8角。(至11月22日,刊登14次)

10月28日 刊载《上海扫叶山房发兑各种书籍》广告,列各类书籍29种,内有《曼陀罗华阁丛书》八元(按:其中第二十三册《曼陀罗华阁琐记》为笔记小说),《绘图列仙传》一元。(至12月30日,刊登14次)

1895年

11月30日 刊载《开印〈隋唐传〉》广告:"《隋唐》一书,虽属稗官野史,而笔法既好,叙事尤详,敷佐既新,选词尤雅,茶余酒后,尽可消闲。现扫叶山房托本局代印。刻已开印,俟告竣后装订成册发售,以便诸公购阅也。图书集成局启。"翌日,此广告题目改为"开印《隋唐演义》"重登。同日,刊载《石印〈新疆要略〉》广告,列各类书籍14种,内有改七芗《红楼梦图咏》四元。(至1896年11月1日,刊登9次)

1896年

3月8日 刊载扫叶山房广告:"本号开设上海南北市及苏阊

中市，精刊各种书籍，并搜罗家藏本及各省局刻书铅石印等书甚富，不及历历载明，另备书目向蒙士商赏鉴。”列各类书籍 46 种，内有原刻改七芗《红楼梦图咏》、《金壶七墨》。（至 4 月 5 日，刊登 5 次）

3 月 11 日　刊载《新出绘图》广告：“《金壶七墨》者，近时之稗野也，所记皆道光咸同间事，曰浪遯、逸醉、戏泪，七墨凡异闻轶事、传记诗词、夷乱粤寇、教匪捻匪之始末，皆详为记载，赘以杂录，其寓意如《聊斋》，志其纪事如《墨余录》。石印每部洋六角。寄上海扫叶山房发售。”（至 6 月 30 日，刊登 20 次）

1905 年

3 月 11 日　刊载《搜买旧书》广告：“本坊开设苏沪百有余年，向以校刊精本经史子集驰名海内。现因各省来函购取旧书，深惭未能完备，如藏书家有愿以木板书籍让去者，无论新旧请先开示书名，并实在价目合式者，即行订购，或愿易时下新书亦可，惟信资祈先付给。此布。上海抛球场扫叶山房北号启。”（至 4 月 29 日，刊登 8 次）

1907 年

7 月 15 日　刊载《扫叶山房发兑各种精印书籍》广告，列各类书籍 16 种，内有《竹叶亭杂记》二角、《思益堂日札》二角、礼亲王《啸亭杂录》六角、《郎潜纪闻》合刻四角。（至 8 月 5 日，刊登 4 次；翌年至 6 月 23 日，刊登 19 次）

10 月 7 日　刊载《最新社会小说〈时髦现形记〉出版广告》：“此书专写旧学、绅界之丑态，大权独揽，趋附如蝇，唯利是图，算无遗策。观其卑鄙龌龊，令人愤恨悲怜，观其百计营谋，转辗受骗，又足令人喷饭。至若揽权而权利被夺，贪利而利不克保，足有劝戒之意寓乎其中,诚小说中别开生面者也。先出前部,凡二十六回。每部装订四本,价洋四角,趸批从廉寄售。上海时中书局、各书坊均有寄售。总发行:上海大东门内彩囗街北市抛球场、苏州阊门内中市扫叶山房便是。"(至12月29日,刊登12次;翌年1月5日、12日重刊)

1908年

9月7日 刊载《扫叶山房新出石印》广告,列各类书籍12种,内有最新小说《时髦现形记》四角。(至11月23日,刊登14次)

1909年

1月25日 刊载《扫叶山房新出〈绘图骗术奇谈〉》广告:"是书为华亭雷君曜所编辑,搜罗新奇骗术计得百则,有达官贵人而受骗者,有乞儿贫妇而受骗者,有骚人雅士而受骗者,至各店铺被骗尤多,甚至骗人者或亦为人所骗,奇之又奇,幻之又幻,世路之险防不胜防。阅此书者可以长识见,增阅历,羁旅之人尤宜奉为枕中鸿宝。每则又绘有精图,随事指陈,颇晓趣味,诚近日小说书中唯一之特色也。装订四册,价洋八角。"(至翌年4月8日,刊登43次)

8月28日 刊载扫叶山房广告:"本号开设上海城内彩衣街、上海北市棋盘、苏州阊门内中市,敝北号现已迁移棋盘街五百十三号门牌。新出小说《绘图神仙传》八册一函一元二角、《绘图骗术奇谈》四册八角、《时髦现形记》四册八角。"(至10月9日,刊登4次)

1910年

5月11日 刊载《扫叶山房新出石印精本书籍》广告,列各类

书籍 10 种,内有《香祖笔记》八角、《两般秋雨庵随笔》六角。(至 11 月 28 日,刊登 17 次)

1911 年

2 月 22 日　刊载《扫叶山房精本书籍》广告,列各类书籍 23 种,内有笔记小说 7 种,新增查初白《人海记》四角、《庸庵笔记》六角、《绘图骗术奇谈》八角。(至 4 月 26 日,刊登 10 次)

5 月 16 日　刊载《新出石印精本〈唐人说荟〉一百六十四种》广告:"是书为山阴莲塘居士所纂,搜罗唐代小说共一百六十四种,洵说部之大观也。本号向藏书家觅得原刻本,重付石印,业已告成。用中国粉连纸,印刷精良,装订十六册二函,定价洋二元五角。爱阅小说诸君祈即驾临本号购取可也。本号开设上街城内彩衣街、上海北市棋盘街、苏州阊门内中市。扫叶山房启。"(至 8 月 6 日,刊登 18 次)

9 月 3 日　刊载《扫叶山房新近出板(版)精本书籍》广告,列各类书籍 13 种,内有《唐人说荟》十六册二元五角、《老学庵笔记》二册四角。(至 10 月 29 日,刊登 8 次;翌年至 5 月 15 日,刊登 9 次)

1913 年

3 月 16 日　刊载《满清官场百怪录》广告:"是书为云间颠公所著,颠公少年时游幕各省嗣又厕身报界,数十年就生平所闻见,凡官场奇奇怪怪之事,一一笔之,于书有迂谬可笑者、有奸狡可恨者、有卑鄙可耻者、有荒唐可诧者、有糊涂可怜者,其刻尽入神处,有如燃温峤之犀,铸大禹之鼎,而满清国祚之因此倾覆,即于言外得之,以视《官场现形记》等书籍,空言以讽世,用意又不同也。书凡四册,计共百则,每则绘有精图,印以洁白连史纸,定价八角。发

售处上海棋盘街五百十三号扫叶山房及各省书铺。”(至5月31日,刊登15次)

6月11日 刊载《我佛山人遗著〈札记小说〉、〈滑稽谈〉出版》广告:“南海吴趼人先生自号我佛山人,以小说名于时,生平所著不下十余种,无一不受社会欢迎。惜乎甫及中年撰趣修文之召,海内咸悲之。兹搜集其遗著两种,《札记小说》或述掌故、或记异闻,壮采奇思,颇足增读者兴,二册二角半;《滑稽谈》数百则,皆按时立言,诙谐敏妙,淳于晏倩不能专美于前,二册一角半。二书皆精心撰结,先生最得意之笔也。总发售处上海棋盘街五百十三号扫叶山房。”(至7月2日,刊登6次)同日,刊载《扫叶山房新印各书》广告,列各类书籍12种,内有《满清官场百怪录》八角,《第二才子好逑传》三角。(至6月30日,刊登6次)

7月4日 刊载《介绍新著》,云:“我佛山人之《札记小说》为茶余酒后之大好消遣品;雷瑨编《近人诗录词》,章家必乐观之。”

10月5日 刊载《书目》广告,列各类书籍15种,内有《梁氏笔记三种》八册一元二角,《庸闲斋笔记》四册八角,《满清官场百怪录》四册八角,《札记小说》二册二角五分,《吴趼人滑稽谈》二册一角五分。(10月8日重刊)

12月12日 刊载《〈清人说荟〉出版》广告:“是书为云间颠公所辑,仿《唐人说荟》之例,搜采有清一代名人所著说部,书计得数十种。其间如曹千里之《说梦》,苍弇山樵之《吴逆取亡录》等多种皆世无刊本,尤可宝贵。此外《长安宫词(纪光绪帝西巡事)》、《都门纪变(纪庚子拳乱事等)》虽曾刊行,然当时只投赠亲友,并非卖品,故流传无多,其余或纪逸闻、或述艳,迹皆足广见闻,资掌故,亦有清一代之野史也。每部精装一函,定价一元二角。总发行处:上海棋盘街五百十三号扫叶山房。”(至12月28日,刊登4次;翌年至4月26日,刊登16次)

1914年

1月20日 刊载《〈最新滑稽杂志〉出版》广告:“滑稽文字最为社会欢迎,因其寓庄于谐,易于动人之听闻也。兹云间颠公以其生平所著谐文,与夫时下名贤之佳著,汇辑成书,计分命令、电报、公牍、诗文、词曲、小说、杂俎等十一类,意甚诙谐,语必雅驯,茶余酒后阅之,可以一洗胸中之块垒,序文一篇尤独创一格,有东方滑稽之风,试一展览,当必仰天大笑,冠缨欲绝也。文约二千篇,分订六册,定价一元二角。总发行所: 上海棋盘街中扫叶山房。”(至4月26日,刊登23次)

3月6日 刊载《上海之骗术世界》广告:“云间颠公前辑《骗术奇谈》一书颇为社会欢迎,因其事迹奇幻,于人世间机械变诈诸术,描写无遗。阅之可以知趋避之法,不特为消遣闲情计也。惟上海一隅地,其欺诈诓骗之事,尤较他处为多,颠公在报界数十年,就所见闻随时纪(按: 当作“记”)录。凡妓院、赌场、茶楼、戏馆,种种骗诈之伎俩,变幻百出,虽老于世故者,犹且防不胜防。兹为之逐一描写,几如禹鼎铸奸,他埠人士之初至上海者,苟一览是书,可藉知世途险归,而不致受人诈骗,于旅行不无稗(按: 当作“裨”)益也。精装四册一函,定价八角,总发行所上海棋盘街扫叶山房分售处各埠书肆。”(至4月26日,刊登8次)

6月4日 刊载《〈民国艳史〉出版》广告:“民国成立,甫经三年,而艳史流传,已不胜枚举,或记嫁娶之盛况,或述宴会之趣闻,或纪政、法、军、学各界之风流案牍,有语皆香,无事不艳,而自由女议论之恢奇,丑业妇举动之诡秘,尤能直揭真相,藉助谈资。虽其间邪正不同,贞淫各别,而足以广见闻资笑谈则一也。书系纪事体,都凡十余万言,洋装一册,定价四角。寄售处上海扫叶山房及各书肆。”(至6月9日,刊登8次)

6 月 17 日 刊载《〈文苑滑稽谈〉出版》广告:“是书分联话、诗话、词话、赋话、文话、谜话、译话、制义话、公牍话、诗钟话等十余类,每类多则六七百条,少亦百余条,皆关于滑稽有趣味之事,或采自逸闻,或得诸传说,总之有事皆谐,无言不妙,读之足以遣睡魔,消旅感,助酒兴,引文情,诚文苑之创格,而为札记小说中别开生面者。编著者为云间颠公,由本号付印发行,每部六册一函,定价一元。苏松申南北市扫叶山房启。”(至 6 月 26 日,刊登 10 次)

7 月 19 日 刊载《〈文艺杂志〉第一期出版广告》:“本杂志以商榷文艺,网罗典籍,保存国粹为宗旨。月出一册,有十万言,内容分十余类。如:宋元书题跋、诗古文词,均系名贤箸述;而笔记多至六种,皆新颖不经见之作;其余短篇小说、滑稽诗文等,尤趣味浓深,足引阅者兴起。现第一期已出版,每册定价二角。发售处:上海盘棋街扫叶山房及各埠大书局。文艺杂志社启。”(至 7 月 28 日,刊登 10 次)

7 月 25 日 刊载《介绍新刊》广告:“棋盘街扫叶山房发行月刊《文艺杂志》,其第一期业已出版。是书系松江雷君曜先生所编著,以商榷文艺,网罗典籍,保存国粹为宗旨分。类计十余门,诗文词均系时贤新著,其前人名作之未经刊行者,亦搜求选录;小说谐文尤取新颖雅驯之作;而笔记则更占多数,足以引纪阅者之兴趣。其第一期所刊为《笺经室所见宋元书题跋》三篇、《文录》四篇、《诗录》二十七首、《词录》十九、《娱萱室随笔》十一则、《懒窝笔记》十三则、《中州闻见录》五则、《香艳诗话》二十则、《蓉城闲话》十三则、《小说丛谭》十七则、短篇小说三篇、谐文六篇、谐诗二十首、花韵轩菊令等等皆饶有趣味者也。特志之以介绍于受阅杂志者。”

8 月 16 日 刊载《〈吹牛拍马讲义〉出现》广告:“是书为松江小说家小吹氏所作,阅者欲知是书趣味,寸幅广告决不可以写尽。阅者只须看其标题,足以见是书之趣味矣。小说而用讲义体,已是特创,小说而专写实理,更未曾有。是书实别开千古小说界生面者,兹略举其特色如左,一写尽世间吹牛拍马客,一是书极有至理与寻常小说不同,一附录古今吹牛拍马笑史,见者无不喷饭。总代发行所:上海扫叶山房、松江扫叶山房、明新书局。"(至 8 月 21 日,刊登 5 次)

8 月 20 日 刊载《〈文艺杂志〉第二期出版广告》:"本杂志以商榷文艺,保存国粹为宗旨。第一期出版后颇蒙海内外文学家所欢迎,故销数有五六千份之多。兹第二期亦已出版,内容丰富,取值从廉。每册定价二角,外埠加邮费三分,预定全年十二册,定价二元,邮费三角。总发行所:上海棋盘街五百十三号扫叶山房及各埠大书局。文艺杂志社启。"(至 8 月 24 日,刊登 5 次)

9 月 3 日 刊载《欢迎名著〈天风阁荟谭〉》:"近来笔记杂说之书可称汗牛充栋,然欲求其笔意新颖,词旨高雅,趣味深永者,实不多见,且大半皆拉杂编就之。本是编为词章小说名家风生君所辑,搜采宏博,体例精核,能包含古今秘著名篇,为一家言,实近时最高尚最名贵之札记小说也。其内容所载多诙谐有趣,世所未见之作,是书之特色实为近世绝无仅有者也。现已出版,爱读小说者幸勿错过。定价六角。总发行所:上海棋盘街扫叶山房、中华图书馆,代发行:艺林书局,外埠销分处各大书坊。"(至 9 月 6 日,刊登 7 次)

9 月 10 日 刊载《〈民国艳史乙编〉定价四角》广告:"民国光复甫阅三年,而女界之艳迹奇情已属纪不胜纪,其间或秉松筠之操贞烈可嘉,或咏芍药之诗风流自赏,或效木兰之尚武,或如苏蕙之能文,轶事流传足资谈柄。至若官场韵事,学界艳词,司法界之案牍新奇,军事界之风情旖旎,尤为有语皆香,无事不俊。修竹乡人就所闻见辑成《民国艳史甲编》,出版后大为社会欢迎,一月中售去数千部。兹又搜采民国近时香艳事,连辑为乙编,较甲集事更新谐又尤艳丽,惟其间有邪正贞淫之不同,而为民国女界之特色则一也。总发行所:上海棋盘街五百十三号扫叶山房。"(至 9 月 14 日,刊登 5 次)

9 月 22 日 刊载《〈织云杂志〉出版》广告:"迩来小说风行,杂志林立。云间本为文薮,爰亦组织一杂志,名曰《织云》,庄谐并录,无美不臻。内容分八类,曰文选,曰诗词,曰谐文,曰谭丛,曰小说,曰传奇,曰杂俎,曰征献。月出一册,定价三角,预定全年大洋三元,加邮费二角。凡海内文人见赐文稿,请寄松江扫叶山房。当酌酬润资,原稿恕不退还。总发行所:松江、苏州、上海南北扫叶山房,分售处:各大书局。"(至 10 月 9 日,刊登 7 次)

9 月 25 日 刊载《快看〈吹牛拍马讲义〉再版》广告:"是书出版后,社会异常欢迎。出版未及五旬。业已数千销去。兹特重世再版。以供阅者需要。诚不论政界学界商界不可不看之书也。"(至 9 月 27 日,刊登 3 次)

11 月 24 日 刊载广告:"《织云杂志》第二期新出版,每册定价三角;《文艺杂志》第五期新出版,每册定价二角。发行所:上海松江、苏州扫叶山房。"(至 11 月 28 日,刊登 5 次)

1915 年

3 月 3 日 刊载《精印书籍》广告,列书籍 30 种,内有《齐东野语》八角、《广虞初新志》一元二角、《谈史志奇》三角、《谈异》四角五分、《埋忧集》五角。总发行所:上海扫叶山房。(至 6 月 11 日,刊登 35 次)

6 月 21 日 刊载《精印书籍出版》广告:列各类书籍 38 种,与 3 月 3 日相较,笔记小说增加《鸥陂渔话》一元五角。(至 9 月 16 日,刊登 41 次,7 月 15 日之后改为"《鸥陂渔话、吹网录》合刻一元五角")

7月1日 刊载《扫叶山房广告新印精本书籍》,列各类书籍53种,内有《文艺杂志》已出八册第九期即出每册二角、渔洋山人《说部精华》八角、《宣和遗事》五角、《续夷坚志》三角、《茶余客话》五角、《桐阴清话》八角、《官场百怪录》八角、《骗术世界》八角、《滑稽文选》一元、《文苑滑稽谈》一元、《滑稽杂志》一元二角。(至8月10日,刊登13次)

1916年

2月18日 刊载《〈粟香随笔〉》广告:"近时笔记小说号称极盛,然多芜陋猥琐,所谓言不雅驯,缙绅先生难言之,或则寥寥短书一二卷辄止,尝鼎一脔又不足餍阅者之意。惟金湍生先生《粟香随笔》赓续至于五次,盖仿洪氏《容斋五笔》之例,亘十余年而始成书。考订之精,搜采之富,为近代一大著作。在先生当日,虽系信手辑录,而遗闻轶事今日已不经见,诗词文字赖此书以传者尤多,诚耆旧之综录,文章之渊林也。书订十六册,价洋两元五角,欲购从速迟恐不及。上海、汉口、苏州、松江扫叶山房同启。"(至4月4日,刊登15次)

1917年

4月11日 刊载《精印大字〈五朝别裁集〉出版》广告,除《五朝别裁集》之外,列书籍5种,笔记小说新增《冷斋夜话》三角。(至6月21日,刊登26次)

8月23日 刊载《上海棋盘街扫叶山房廉价部》广告,称:"各种书籍逐日更换,价目二分起至数十元止,注意期限阳历九月十五号即阴历七月廿九为止。"(至9月4日,刊登4次)

9月27日 刊载《各种书籍廉价出售》广告:"上海棋盘街扫叶山房种名繁多,特设廉价部,逐日更换,价目自一分起至数十元

止。限期阳历十月十五号即阴历八月底为止。"(至10月13日,刊登7次)

10月18日 刊载《上海棋盘街中市扫叶山房新出版书目》广告,列各类书籍90种,内有笔记小说36种,较1915年7月1日广告,新增《洪容斋五笔》二元、《老学庵笔记》四角、查初白《人海记》四角、《印雪轩随笔》八角、《娱萱室小品》60种一元五角、《冷庐杂识》一元二角、《清人说荟初集》20种一元二角、《清人说荟二集》一元二角、《上海之骗术世界》八角、《绘图骗术奇谈》本纸八角洋纸五角、《滑稽文选》一元、《最新滑稽谈》一元、《最新滑稽杂志》一元二角、《精本虞初志》八角。(至11月3日,刊登4次)

1918年

3月1日 刊载《扫叶山房新出板(版)书籍》广告,列各类书籍40种,内有大字《庸庵笔记》八角、足本《两般秋雨庵随笔》八角,并称"名目繁多不及详载书籍定价一律七折"。(至3月27日,刊登7次)

4月1日 刊载《神怪小说〈随园戏墨〉》广告:"钱塘袁子才先生,风流文采,卓绝一时,所著诗文说部,久已脍炙人口,而又有戏墨一书,为《小仓山房全集》所未载,世人鲜有知者。谭以生花之妙笔,写警世之文章,立意新异,搜罗宏富,允推小说界未有之大观,欢迎随园文字者,不可不看,爱读小说笔记者,尤不可不观也,精装四册,定价八角。上海棋盘街扫叶山房、中华图书馆、江左书林、四马路国华书局、汉口黄陂街扫叶山房。"[①](至4月10日,刊登8次)

---

① 从该书1918年4月20日广告中所列发行所可知,扫叶山房与其他若干书局同时发行该书。

4月20日 刊载《随园戏墨》广告:“钱塘袁子才先生所著诗文说部,久已风行,而《戏墨》一书得自武林钱氏后裔,其内容之美,句句离奇,节节事实,字字珠玑,其声价之高,虽清纪文达之《阅微草堂笔记》,蒲留仙之《聊斋志异》无以过之,爱读小说笔记者当必以先睹为快也。精装四册,价洋八角。发行所:上海棋盘街扫叶山房、中华图书馆、江左书林、四马路国华书局、汉口黄陂街扫叶山房,各省大书坊均有出售。”(至5月8日,刊登6次)

7月8日 刊载《扫叶山房特设暑假廉价部》广告:“本号特设廉价部,陈列各界适用书籍及新旧小说等小有污损之书,其价自一二分至满数十元者不等,各品逐日更换,惠顾诸君请勿失此机会。期限六月初一日起至七月底止。”(至8月22日,刊登10次)

8月30日 刊载《〈文艺杂志〉增加资料,十三期出版》广告:“本杂志系松江雷君曜先生主任(编辑),发行已十二期,颇为通硕所奖誉。敝社为广集资料,精益求精起见,以致十三期出版稽迟。迭承各界函催,至深歉仄。兹将倩名手精抄,改付石印。内容有《太平天国纪实》一种,系湘南故家录藏,实为海内不易见之秘籍;此外笔记七种,与夫盐城陈惕庵先生之《粤游日记》、会稽顾勴堂先生之词曲以及诗话、谱录、谱谈等或为前哲未刊秘籍数种,至为名贵;且每种首尾完全,将来每四期为一结束,分类装钉,即成一小丛书也。定价洋纸四角,本连六角,书印无多,购请从速。总发行所上海棋盘街口扫叶山房。”

9月4日 刊载《〈文艺杂志〉十三期出版》广告:“本期起改用精钞石印,都计十二万言,分钉两本;内容有未刊秘籍数种,至为名贵;且每种首尾完全,将来每四期为一结束,分类装钉,即成一小丛书也。定价洋纸四角,本连纸六角,书印无多购请从速。总发行所上海棋盘街口扫叶山房。”(至10月19日,刊登8次)

9月23日 刊载《扫叶山房特赠优待券》广告:“二月为限,期

限是阴历八月廿日起至九月廿日为止,购书洋一元特赠券一纸,满期后凭券购者可得绝大利益了。"(至10月2日,刊登10次)

1919年

5月14日 刊载《〈王十朋全集〉出版》广告,除《王十朋全集》之外,列各类书籍32种,其中小说作品6种,新增作品为《历代神仙传》、《畜德录》、《涑水纪闻》。(至7月29日,刊登25次)

7月12日 刊载广告:"上海棋盘街扫叶山房特设暑假廉价部,六月起,望日陈列书籍逐日更换。"(至7月25日,刊登7次)

1921年

3月1日 刊载《扫叶山房发售精本书籍》广告,称:"名目繁多,逐日换登,廉价二月,照码六折,期限阴历正月廿一起三月廿一止,详细书目,请附邮票一分即寄。"列各类书籍134种,内有笔记小说20种,新增《柳南随笔》四角、王渔洋《分甘余话》二角、《归田琐记》二元、《浪迹丛谈》一元四角、《印雪轩随笔》八角、《金壶七墨》八角、《庸闲斋笔记》八角、《敏求轩述记》一元。

3月2日 刊载《扫叶山房发售精本书籍》广告,列各类书籍263种,内有笔记小说20种,与3月1日广告相比,新增《粟香随笔》本纸二元五角洋纸七角、《世说新语》本纸一元洋纸六角、《世说新语补》一元四角、《谈史志奇》三角、《我佛山人札记小说》二角五分、渔洋山人《说部撷华》一元、札记小说《渔矶漫钞》八角、精本《虞初志》八角、《搜神记》七角、《广虞初新志》一元二角、《齐东野语》八角;章回小说2种,《绘图侠义风月传》本纸六角洋纸四角、《花月痕》本纸八角洋纸五角。

3月5日 刊载《上海棋盘街扫叶山房发售精本书籍》广告,列75种书籍,所列小说作品与3月2日广告相同。

4月7日 刊载《上海扫叶山房》广告："各种石印书籍廉价六折，名目繁多，另备书目，期限三月廿一日止，函索详细书目请附邮费一分。"

5月9日 刊载《大特价一月》广告，列各类书籍36种，内有小说6种。（至5月15日，刊登3次）

6月27日 刊载《扫叶山房新出版书籍百种廉价四十天》广告，称"本号特设暑假廉价部，价目克己，名目繁多，逐日更换，新出版廉价，只售四十天，五月二十日起，外埠函购须加邮费一成"。列各类书籍163种，内有《宣和遗事》廉价三角、《洪容斋五笔》廉价一元三角、《老学庵笔记》廉价二角四分、《王渔洋香祖笔记》廉价四角五分、查初白《人海记》廉价二角四分、《桐阴清话》廉价四角、《两般秋雨庵随笔》廉价四角八分、《归田琐记·浪迹丛谈》廉价七角、《印雪轩随笔》廉价四角五分、重校《茶余客话》廉价二角八分、《金壶七墨》廉价四角五分、《娱萱室小品六十种》廉价八角、《庸闲斋笔记》廉价四角五分、《敏求轩述记》廉价五角、《冷庐杂识》廉价七角、薛叔芸《庸庵笔记》廉价四角、《清人说荟初集》20种廉价六角、《清人说荟二集》廉价六角、《上海之骗术世界》廉价四角五分、《绘图骗术奇谈》廉价四角五分、《满清官场百怪录》廉价四角五分、绘图《侠义风月传》廉价二角五分、我佛山人《滑稽谈》廉价一角五分、我佛山人《札记小说》廉价一角五分、《最新滑稽杂志》廉价四角五分、渔洋山人《说部精华》廉价四角五分、《说部撷华》廉价五角、《渔矶漫钞》廉价四角五分、精本《虞初志》廉价四角五分、《搜神记》廉价四角。（6月29日重登）

7月2日 刊载广告："上海棋盘街扫叶山房特设暑假廉价部，五月二十日起各种书籍数千种，逐日更换价目，真真便宜货。"（至8月6日，刊登12次）

8月18日 刊载《上海扫叶山房廉价书籍经售百种》广告，列各类书籍153种，内有《三国志演义》连史一元五角、《五才子》连史一元五角、《聊斋志异》连史一元五角、《九尾龟》连史一元、《今古奇观》连史九角、《金玉缘》连史一元八角、《笔生花》七角。9 月 1 日重刊时新增正续《板桥杂记》二角五分、《洪容斋五笔》一元六角、《老学庵笔记》二角四分、《香祖笔记》四角八分、《两般秋雨庵》四角八分、《梁氏笔记》八角四分。

10 月 5 日 刊载《上海扫叶山房秋季廉价一月》广告,称"照码六折函购邮费一成",列各类书籍 292 种,笔记掌故类列说部书籍 23 种,小说类列说部书籍 22 种,另有《文艺杂志》十三期四角。

11 月 17 日 刊载《扫叶山房特设年假廉价部》广告:"各种书籍逐日更换,十一月廿五号起廉价一月,印有廉价书目,函索附邮一分。"(至 12 月 15 日,刊登 9 次)

1922 年

3 月 29 日 刊载《扫叶山房三月初一日起,春季大廉价四十天》广告,称"特设春季价廉部,名目繁多逐日更换,价目折扣一折至五折为度,特别从廉四十天,外埠宽放廿日。印有廉价详细书目函索请惠邮票一分即寄。凡购满洋十元者,另赠书洋五角;满洋廿元者,另赠书二元。赠书以本板为限,惟赠书须一次取足"。列各类书籍 367 种,内有《文艺杂志》十三期二角以及小说 56 种。(至 4 月 11 日,刊登 6 次)

6 月 23 日 刊载《扫叶山房最近新出版书特价一个月》广告,列各种书目 56 种,内有大字足本《红楼梦》中纸三元五角洋纸二元四角,大字全图《儒林外史》中纸一元八角,洋纸一元二角。(至 6 月 20 日,刊登 3 次)

7 月 4 日 刊载《全国学校放暑假,扫叶山房大廉价》广告:"凡购满洋两元,特赠兑换书券二角。暑假特设廉价部,各种书籍真真多;大字精本中国纸,提倡国货为第一,完全出品中国货。爱国同胞猜猜看,学校用品第一步,原本印影勿勿少;陈列名目天天换,买主看见走勿过。还有特别的优待,切勿错过好机会;廉价详细书目录,函索附邮一分来。阳历七月四号起,上海扫叶山房告。”(至7月16日,刊登7次)

7月6日 刊载《上海扫叶山房特设暑假廉价》广告:“全国学校放暑假,扫叶山房大廉价。部名目繁多,逐日更换。价目自一分起至数十元止,折扣格外克己,特别优待各界起见。凡购满洋二元,特赠兑换书券二角,如满洋廿元者,特赠兑换书券三元。余者类推闰月初十日起二月为止。”列各类书籍115种,内有各种小说54种。(至7月16日,刊登6次)

7月29日 刊载《上海扫叶山房出品,价值可称第一》广告,列各类书籍160种,内有小说25种,最近新出版类包括:大字足本全图《石头记》中纸二元洋纸一元三角,大字足本全图《儒林外史》中纸一元洋纸七角,大字足本《燕山外史》中纸一角八洋纸一角,大字足本《唐人说荟》中纸二元洋纸一元二角;发售预约类包括:大字增评《聊斋志异》中纸一元六角洋纸一元二角。

12月3日 刊载《扫叶山房特设年假廉价部》广告:廉价四十天,阳历十二月一号起;赠品购满五角,赠大本历本一册;购满二元历本一册、法帖一册。列各类书籍188种,内有各种小说23种。(至12月24日,刊登4次)

1923年

3月4日 刊载《大字足本〈三国志演义〉预约》广告,其中云:“小说之能事,以普及为第一,迩来文言白话之争甚嚣尘上,虽各持之有故,要皆蔽于一偏,盖文言难于通俗,而白话不能行远。吾国幅员辽阔,语音丛杂,欲以方言一之,不免齐傅楚咻之失,至于咬文嚼字则又不宜于粗解文理之流,欲除此二弊,惟有用一种普通文字介于文言白话之间者,若《三国演义》其首选也。是书脍炙人口,内容不待赘述,大抵根据正史,而免干燥无味之讥,搜采异闻而无荒谬不经之诮,于历史小说中得未曾有,而文笔之流畅,尤能相副宜乎。无论何界莫不人手一编,且由此而得具普通知识,由此而能作粗浅文字,实吾国一种最普及之教科书,不当仅以小说目之也。本号因见是书收效之广,故特精缮大字,详加校勘,以便阅者。现已付印,准于三月出书,每部装订十六册,定价三元二角。先发售预约券,仅取半价,以出书日为限,期满截止印有样张,函索即寄,定价中纸三元二角,洋纸二元四角,预约只售中纸一元六角,洋纸一元二角,准于三月底出版。总发行所上海扫叶山房谨启。代售处各省中华书局及各大书局。"(至 4 月 14 日,刊登 3 次)

3 月 7 日 刊载《扫叶山房春季开学大廉价四十天》广告,称:"特设廉价部,陈列各书逐日更换,购满一元赠券一角,购满两元赠券四角。价目自一分起至数十元止,折扣格外克己,特别从廉四十天为度。印有详细廉价目录函索请附邮票一分即寄。"分发售预约券类、最新出版类、诗画类、学校参考书读本书类、书画考据类、小说类,列各类书籍 266 种,其中包括《三国志演义》十六册本纸一元六角洋纸一元二角,《大字聊斋志异》十六册本纸三元二角洋纸二元四角,《大字红楼梦》十六册本纸三元六角洋纸二元四角,《大字红楼梦》洋装二册四元,《女才子》洋装一册六角,《大字全图儒林外史》六册一元二角,《大字全图花月痕》四册本纸八角洋纸五角,《大字全图燕山外史》二册本纸四角洋纸二角等小说 42 种。(至 3 月 24 日,刊登 4 次)

7 月 2 日 刊载《扫叶山房特设暑假廉价部》广告:"七月一号起,印有详细廉价书目,函索即寄。廉价部陈列各书,逐日更换,价目格外克己,欲购者从速。赠品外埠函购,另赠书券;本埠选购,另赠折扇。"(至 7 月 4 日,刊登 3 次)同日,《本埠新闻》栏目刊载《廉价书籍之赠品》:“棋盘街扫叶山房近为优待顾客起见,凡购该房书籍满洋一元者,赠价值一角六分之扇一柄,满二元者赠价值三角六分之扇一柄,三元者赠价值五角半之扇一柄,四元者赠价值八角一扇一柄,余皆类推。此项赠扇为向所未有,故购客益形拥挤,赠出之扇亦复不少,并闻该房以外埠购者因寄递不便故,改赠书券另其章程函索即寄云。”

7月18日 刊载《扫叶山房增添廉价部书籍》广告,称:“河南路扫叶山房近日廉价部内增加书籍甚多,价值亦俱持平”,“故日来顾客益形拥挤,扇子亦赠出不少。”

10月29日 刊载《〈太平广记〉发售预约》广告,列丛书总目,称:“是书为宋季昉等奉敕监修,与《太平御览》同时编纂,采取道家、释藏、野史、稗官分类而成,为卷五百,为部五十有五。古来轶闻、琐事、秘籍、遗文网罗殆尽,当时以其无关典要,故与《御览》别行,迄今千数百年所采。书三百余种,逸者已逾其半,残编断简独赖是书以传。近代所编汉唐诸丛书,往往由此辑出,诚小说家之渊海也。况是书虽多谈神怪,而采摭繁富,名物典故,错出其间。词章家恒所采用,考证家亦多所取资,寔(实)为一大类书,堪与《御览》并行。惟《御览》流传为广,而此书则较鲜,自乾隆间袖珍本出颇能风行一时。近日板片漫漶,存书亦日减少,本号觅得初印善本,因重缮校印行,想世之研究旧小说者,当无不以先睹为快焉。预约简章:全书分订四十册,分装四函纸,分甲乙二种。甲种用中国连史纸,定价十四元,乙种用上等有光纸,定价十元。本书预约甲种只收七元,乙种只收五元。本书准本年阴历十一月底出版,预约五百部,限期即行截止。购预约者可就便将书价全数付交本号或各省经售处大书局,即给预约券一纸,出版后凭券向原购处取书。内地邮局信局不通汇兑之处,可用邮票代洋,惟须作九五折计算。邮费每部加洋四角,须与书价一并交清。扫叶山房谨启。”(至

12 月 31 日,无总目的广告刊登 15 次)

11 月 8 日 刊载《发售预约小说大观〈太平广记〉》广告,称:"全书精装四十册,分装四函,甲种定价十四元,乙种定价十元,邮费每部四角,准十一月底出版,预约只售半价。印有样张,函索即寄。预约千部,限满即止。总发行所上海棋盘街扫叶山房,代售处各省中华书局。"(至 12 月 8 日,刊登 10 次)

12 月 2 日 刊载《扫叶山房特设年假廉价部》广告,其中云:"甲字券二张: 时花铁机缎马褂料二件;乙字券二张: 时花华丝葛女袄料二件;丙字券十二张: 时式金丝眼镜十二副;丁字券廿四张: 水彩风景画四十八张(每彩二张);戊字券四十张: 自来水毛笔四十支;已字券四十张: 美女画八十张(每彩二张);庚字券四十张: 大日历四十个;辛字券六十张: 国民快览六十本;壬字券八十张: 去油渍皮皂八十块;癸字券一千七百张: 贺年片六千八百张。每券一张,装袋一个,袋口因封以昭郑重。本埠面购: 购者自抽当场拆看,立兑赠品;外埠函购: 敝号代抽,原袋寄上,贵客自拆,拆后袋券一并寄下,兑就赠品,立即邮奉。小说丛书大全集《太平广记》五百卷,四十册四套,定价中纸十四元,洋纸十元,预约只售半价,预约廉价期内再加赠品。"列子书类、新出版类、法帖类、书牍类、小说类、诗文集类、画谱类、棋谱类、艳体诗类、笔记掌故类、诗画类、说文字学类、词类、德育丛书、学校参考书类读本书类、医学类等书籍 380 种,内有小说 68 种,新增洋装《明末痛史》二元,洋装《说岳传》二元,洋装《九尾龟》二角,洋装《中国痛史》四角,洋装《老残游记上下编》一元八角,《香阑梦》一元二角,大字绘图《说唐》六角,《随园戏墨》八角,《随园随笔》五角。[①] (12 月 12 日、15 日,仅列

① 这 9 种说部作品中《中国痛史》与《老残游记》分别是扫叶山房代启新书局和百新公司销售,《随园戏墨》由扫叶山房与其他书局共同发行,其余 6 种因未曾在此后的扫叶山房书目广告中出现,故视为其代售书籍。

甲、乙、丙3种奖品与《太平广记》、《草书大字典》2种,书名的广告重登)

1924年

3月9日 刊载《扫叶山房代价书券》广告:“凭此券购书一元特赠实洋一角,购十元赠一元。期限阴历二月初五日至四月初五日为止,逾期无效。”

3月19日 刊载《扫叶山房春季大廉价》广告:“二月十五日起廉价卅天,照码六折另赠书券。特设春季廉价部陈列各书,逐日更换,价目格外从廉。学界趸购再打九折。”

3月21日 本埠增刊栏目刊载《扫叶山房举行廉价》:“棋盘街扫叶山房于前日起特设廉价部三十天,各货照码六折,另赠书券,如能每种趸购十部者尚可再廉,其清单可函索,前昨两日门市颇旺云。”

6月12日 刊载《小说丛书大观〈太平广记〉五百卷再版预约》广告,内容同1923年10月29日《〈太平广记〉发售预约》广告,但无总目。(至6月18日,刊登3次)

6月27日 刊载《四大预约》广告,其中《太平广记》预约广告,较之6月12日,增加总目。(29日重登)

6月21日 刊载《上海棋盘街扫叶山房暑假大廉价》广告:“扫叶山房暑假廉价章程:(一)廉价所载各书,照定码一律六折;(二)凡购满实洋一元者,赠码洋书券一角,五元者赠一元,二十元者赠五元,余则类推;(三)预约各书概照定码五折,而无赠券;(四)期限甲子年阴历五月二十日起六月二十日止,外埠宽放二十天;(五)书券兑期限以阴历六月二十日起至八月二十日止;(六)凡在廉价书目外各书(如木版局刊诸书)仍照七折计算而无赠券。外埠函购廉价书籍章程:一、采购图书者务将名目及书价寄费径寄,本号当即照信配齐寄奉;二、寄递款项请由邮局汇兑,寄费均由购书人自理;三、邮局不能兑汇款项者,其书价及寄费可用邮票代之,惟作九五算;四、书籍寄费照书价,约加一成半若有余多照数寄还;五、凡向本号订购预约各书者书价及寄费须一并交清当缴,以预约券一纸候书出后请持券向本号兑书,或订购时即将预约券留存敝处,出版后即当寄奉始,免遗忘挂失之舛误;六、已与敝号交易而或有询问等情,请将发票所列号目示明以便查复。特设暑假廉价部,陈列各书,逐日更换。商战时代,扩充营业第一目的。暑假期内只有我们扫叶山房独家廉价,学校购办满洋廿元,赠券六元,须有图章为凭。加赠一元。格外优待。"所列书目中,"四大预约类"栏目内有小说丛书大观《太平广记》四十册四函定价中纸十六元洋纸十二元邮费四角;"最近新出版"栏目内有大字《聊斋志异》本纸三元二角洋纸二元四角、大字《聊斋志异》洋装三元五角、大字《红楼梦》二元四角、大字《红楼梦》洋装四元、《三国志演义》本纸三元二角洋纸二元四角、《女才子》洋装六角、大字全图《儒林外史》本纸一元八角洋纸一元二角、大字全图《花月痕》本纸一元洋纸六角、大字全图《燕山外史》本纸四角洋纸二角。(至 7 月 21 日,刊登3 次)

12 月 7 日 刊载《扫叶山房冬季特设廉价部》广告:"大赠品章程:购书一元,抽赠券一张;购书三元,抽赠券四张;购书六元,抽赠券九张;购书十二元,抽赠券十八张。抽得彩券当场凭券兑赠品,每天二千张之支配。冬字券赠《十三经注疏一部》或先施公司券洋十元;季字券赠《评注昭明文选》一部;赠字券赠大字《三国志演义》一部或本号礼券一元半;品字券赠《国民快览》一本;大字券赠大日历一组;廉字券赠袖珍日记一本或贺年片八张;价字券赠十六图四开历书一本或外国信封或仿古信笺。赠抽彩办法:每天赠抽彩券冬字一张,季字三十张,赠字七十张,品字九十九张,大字二百五十张，廉字二百五十张，价字一千三百张，共计二千张。购书一元，赠券一张；购满十元，赠券十五张；张张有彩，人人满意。”列各类书籍 32 种，内有大字《红楼梦》中纸廉价二元四角洋纸一元三角，大字《红楼梦》洋装廉价二元五角，《三国志演义》中纸廉价一元九角洋纸一元四角。(12 月 10 日重登)

12 月 24 日　刊登《扫叶山房发售再版六大预约》广告，称“六大预约，印有样本，函索即寄，年终截止，购全六种，特别优待。中纸只售四十元，洋纸只售二十八元。代售处各省各埠大书局，总发行所上海扫叶山房谨启”，内有《聊斋志异》，其广告云：“大字增评《聊斋志异》全书十六册二函，定价连史纸三元二角，有光纸二元四角，八版预约，印有样本，预约只售半价。《聊斋志异》一书向无善本，自同文局石印本出，颇餍一时之望。因其校雠详审，印刷精良，与同时诸坊本有上下床之别。然自今日观之，当时因节省纸幅之故，字迹过小，尚费阅者目力，而后印之本，距成书已三十余年，底本间有漫灭之处，鱼豕亦不能免。本号有鉴于此，延请名儒覆勘缮成精本，放大影印，兼以原本未有详语，复就诸家采择罗列眉间。虽不敢自谓美善，亦可以告无罪矣，抑尤有进者。本书脍炙人口，垂三百年其佳自无待言，而书之所以佳，或有不及知者。要之书名志异，却非《齐谐》、《山海》一流，说鬼谈狐大抵皆有寄托，而其描写人情物态，实有绘影绝声之妙，近世小说巨子著作等身，平日沾沾自喜，谓得班马之长，实则余膏剩馥，取自是书为多，余子碌碌，更无足论是。蒲氏乃近代文学之初祖，而是书为短篇小说之滥觞也。工竣更赘数语，以绍介于读者。”(至 12 月 30 日，刊登 3 次)

1925 年

5 月 20 日　刊载扫叶山房广告，称：“扫叶山房夏季大廉价，五月二十号起廉价，一月为止。照码六折再赠书券，特设廉价部，陈列各书,逐日更换。”

7月21日 刊登《扫叶山房发售八大预约》广告:“各界注意,八大预约印有样本,函索即寄,预约一律只售半价,欲购从速。预约每种一千部为限,限满即行截止,出版后实售七折。特别优待:如全八大预约者,中纸每份只售三十一元,洋纸每份只售二十二元,邮费每全部另加洋二元。期限阴历七月底截止,外埠宽放十天。总发行所上海棋盘街扫叶山房书局启。代售处各省中华书局及各埠大书局。”列各类书籍8种,《太平广记》预约内容同1923年10月29日《〈太平广记〉发售预约》广告;《水浒传》预约广告云:“大字足本评注《水浒全传》十二册二函,定价中纸三元六角,洋纸二元四角。《水浒》为吾国说部之杰作,列四大奇书之一,因其人情物态悉毕肖,有如铸鼎燃犀,使百八人之声音笑貌,千百年后活现纸上。虽属小说家言,不啻读史公之游侠列传,故能脍炙人口,流传不绝。近自提倡白话文字,此书价值益增然。坊刻虽多类,皆效西施,强加标点,与书中之大旨无关,而板(版)本之精善者转觉稀见。本号有鉴于此,特缮大字精本,增绘图像兼加评注,与前出之《三国》、《红楼》同一精美。现当付印之际。先发售预约卷,暂收半价,限阴历八月出版预约同时截止。”《三国志演义》预约广告内容与1924年3月4日类似,增加“大字足本《三国志演义》十六册二函,定价中纸三元六角,洋纸二元四角。特色(一)演义第一善本,(二)圈点注释详明,(三)大字全图精美,(四)消遣无上妙品,(五)考察历史必读,(六)全书一千余页”,“已于三版付印,为利便惠顾诸君起见,先发售预约券,仅取半价,以出书日为限期,满仍售洋七折”。

7月24日 刊载《上海扫叶山房书局》广告:“期限六月初五日起一月为度,发售八大预约,印有样本奉赠。小说丛书《太平广记》全书五百卷,分八十八类,只售中纸八元,洋纸六元。特设暑假廉价部，陈列各种书箱，逐日更换，价目自一折至六折止，另赠书券。”

9月17日 刊载《扫叶山房书局为七月底出版之预约书籍展期通告》：“展期原由：本局发售八大预约券，以五种原订为七月底准期出版。旋以印刷罢工，猝然以起，致已付印之五种，即告中辍。虽幸事前已得印有少数，惟期至出版，既虞不敷分配，实时截止，又恐购者有向隅之憾，不得已，爰将五种展期一月。凡七月以前定者。此时即可兑书。后此定者。准八月底取书。”

10月31日 刊载《上海扫叶山房发售十大预约》，内有：“大字足本《红楼梦》一名《石头记》十六册二函，定价中纸四元洋纸二元五角。”

11月3日 刊载《扫叶山房发售十大预约》广告，列各类书籍10种，内有《唐人说荟》预约，称：“小说巨著《唐代丛书》一名《唐人说荟》十六册二函，定价连史纸五元，有光纸三元六角。小说九百昉自虞初，代远年湮，传者绝少；降自唐代其书始繁，缘唐以诗赋取士，其时文学极盛出，其绪余撰为小说，亦复斐然可观，惜片鳞一爪，要皆散见于各书中，未有汇而刻之者。清代莲塘居士始有《唐人说荟》之辑，专就有唐一代，撷其菁英，得书一百六十四种，珊网宏搜，始免散佚之恨。本号因见世无善本，特为精缮大字行世。”《红楼梦》预约，称：“大字足本《红楼梦》一名《石头记》十六册二函，定价连史纸四元，有光纸二元六角。是书久以脍炙人口，其描摹人情世故，可谓妙到秋毫，坊间版本虽多，而鲁鱼亥豖错伪，难免读者病之。敝号有鉴于此，特缮大字精本，付刊行世，迭经再版，均不胫而走，具见阅者欢迎之诚。兹于五版之际，敝号为精益求精计，复延通儒，重行精校，以期尽善尽美，藉副惠顾之雅意。刻为优待各界起见，特发售预约券，欲购诸君盍兴乎来。”文末云：“发售预约，只售半价；印有样本，函索即寄；每种预约，只限千部；售满截止，欲购从速。特别优待：凡购全十大预约者，连史纸每部只售三十元，加邮费二元，有光纸每部只售二十二元，加邮费二元，内有三种用连史纸精印。总发行所上海棋盘街扫叶山房启。代售处：各省各埠大书局。”(11 月 5 日、11 月 22 日重登)

12 月 3 日 商场消息栏目刊载《扫叶山房举行冬季廉价》：“棋盘街扫叶山房书局于十二月五号起发售冬季廉价一月，各书书价概照平常低一折扣，闻更为优待各界起见，并备有各种赠品。如购书一元抽彩一张，头彩扫字券系赤金戒指及先施礼券，二彩叶字券系冲楠木义具箱及中山纪念表等物，其余赠券亦均有赠品，务使购者满意云。”

12 月 10 日 刊载《扫叶山房冬季大廉价》广告，称：“购书一元赠彩券一张，每天一千号，品贰百五十元”，“头彩扫字券二张，任选下列赠品之一：赤金戒指一只，永安礼券十元；二彩叶字券十张，任选下列赠品之一：中山纪念表一只，德国热水瓶一个；三彩山字券卅张，任选下列赠品之一：冲楠木文具器一只，风景画四张，时式眼镜一架；四彩房字券一百八张，任选下列赠品之一：《国民快览》一册，美女屏条一堂；五彩冬字券，一百五十张，任选下列赠品之一：去油渍药水一瓶，五彩美女画一张；六彩季字券二百张，任选下列赠品之一：大号日历一组，各种香皂一块；七彩廉字券二百张，任选下列赠品之一：小号日历一只，美术信笺一束；八彩价字券三百张，任选下列赠品之一：袖珍日记一册，化妆品一匣”。所列书籍分新出版类、新式标点类、预约券类、子书类、小说类、学校参考书读本书类、诗文集类、说文字学类、艳体诗类、词类、笔记掌故类。新出版类，列书籍 10 种，内有大字足本评注《水浒全传》、《太平广记》、《唐代丛书》、大字足本《石头记》(一名《金玉缘》)；小说类列书籍 41 种；笔记掌故类列书籍 15 种。

1926 年

3 月 8 日 刊载《新式标点十大名著汇编十种书名》,列各类书籍 10 种,内有《板桥杂记》二角五分,《搜神记》大洋六角,称:“全部十种十一厚册,共计定价大洋五元六角五分,预约只收二元八角,另赠书券洋五角,再送锦盒一大只,如欲另售照定价六折。总发行所上海棋盘街扫叶山房书局,代售处各埠中华书局。”(3 月 17 日重登)

4 月 21 日 刊载《上海扫叶山房发售五大预约,欲知古今事快读有用书》广告,列各类 5 种书籍,内有新出大字《东周列国志》预约,其广告云:“大凡作小说者,以历史小说为最难。因他种小说,类皆凭空结撰,取悦观者之耳目。至于历史小说,虽不必引经据典使无一字不有来历,而亦不宜专事附会,致有违于事实,此一难也;事既实矣,倘仅随笔数衍,则又奄奄毫无生气,使阅者展卷欲睡,此二难也。有此二难。故吾国历史小说虽多,求其而不诡于正,俗而不伤于雅者,惟《三国志》及《列国志》二种。固由二书之时代,世变最亟,人材最盛,为历史生色不尠。要亦作是书者,翦裁穿插,各极其宜,始能兴会淋漓,脍炙人口。本号前印《大字精本三国演义》,业已风行一时,兹复将《列国志》一书,精校印行,准于四月出版。现售预约券,仅收半价,预约期满,仍照定价。”《三版大字〈聊斋志异图咏〉增评旁批》广告,内容同 1924 年 12 月 24 日。《五大预约价目》栏称:“《东周列国志》二十六册二函,甲种三元六角乙种二元四角;四月底出版《聊斋志异》十六册二函,甲种三元六角乙种二元四角……每种预约只售千部,售满截止,欲购从速,切勿失此机会,限满照定价计算。总发行所上海棋盘街扫叶山房代售者各省各埠大书局。”

4 月 30 日 商场消息栏目刊载《扫叶山房赠品廉价》:“棋盘街扫叶山房现定五月一号起,特设春季大赠品大廉价,一月自购书一元至数十元,均有赠品。对于学校用书尤为便宜,赠品亦取实用。闻廉价部内尚有特别减价之书云。”

5月1日 商场消息栏目刊载《扫叶山房特设春季廉价部》:“该店自三月二十日起廉价,赠品三十天,陈列各种书籍逐日每种限售。五部门市部向售七折,今廉价期内减售六折,购书一元再加赠品,廉价部价目特别从廉,又二种合购部另陈列一处,折扣比六折外再抵一折云。”

5月2日 商场消息栏目刊载《扫叶山房廉价之第一日》:“扫叶山房首创二种合购部,有数十种名目另陈列一处,价目比门市部再廉九折。廉价部各种书籍再廉之价,照原定价一折起至五五折为止,再加赠品购者甚为踊跃云。”

5月3日 刊载《印有样本函索即奉,十大预约只有十天了》广告,其中曰:“大字增评《聊斋志异图咏》全书十六册二函,定价中纸三元六角洋纸二元四角;大字加批《东周列国志》全书十六册二函,定价中纸三元六角洋纸二元四角,预约只售半价,为日无多,欲购从速。购全十大预约者,甲种只售六十五元,乙种只售五十二元,外埠另加邮费,限于阴历四月底截止,过期无效,以本号为限。总发行所上海棋盘街扫叶山房预约处。”(5月3日重登)

5月8日 刊载《扫叶山房大赠品特设廉价部春季廉价》广告,详列各种赠品,丙寅笔记掌故类、丙寅小说类、丙寅旧小说类均廉价6折,再有赠品。

5月21日 刊载《扫叶山房发售十大预约印样本奉赠》广告,内有“本年第二次发售预约五种”,其中“大字足本《聊斋志异》中纸三元六角,洋纸二元四角;大字足本《东周列国志》中纸三元六角,洋纸二元四角”。另有《太平广记》与《五朝小说大观》广告,云:“预约小说丛书之一《太平广记》分八十八类,全书五百卷四十册,分装四函,定价连史纸十六元,有光纸十二元,邮费四角。小说丛书之二《五朝小说大观》一名《续太平广记》,四十册四函,定价连史纸十六元,有光纸十二元。历来小说多矣,每以不及遍阅为憾。其辑为专书者,以《太平广记》为最备。顾其书编自宋初,后此尚付阙如,且分门别类,犹不免割裂之病。此《五朝小说》者为明季人所搜集,自魏晋唐宋以迄明末,都凡五百余种。悉就原书编次,不复强分门类。所采之书,固时移世易,半就湮灭,独赖是书以存。非但搜奇志怪,巷语街谈,悉为后世之珍闻;即朝章国故,说理论文,亦时寓乎其中,堪与《太平广记》一书并行不悖。本号觅得明刊善本,重印行世。先发行预约券,准期出书不误。"文末云:"《太平广记》与《五朝小说大观》合购二种,连史纸只售十六元,另赠书券二元,有光纸只售十二元,另赠书券一元五角,以示优待,别加邮费。总发行所上海北市棋盘街扫叶山房启,代售者各省各大书局。"(至 6 月 11 日,刊登 4 次)同日,本埠新闻栏目刊载《扫叶山房发售两预约券》,其中云:"一为《五朝小说》,摭拾齐谐异闻,汇为大观,足与《太平广记》相颉颃,想两书必博群众欢迎云。"

5 月 30 日 本埠新闻栏目刊载《扫叶山房廉价展期》:"该号自设廉价已届截止,旋因购者踊跃所备赠品存数尚多,故再展期半月。廉价部内各货特再削价,期使购者满意。近发售预约券如《四体大字典》、《五朝小说》、《金石萃编》等往购者颇众云。"

7 月 25 日 刊登《发售赠品预约券,再版新书十种》广告:"破天荒! 首先发起赠品预约券,预定一种只收半价,可抽赠券一张,有独得华丝纱长衫料之权利! 十种全定,赠彩之外,再赠书券。后列十种新书,初版均已售罄,现在一律再版,准于阴历六月底出版先行发售预约券,只收半价,并备赠品彩券,以助兴趣。此种办法,市上从未有过为日无多,幸勿错过。赠券支配: 发字券一张,赠华丝纱长衫料一件;售字券二张,赤金戒指一只或永安礼券十元;预字券十五张,或国货草帽一顶文具箱一只;约字券卅二张,美女画片二张或自来水笔一枝;券字券五十张,精刻雅扇一把或本店书券五角;大字券五十张,金边日记一册或精刻雅扇一把;赠字券一百五十张,赛银铅笔一枝或袖珍日记一册;品字券二百张,赠美术信笺一束。得书券,可以采购他种书籍!抽彩券可得华丝纱长衫料!大好机会,千载一时,轻易错过,不可再得。预约期满,书价增涨,乘此时期,从速预定。凡十大预约各书,无论何种,预定一部者,即可抽取赠券一张。凭券上所标字码,领取赠品。"列书籍 10 种,内有大字足本《三国志演义》连史定价三元六角有光定价二元四角,大字足本全图《五才子》连史定价三元六角有光定价二元四角,大字足本全图《西厢记》连史定价大洋八角有光定价二元五角,大字足本《东周列国志》连史定价三元六角有光定价二元四角,大字足本《聊斋志异》连史定价三元六角有光定价二元四角,大字足本《红楼梦》连史定价大洋四元有光定价二元五角。

8 月 21 日 刊载《两大预约(《五朝小说大观》与《太平广记》)同时出版》广告,与当年 5 月 21 日广告内容相比,增加《太平广记》目录 88 类。

8 月 26 日 各商店消息栏目刊载《扫叶山房书局举行秋季廉价》:"棋盘街扫叶山房书局自七月二十日起举行秋季开学大廉价,大赠品两个月。各种图书均照平常低一折扣购,书满洋一元抽丁组,赠券一张满;洋五元抽丙组,赠券一张;满洋十元抽乙组,赠券一张。购预约书一部抽甲组,赠券一张。各种赠品特选人人欢迎之物品,五光十色,蔚为大观。闻最低之赠品为香亚公司之上等牙粉一瓶,亦值市价大洋三角。该书局年来藏板甚富,出品亦精,举行廉价,年仅春秋两次。"

8 月 28 日 刊载《上海扫叶山房书局秋季开学大廉价》广告,列华丝纱袍料价值十五元,赤金戒指价值十元,复兴园酒席券价值十元,上等燕窝价值八元,上等白木耳价值七元,大鹏闹钟价值六元,上等黄履胶价值四元,三星白兰地价值三元,爱国草帽价值二元五角,散拿吐瑾价值二元二角,上等西洋参价值三元,冲楠文具箱价值一元五角,人造自来血价值一元二角,再造丸价值一元二角,自来水笔价值一元,风景画价值八角,白金龙香烟价值九角,寒暑表价值四角,香亚牙粉价值三角,白铜铅笔价值三角,真皮袖珍日记价值三角,美术信笺价值二角。列经书类、史学类、子书类、诗文集类,内有正续《太平广记》80 册甲种三十二元。

9 月 15 日 刊载《〈太平广记〉只有五天》与《〈五朝小说大观〉只有五天》广告,内容分别为当年 8 月 21 日“两大预约同时出版”中对两书的介绍,文末云:“两书合购,中纸只收实价十六元,再赠书券大洋二元,洋纸只收实价十二元,再赠书券一元五角,以上两书准于八月十五日出版,预约只有五天。”

11 月 14 日 刊载《上海扫叶山房冬季大廉价》广告,赠品有先施公司礼券十元、三星白兰地酒一瓶、散拿吐瑾一瓶、正草隶篆四体大字典木箱一只、书卷一元、《分类新尺牍大观》一部、《国民快览》一册、大日历一个、袖珍日记一册或信笺一束、大日历本一册等等。列各类书籍 77 种,其中预约券类有新式标点《笔记小说大观》十一厚册二匣,定价大洋六元;新出版类有《太平广记》、《五朝小说大观》新式标点类列小说 8 种,此前从未出现过的作品有《燕山外史》、《古今情史》;旧小说类列书籍 14 种;小说类列书籍 16 种。

11 月 15 日 刊载《上海扫叶山房冬季大廉价》广告,所刊书目接续前一日,内有笔记掌故类,列小说 24 种。

1927 年

4 月 24 日 商场消息栏目刊载《扫叶山房举行春季廉价》:“该号自二十五号起设立廉价部,三十天已将书价逐一减低,陈列各书亦每日增加,并为促国民人人尊重先总理三民主义起见,特备有三民主义总理肖像等为赠品,分‘庆祝总理指定的南京政府’为赠品目标。”

4 月 28 日 刊载《上海扫叶山房春季廉价大赠品》广告:“永安公司礼券十元,中山丛书一部,书券一元,中山墨迹一册,时装美女画一张,中山像五彩色一张,三民主义一册,宋庆龄女士像一张,蒋介石像一张,墨色中山像一张。廉价期内一律六折,木版书籍不在此例。购满一元再加赠品。庆祝总理指定首都,建设南京国民政府成立,纪念同志欢迎三民主义,特别便宜。本号廉价期限一月,一律加赠,同胞诸君,欲购从速,详细书目,函索即寄。”列经书类、史学类、子书类、诗文集类、丛书全集类、字典类、尺牍类、新式标点类、最新出版类,所列说部书籍同 1926 年 11 月 14 日、15 日。

8 月 27 日 刊载《上海扫叶山房图书汇报》广告,称:“同业批发照今改售折扣再九扣,如满百元另赠实洋书券六十元,机会难得切勿坐失。详细廉价书目,函索即寄。如期内还清旧账,每百元加赠实洋书券二十元。最近新出版廉价期内购满一元,另赠实洋书券六角。”列说部书籍 77 种,最近新出版类有小说大观《太平广记》、小说大观《五朝小说》;新式标点类有《笔记小说大观》、《香祖笔记》、《庸庵笔记》、《老学庵笔记》、《古今情史》、《燕山外史》、《札记小说》、《滑稽谈》、《虞初志》、《世说新语》(以上所列十种作品书名前均标注“新式标点”),另新式标点《十大名著汇编》中有《搜神记》;笔记掌故类列 20 种;小说类列 21 种。(8 月 30 日重登)

9 月 9 日 刊载《扫叶山房秋季开学大廉价》广告:“上海棋盘街五马路口,特设廉价部陈列各书,逐日更换。本版书籍门市向售七折,今改售六折;新式标点的书门市向售七折,今改售五折。”

10 月 5 日 刊载《秋季廉价特赠实洋书券》广告:“石印各书一律六折,本版书籍一律七折。每购本版书籍一元,赠书券六角;每购外版书籍一元,赠书券四角;每购本版书籍一元,赠书券二角。”列各类书籍 500 余种,内有小说 60 种。

11 月 1 日 刊载《上海扫叶山房发行二十八种大丛书廉价一月》广告:“本局为应社会之要求,谋文化之发展,特将经史子集及小说杂类等共二十八种汇为一书,有古籍有新著,洋洋大观,皆为近时实用而不可不备者。且本局以提倡国货为职责,悉用上等中国连史纸,印刷精良装订考究,诸君手此一编,于文字上固能俯拾即是,则置之高斋亦且雅致生辉。兹为普及起见,特别优待,购全廿八种,只售三百元,分购满百元者,照原六折九扣,满五十元者,照原价六折九五扣,零购一律六折,再每元另赠实洋书券六角,以此类推,机会难得,欲购从速。”(11 月 2 日重登)

11 月 20 日 刊载《上海扫叶山房价目廉而又廉,赠品送点加送》广告,称:“冬季券赠酒席券十元,季字券赠化妆品四元(或)白兰地一瓶,廉字券赠实洋书券二元,价字券赠热水瓶一只(或)风景画一张,期字券赠皮热水袋一只(或)自来水笔一枝,内字券赠《中山全书》一部(或)《国民快览》一册。每天赠彩,只有一百张,抽得券一张,当时兑取,赠品两种。外埠函购,本号代抽,抽得彩券原封寄上,请由贵客自拆所赠书券,一律二成搭用。”(11 月 21 日重登)

1928 年

3 月 15 日 刊载《上海扫叶山房大廉价大赠品》广告,称:“特设春季廉价部,陈列各书,特别便宜,购满一元,再赠书券,春季廉价,期限二月,阳历三月十五号起”,文末曰:“为顾客便利者,特设代办处。本局自创办至今,已历三百余载,信用昭著,出版精良,久为各界所推许。本局得此宠鉴,益勉求精,以期无负各界之厚望。兹缘外埠函购上海各书局书籍,必缮数函,分头采办,手续既繁,耗费亦多。且沪上书局,有故意抬高价目,减低折扣,藉以招徕,顾客受其欺者,颇不乏人。本局为除此弊,并为顾客便利起见,特设代办处。凡上海各书局书籍,均可代办。价目悉照来价,车费劳资,不受分文。兹将简章列后。一、所购之书，须注明某书局出版及价目。一、如汇兑不通之处，可邮票代洋，须作九五扣。一、来函挂号簿，以免遗失，如回件亦欲挂者，另加挂号簿费一成。一、函内须开明邮件地址。一、淫书及其他经禁绝者，有故意抬高价目减低折扣者概不代办。”所列小说书目中，最近新出版类与新式标点类所列小说书籍同 1927 年 8 月 27 日广告，但无掌故笔记类，增加旧小说类，列书籍 10 种。该广告中的《燕山外史》既有新式标点版本，也有大字全图版本。

6 月 3 日 刊载《上海扫叶山房出版精本三十二种大丛书特价一月》广告，内容与 1927 年 11 月 1 日广告同，文末增加：“三十二种大丛书，共装订一千四百十六册，精美锦套，一百七十五函。全国图书馆不可不备之良书，全国藏书家不可不备之良书，全国书业同行更不可不备之良书。”(6 月 3 日重登)

7 月 3 日 本埠新闻栏目开展《扫叶山房廉价》：“棋盘街扫叶山房自昨日起特设暑假大廉价，凡购书籍一元即赠书券六角，余者类推。门市营业因此非常拥挤，书名繁多，逐日更换。”

9 月 9 日 刊载《扫叶山房秋季大廉价》广告：“九月七号起大廉价三十天，如购一部须凭贵学校图章购者，照实价之外亦可再打九扣，格外优待，期满截止。”列各类最近新出书籍类 23 种，有《亡国痛史》四角、《五朝稗史》六角五分、《六十四奇案》五角、《情海秘记》六角、《天涯异人传》六角。

10 月 4 日 刊载扫叶山房广告其中云：“《亡国痛史》一字一语，伤心话血泪文章，剧可怜。本书所述均为各亡国人民身受之实情，记载国亡家破之惨痛状况，完全根据事实而成，绝无一字虚伪，文笔深刻，读之伤心泪落。总目录下，细目不克备载。本书总目：(印度)义烈双妃记、(韩国)南浦渔侠、(埃及)亚勒白轶事、(韩国)韩国义士传、(缅甸)金环记、(韩国)张学生上清、(波兰)鲽恨、□□

贝勒战斗书、(安南)邯郸客语、(台湾)三台遗恨录、(安南)阮尚贤、(安国)越南义士传、(韩国)苏晋比别记。全部洋装大本一册,原价四角,特价二角四分,寄费七分五厘。《情海秘记》一册六角,《六十四奇案》一册五角,《天涯异人传》一册六角,《五朝稗史》一册六角五分,一律概售六折。以上六种合购只售二元,外埠另加邮费二角。上海棋盘街扫叶山房发行。”

10月8日 刊载《劝君惜取少年时,劝君速购扫叶书,扫叶山房秋季廉价削低折扣》广告:“扫叶山房书局,创业至今已三百多年,有价值之国学书籍,大半俱系本局出版的。真实减折,诚确廉价。本局印行各书向极慎重,无论旧刻新著必有益于学业者始行出版,盖不甘与世俗同浮沉也。方今各地学校多已开学为供应需求起见,特将所有各种书籍一律削低折扣,以减轻购书人之负担,幸垂察焉。公开陈列,欢迎翻阅,照原价再打五、六折,学校更加九扣,邮票购书十足收用,寄费照实价加一成,图书目录索阅即赠。附设特别便宜书场:本局此次廉价各种书籍均系极完好极整齐之新书,此外尚有书面稍有污损及略沾水渍之各种书籍二三千种,花色繁多各类俱有,亦一并在本发行所另开一处陈列,标价非常低廉,本埠亲来选购,捷足先得,外埠因不能列举书名,恕不奉命。上海棋盘街中扫叶山房书局。”列各类书籍 222 种,最新出版的新小说类所列小说有:《二十四史演义》一元四角①、三色板面子《亡国痛史》四角、三色板面子《天涯异人传》六角、三色板面子《五朝稗史》六角五分、三色板面子《六十四奇案》五角、三色板面子《情海秘记》六角;新式标点类所列小说同 1927 年 8 月 27 日广告,旧小说

① 根据《申报》1929 年 11 月 1 日所刊王天恨《癸丑革命中之一坤伶》中所言,“愚为世界书局纂《二十四史演义》,先成民国史,备身参考书若干种”;此外,这则“劝君惜取少年时,劝君速购扫叶书”在 1928 年 10 月 31 日与 1929 年 3 月 2 日广告重刊时,均未出现这部《二十四史演义》,故推测该书非扫叶山房刊行。

类列小说 10 种;小说书类列 14 种;掌故笔记类列 21 种。(10 月 31 日重登,但未出现《二十四史演义》)。

11 月 24 日 刊载《上海扫叶山房冬季廉价》广告:"冬季廉价部陈列各种书籍,逐日更换,价目格外克已,法帖只售三折,购满一元另加赠品。冬季大廉价,大赠品五十天。本版书籍,向售七折,冬季廉价,只售六折。购满一元,赠彩一张;购满三元,赠彩四张;购满五元,赠彩六张。所赠彩券,每天千号,抽得彩券,当场兑取。外埠函购,本号代抽,兑取赠品,随书附寄。欲购从速,切勿失机。头彩'征字券',赠永安公司礼券十元,复兴园酒席券十元;二彩'求字券',赠四体大字典木箱美国风景画一只四张;三彩'三字券',赠五彩美女屏条四张,本号实洋书券四角;四彩'民字券',赠十八年国民快览一册瓷匣,印泥一匣;五彩'主字券',赠新式美女画一张新式,信封二束;六彩'义字券',赠十八年大日历一组,香肥皂一块;七彩'作字券',赠美术信笺一束白,铜铅笔一支;八彩'品字券',赠十八年袖珍日记一册,十八年大历本一册。外埠同业批发,再打九折,赠品概不赠送。倘学校趸购。照同业办法亦可通融。印有廉价书目函索即寄。最近新出版,一律只售六折再加赠品。"列各类书籍 340 种,与 1928 年 10 月 8 日相比,小说类书目新增大字《西游记》五元、《九义十八侠》二元[①]、大字全图《儒林外史》中纸一元八角洋纸一元二角、《老残游记》一元二角[②]、《谈异》五角、《历代神仙传》一元二角。

12 月 24 日 刊载《书》广告:"读中国连史纸印的书,非但不损目力,非但可传于子孙,而且是实际的爱国行为。上海扫叶山房

---

① 该书仅在本次扫叶山房书目广告中出现,且 1927 年 10 月 9 日《申报》所刊《九义十八侠》广告中明确标注"校经山房发行",故此书为扫叶山房的代售书籍。

② 据 1914 年 11 月 26 日与 1924 年 4 月 7 日《申报》所刊《加批增注〈老残游记〉》和《〈老残游记〉第五次预约》广告可知,该书应为扫叶山房代百新公司销售。

发行的下列各书，都用中国连史纸精印，都是极有价值最著盛名的好书，提倡国货削减售价，敬请实事求是的读书者，勿失机会。”列各类书籍 61 种，说部书籍 20 种。

1929 年

2 月 25 日 刊载《扫叶山房春季开学大廉价》广告：“三十天开学期内，自二月廿五号即阴历正月十六日起，精印本版书籍向售七折，今大廉价改售六折，精印各种法帖向售七折，今大廉价改售五折，代售外版书籍向售七折，今大廉价改售六折。特设廉价部，陈列各种新式标点及各种法帖，一律只售三折，满洋二元者再打九扣，学校趸购如满十部本版书籍，只售六折再打九扣，以示优待，印有清单函索即寄。”

3 月 2 日 刊载《劝君惜取少年时，劝君速购扫叶书，扫叶山房书局春季廉价削低折扣》广告，所列书目同 1928 年 10 月 8 日广告，但未出现《二十四史演义》。

6 月 18 日 刊载《特设夏季廉价部》：“购满书洋一元，加赠实洋书券两角，本月底截止。小说丛书之一《太平广记》全书五百卷，四十册四函，甲种十六元乙种十二元，预约只售甲种八元乙种六元。小说丛书之二《五朝小说大观》四十册四函，甲种十六元乙种十二元，预约只售甲种八元乙种六元乙种售十一元，邮费每部加四角。合购正续太平广记甲种售十五元……特别优待边省远道，宽放本月底截止。本埠照定价售七折，总发行所上海棋盘街中扫叶山房，出售代售处各省各埠大书局。”

6 月 27 日 刊载《上海棋盘街中扫叶山房》广告：“如索详细书目，函索即寄。发售十大预约，价目载明样本。”列各类书籍 10 种，内有《太平广记》、《五朝小说大观》。称：“四月底如期出版，优待边省远道，宽放到本月底截止预约，优待办法索取样本。”

8月24日 刊载《上海扫叶山房本月二十号起举行秋季大廉价三十天》广告，称："本月二十号起举行秋季大廉价三十天，期满截止精印本版书籍向售七折，秋季廉价改售六折。"内有："小说丛书之一《太平广记》四十册四套，定价中纸二十八元，洋纸十八元，邮费六角；小说丛书之二《五朝小说大观》四十册四套，定价中纸十六元洋纸十二元，邮费四角；《亡国痛史》一册四角、《六十四奇案》一册五角、《五朝稗史》一册六角五分、《情海秘记》一册六角、《天涯异人传》一册六角。"8月31日，此广告题目改为"上海扫叶山房八月二十号起举行秋季大廉价，二十天外埠宽放廿天"，所列小说书目不变。

12月2日 刊载《扫叶山房书局》广告："今日起举行冬季大廉价三十天，本版书籍改售六折，精印法帖改售五折，特设冬季廉价部，陈列各书，逐日更换，价目特别格外克己。凡学校趸购每种满五部者，照上折扣再打九扣，外埠如购五十元邮费奉赠。印有廉价书目，函索即寄。"

12月22日 刊载《扫叶山房再版新出廉价一月》广告，小说书类有大字足本《三国志演义》、大字足本《聊斋志异》、大字足本《东周列国志》、大字足本《石头记》、大字足本《水浒全传》、大字足本全图《西游记》、大字足本全图《封神榜》、大字足本全图《西厢记》、大字足本全图《牡丹亭》、大字足本《今古奇观》、大字足本《花月痕》、影印《红楼梦曲谱》，称："以上十二种小说制成木箱，亲友送礼无上佳品，用中国连史精印，永不变色，传与子孙可作永久纪念。购全只售十八元，木箱外加二元，箱上刻上下款，不另取资。外埠木箱不能邮寄。"

1930年

5月4日 刊载《十大预约最短期内出全》广告，内有"旧小说十种,汇刻百四十册,定价中纸卅一元四角,洋纸廿元四角,阳历六月底出版。1. 三国志演义,2. 聊斋志异,3. 东周列国志,4. 水浒全传,5. 西厢记,6. 牡丹亭,7. 儒林外史,8. 红楼梦,9. 唐代丛书,10. 全图今古奇观 ",文末云:"预约五折,阳历七月底出,上海棋盘街扫叶山房。"(5 月 27 日重登)

6 月 28 日 刊载《上海扫叶山房发售》广告:"十大预约,赠送样本十万册。1.《百子全书》十四元,2.《十三经注疏》十元,3.《殿本四史》十八元,4.《四体人字典》七元,5.《佩文韵府》二元,6.《旧小说十种汇刻》十五元七角,7.《随园全集》十元,8.《四库全书总月提要》十元,9.《事类统编》三元,10.《三希韦画宝大观》十元。购全十大预约,连史纸只售一百二十元,有光细纸只售八十四元。精置楠木书箱一座,连架子售洋二十元。亲朋送礼,唯一无二佳品,分购全购均可,欲购从速。"

8 月 1 日 刊载《扫叶山房十大预约》广告,其中有《旧小说》10 种,云:"共一百十四册,中纸卅一元四角,洋纸廿元零四角。预约五折,阳历七月底出版,过期涨价。外埠函定,寄费照实价加一成。一《三国志演义》、二《聊斋志异》、三《东周列国志》、四《水浒全传》、五《西厢记》、六《牡丹亭》、七《儒林外史》、八《红楼梦》、九《唐代丛书》、十《全图今古奇观》,均系精校大字足本。"

8 月 17 日 刊载《十大预约期限将满,外埠宽放卅天》广告,称:"边省远道纷纷来函,要求宽放,现已准于阳历八月底十大预约同时截止,凡在七月前预约各书者,请持券向原经售处取书可也。"内有《旧小说十种》,与 5 月 4 日广告相比,此广告增加"加赠布套十六函,寄费加一"。

9 月 4 日 刊载《扫叶山房商标》广告:"欲购诸君认明本号商标,庶不致误。秋季开学期内,发售特价一月,特价只售六折,期满即行涨价。发售十大预约,今日如期出版,优待外埠定户起见,仍售半价,宽放三十天,以邮政局戳记为凭。十种合购,连史纸仍售一百廿元,有光纸仍售八十四元,邮费另加一成。另制精雅式书箱一座,每架加洋廿元,邮费八元。"内有大字足本《旧小说十种汇刻》中纸三十一元四角,洋纸二十元四角。

12月2日 刊载《文学权威丛书廉价,研究国学之最佳工具》广告:"上海实业创始者扫叶山房三百年来第一次,扫叶山房书局廉价又赠彩之好机会。三十种著名丛书,全用中国连史纸印刷,是识字人都应看,是中国人都应备,优待全国图书馆,全购特廉免邮,每馆限购一份。"列各种书籍30种,内有小说丛书之一《太平广记》四十册装四函,原价十六元;小说丛书之二《五朝小说》四十册装四函,原价十六元;《旧小说十种合(汇)刻》一百册十五函,原价三十二元;《唐人说荟》十六册装二函,原价六元。文末云:"购一部者照原价七折,购三种以上者七折再九扣,再加赠彩十张。本埠券券有奖,人人可得,包不脱空。购书满洋一元,即赠奖券一张;券上注明奖物,凭券立即可取;奖券只分八级,中奖极其容易;头奖礼券十元,最少日记一本;无论抽得何彩,总有赠品可得;不满一元无赠,期限只有一月。外埠概不赠奖,只购一部者,以挂号之寄费代奖品,多购者权利愈多。优待办法如下:购满十元者(除赠邮外)加赠特等结婚证书一张;购满廿元者(除赠邮外)照上列折扣再打九折;购满五十元者(除赠邮外)照上列折扣再打八五折;购满一百元者(邮费另加)照上列折扣再打八折。廉价卅天,过期涨价,取销(消)赠奖。"

1931年

2月24日 刊载《上海第一家老书局扫叶山房兴迁新屋,特设大贱卖部》广告:"本局因旧址翻造在即,特辟一大贱卖部,经史子集、丛书、名著、医书、星相、新小说、旧小说、诗学、词书、尺牍、字典、法帖、印谱、棋谱、钱谱、诗集、文集、全集、笔记，书名甚多不胜列举，逐日添换。都因陈列稍旧，一概特别贱卖，经日无多，请来选阅，落得便宜。学生用品，买一送一。地点在上海棋盘街五马路口旧址三月十五号后迁入旧址斜对过（泗泾路口），阳历三月十五号前。”

1932 年

5 月 1 日 刊载《上海扫叶山房新屋落成迁回原处，先行交易开张落成纪念大赠书券》广告："购书一元大赠书券六角，外埠同行书券一律赠送；发售两大预约，预约只售半价。新屋落成引以纪念。期内预约购书一元另赠实洋书券一角。预约限售千部售满即行截止。"内有小说 14 种。

6 月 11 日 刊载《上海棋盘街扫叶山房书局》广告："本号出版书籍完全采用中国连史印的，爱国热心同胞应须鼓吹一致，欢迎选购。提倡国货，国民天职。新屋落成，纪念期内，购书一元大赠书券六角，以示优待。内有小说丛书之一《太平广记》中国连史纸精印，四十册四函，定价十六元；小说丛书之二《五朝小说》中国连史纸精印四十册四函，定价十六元；大字《旧小说汇刻》中国连史纸精印，百十五册十六函，定价三十七元。"

10 月 18 日 刊载《扫叶山房秋季廉价广告》："赠送邮票如赠现金无异，外埠顾客如到上海无异。书目上符号凡有▲者概售六折，凡有○者概售七折，凡有◎者概售八折，凡有●者概售实价，不折不扣。购满书籍四磅，加赠邮票两角。门市特设秋季廉价部，赠送邮票一月为限。外埠顾客购书，一律奉送邮费。本月十六日起赠送一月为满。"内有小说 17 种，均带○标志，即售 7 折。

11 月 19 日 本埠新闻刊载《扫叶山房廉价》告白："棋盘街扫叶山房书局自十一月十六日起举行特别廉价一月，凡购书籍文具满洋一元者，加赠彩券一张，头奖有十元之希望，闻日来顾客非常拥挤云。”

12月2日 刊载《文学权威丛书廉价》广告：“上海实业创始者，三百年来第一次，扫叶山房书局研究国学之最佳工具，廉价又赠彩之好机会。三十种著名丛书，全用中国连史纸印刷，是识字人都应看，是中国人都应备。优待全国图书馆，全购特廉免邮，每馆限购一份。著名丛书三十种，书名、原价、折扣列下，多购更廉。”内有小说丛书之一《太平广记》、小说丛书之二《五朝小说》、《旧小说十种合刻》、《唐人说荟》。

1935年

4月1日 刊载《扫叶山房举行春假廉价，一律只售六折》广告：“本号始创明季成历年间，至今三百多年之老店，要建设中国本位的文化，下列三十六种国货连史线装书籍，无疑是最有价值好书。谈到文化建设，先要处处保存固有文化，勿失去自已本来面目，所以中国售籍，尤其是关于国学的书籍，当然要保持着本国线装的固有状态，断不可改订笨重的而不经久之洋装式，以为摩登化，而腾笑外人也。下列各书完全是‘整理国学’、‘推求三民主义来源’和‘实行新运’等最需要之书，十之八九是本国连史纸印的，并且都是加市的本国线装式。最合参加‘中国本位文化建设’者之采用。中国古有线装书，如复兴盛行，他的最大底意义，就是可以抵制一部分的舶来纸料，换言之，即是每年可以多用去几万件的国产料，似乎于民族经济上也不无小补，所以热烈地希望人们提倡。”内有小说9种，均标明中国国货连史纸。

1936年

4月5日 刊载《扫叶山房优待全国图书馆》广告：“本版书概

售半价请各界购书者注意,廉价期间四月五日起一月为度。本号出版各书多数采用中国连史纸精印,处处保存中国固有文化之道德,勿失去中国的本来面目,所以中国书籍万万不可改为不经久之洋装式。近来市上往往将中国旧有古书用报纸印成,改为洋装式,以为摩登化,实在失去自己本来面目,此种举动却是外国纸厂里的走狗。倘日增月盛,中国就要忘国了,所以热烈地希望各界一致采购中国连史纸印的书,购书一部就可传与子子孙孙,可作永远纪念品。外埠购者在此期内一律奉送邮费,五月五日为止。”旧小说类列书籍 15 种。

11 月 24 日 刊载《上海棋盘街扫叶山房》广告:“减低定价十分之四,再售特价七折,期限十二月底为止。特设代办部,为顾客便利起见,价目悉照来价,车费劳资不收分文,外埠另加邮费一成。图书馆如购全十种牺牲品,再特别优待,只售八十元,外埠另加邮费五元。”所谓“十种牺牲品”中列小说丛书《太平广记》四十册原价十六元牺牲只售六元四角,《五朝小说大观》四十册原价十六元牺牲只售四元,书目中另有大字《红楼梦》十六册中纸四元五角,大字《三国志演义》十六册中纸四元,大字《聊斋志异》十六册中纸四元,大字足本绘图《今古奇观》六册一元二角,详注《阅微草堂笔记》八册一元四角,大字全图《儒林外史》六册一元四角。

附录三
《申报》所刊扫叶山房代售小说及杂志广告编年

1883 年

9 月 3 日　刊载《新出〈新闻新裹新〉》广告："世间平淡无奇之新闻概不纪录，是书毕载天下所希闻古今所未有之奇事，每部四本洋四角。外有新出《品花四奇合璧》，按美人之态度，一一和盘托出，每部两角。上海万卷楼、玉轴山房、文瑞楼、扫叶山房四书坊出售。"（至 7 月 9 日，刊登 14 次）

1886 年

10 月 31 日　刊载《精校〈两般秋雨庵随笔〉》广告："此书清新典雅，最能开人智慧，久已脍炙艺林，钱唐汪氏原刻毁于兵燹，各省坊本恶劣不可寓目，兹特精校重刊，选用上等纸墨加工装订，每部八本价一元五角。上海扫叶山房代售。"（至 12 月 20 日，刊登 9 次；翌年 4 月 1 日至 11 月 6 日再刊登 16 次）

1890 年

7 月 2 日　刊载《新出〈奇闻新编〉》广告，其中称"《奇闻新编》系洞庭俞君吟香所辑近年奇闻，并附淫害山歌，价三角。寄扫叶山房、申昌书画室、鸿宝南局及各书坊代售。雪禄轩主启。”(至 8 月 13 日,刊登 15 次;翌年 6 月 7 日至 12 月 26 日,刊登 27 次)

1892 年

6 月 12 日 刊载《石印绘图〈金枪杨家将传〉》广告:“是书坊刻惜无善本,以致舛谬模糊,令看者不能醒目,是为恨焉。今乃校正,增加图像,装配锦套,定价洋六角。寄上海扫叶山房、古香阁、文贤阁各书坊发售。”(至 7 月 9 日,刊登 14 次)

1893 年

4 月 25 日 刊载《新出石印绘图〈梦中缘〉》广告:“夫翠暖珠香,桃李争三春之色;花娇玉软,麒麟写十种之仙。笔墨有灵,斯文章无价。今《梦中缘》一书,虽同稗官杂纪以立说,却有正史葩经以命意。臣不失其忠,子不失其孝,女不失其节,仆不失其义,将喜怒哀乐、世态人情,曲曲穷来,奕奕有致,觉其须眉毕现,跃跃纸上,令读者只赏其笔墨之工,不知其化功之良苦也。斯合乾坤锦绣,为宇内之大观,不徒文奇事奇,设想之奇,抑亦造化之奇。今倩名手精细图绘,付诸石印,业已装潢成册。倘窗净几明,便时展卷,读之亦消遣闲情之一法也。价洋六角,欲购者先睹为快。托上洋十万卷楼、江左书林、扫叶山房、醉六堂、千顷堂及南北市各书坊均有寄售。春草堂主人启。”(至 6 月 11 日,刊登 12 次)

1894 年

5 月 13 日 刊载《绘图〈后施公案〉出售》广告:“《施公案》一书,前经本局排印。始于江都县令,终于仓场总督,其中情节离奇变幻,可泣可歌,能令阅者忘疲,听者悦耳。兹又觅得《后施公案》,取而读之,觉其事实既蝉联而下,而其叙次之周密,用笔之精奇,尤驾前刻而上之。盖凡名臣传方略实录,无不采集殆尽,而施公之政迹于是乎全也。急用新铸铅字排比成帙,并倩名手绘成图像,冠之篇端。至其纸张之洁白,刷印之精良犹其余事。每部六本,码洋八角,即日出售。欲购者请向天津文美斋,本埠江左书林、文渊山房、扫叶山房、三马路申昌书画室可也。此布。图书集成局代启。"(至11月28日,刊登19次)

7月27日 刊载《新印绘图〈续永庆升平〉告成》广告:"《永庆升平》一书虽小说家言,而历叙侠士之行踪,名臣之规画,与夫豪强土寇势利人情,无不宛转如生,惟妙惟肖。兹由文渊山房主人以《续永庆升平》嘱为排印,阅之觉言情叙事,尤为娓娓人情,良由笔墨空灵故,足文言道俗也。兹已工竣,纸墨装钉,色色精工,冠以绘图,尤为佳妙,由奉天文美斋、上海三洋泾桥文渊山房、江左书林、扫叶山房出售,诸君子其亦先睹为快乎。图书集成局代启。"(至8月23日,刊登4次)

9月19日 刊载《原底绘图〈列国(志)〉出书并申明翻印》:"《绘图列国》系冼红馆托点石斋石印,图绘工致,纸墨精良,承海内诸君所称许,不胫而走矣。讵无耻之徒,累用原书照印,以图影戤射利。纸张恶劣,墨迹模糊,使人见而生厌;另有铅版将原图石印混充者,种种蒙蔽,售主易受其欺。兹点石斋复印,书面加光绪二十年秋七月重印,另盖双梧书屋鉴定印章,末页盖'原图原书,翻印雷殛火焚'一戳。如无此二章记,即系赝鼎,赐顾者请详察。出售处:棋盘街申昌本分局,扫叶、文瑞、醉六、龙威各书坊,外埠点石分庄购取可也。点石斋启。"(至12月18日,刊登9次)

1895年

7月6日 刊载《石印新增〈智囊补〉》广告:"《智囊补》一书古

吴冯犹龙先生所辑也，其中详载历代有智之士语言识力，分门别类，簇簇生新，如识见高超，料事远到者，则谓上智、明智；胆识兼优权奇善变者，则谓察智、胆智；其他应对敏捷则分乎语智、术智；临机决胜则列乎兵智、捷智；至若闺阁奇才儿童巧妙，则更有闺智、杂智，上下数千年，纵横廿四史，莫不搜罗迨遍，增订无遗。惜原板亥豕鲁鱼，殊难寓目。兹有德馨斋主人觅得初印善本，敦请宿儒校正付诸石印，以公同好。举凡文人学士人、绣阁奇童，当茶罢酒余读之，皆是增长才智，遇事灵警，称曰智囊，初非言过其实也。每部六本，价洋八角，寄上海扫叶山房、千顷堂、申昌书室、天津文美斋、文德堂及各书坊代售。”（至 8 月 17 日，刊登10 次）8 月 24 日改为《新出增智囊补》刊载，广告简化为：“是书均详载历代有智之士语言、识力，分门别类，簇簇生新，纵横廿四史，莫不搜罗殆尽。每部价洋八角，寄上海扫叶山房及各书坊代售。”（至翌年 1 月 4 日，刊登 17 次）

1896 年

5 月 15 日 刊载《大开眼界》广告，列各类书籍 3 种，内有《石印绘图三宝太监下西洋》，云：“太监王三宝征西洋，劳民伤财，载在明史。当时海道未通。不知若何前去。史例从略。是书为万历年间二南里人所编，计百回，历叙西洋大小三十余国，所遇奇奇怪怪之事，说得有声有色，如白蟮精闹江，姜金定淹将，羊角仙猖獗，王神姑斗法及金碧峰钵盂收妖，张天师临阵被迷，撒发国收入凤凰蛋，锡兰王拜服大元帅，竟属不可思议，其笔法之妙，情景之奇，直跨西游封神二书之上，阅之则外洋山川，历历如在目前，洵为卧游之具。兹购得原书，付之石印，每部八本实洋一元二角，有心洋务者谅必争先快睹。在上海江左书林、苏阊扫叶山房及各书房寄售。”（至 6 月 10 日，刊登 10 次）

1903 年

5 月 3 日 刊载《新编〈万国演义〉出版》广告:“是编总辑已译各西史及新学诸书,贯串先后,演为章回小说,都六十卷五十万言,凡泰东西国种之兴衰,政体之沿革,宗教之递嬗,艺学之改良,触类引伸(按: 当作“申”),首尾完具,其文浅显易,解事则信而有征,不独考据家便于引证,即横塾之士手置一编,于快心娱目之余,可博通五千年全球大势,洵学界伟丽之巨观,教科切用之佳本也。兹由作新社铸字精印,洋装六巨册,首列详细编目,最新地图中东西文地名表,每部定价五元,批发八折。申报馆、作新社、开明书店、扫叶山房均有寄售。总发行杭州吉祥巷上贤斋。”(至 5 月 31 日,刊登 15 次)

1909 年

11 月 21 日 刊载《王渔洋先生〈池北偶谈〉出版》广告:“先生《池北偶谈》早为世人所脍炙,其笔墨之佳妙,虽与《聊斋志异》异曲同工,而词藻雍容赋丽,殆有过之无不及者。惜刊本模糊,阅者早引为憾事,本局觅得藏本,特请名手精书详校,付之石印,分订六本,合布套一函,每部价洋一元。分售处: 奉天、吉林、四川、广东、汉口、湖南、江西震东学社、上海扫叶山房。总批发所: 上海育文书局、震东学社。”(至 12 月 15 日,刊登 13 次)

1910 年

11 月 4 日 刊载《绘图〈青泥莲花〉出版》广告:“是书梅禹金辑,乃是历代至明末言情小说。此书系古槐书屋收藏秘本,今抄录绘图石印,纸张装订尤极精美,共成一函,官商学界见之莫不赏心悦目,所求者以争先睹为快,每部定价大洋一元。分售处: 上海棋盘街扫叶山房、集成公司、二马路千顷堂、北京琉璃厂正文斋、打磨

厂东口学古堂、天津大胡同龙文阁及各省大书坊。总发行所北京琉璃厂自强书局谨白。”(至12月31日,刊登15次)

1911年

8月31日 刊载《中国武士道皇帝之侦探术,二百年来初出现之侠客谈〈雍正剑侠奇案〉》广告:“宪庙在潜邸三十余年,尝微服巡幸物色海内侠士剑客尽入其彀中,登极后用以察奸摘伏如神如天,不可思议,至今传其逸事,无不啧啧呼奇。兹编搜集繁富,事实详确,文笔亦明白如话,惩贪污之官吏,振国民之懦弱,于此书不无深望焉,每部三册定价大洋一元五角。经售处:上海棋盘街江左书林、南洋官书局、扫叶山房、集成图书公司、中国图书公司、四马路、博学图书馆、麦家圈改良小说社、青岛路朝记书庄、苏州振新书社。上海中国侦探研究社启。”(至11月2日,刊登20次)

1914年

3月18日 刊载《最精美最丰富〈新剧杂志〉出版》广告,“准阳历五月一号出版,发行人张蚀川,编辑人管义华、胡寄尘、柳亚庐、沈职民、许啸天、王瘦月、徐半梅、夏秋风、孙雪泥。预约券经售处:申报馆、中华图书馆、时事新报、新世界、江左书林、著易堂、扫叶山房、国华书局。”(至4月4日,刊登16次)

4月18日 刊载《〈女才子〉出版》广告:“是书为鸳鸯湖烟水散人所著,搜采古今女子之才高而命薄者,得十二人,人系一小传,其间离合悲欢,咸足动人思慕,而笔墨之雅洁,结构之谨严,尤与唐贤小品相仿佛,是盖合近世艳情小说、哀情小说而兼擅其长者,中间又有诗词尺牍等名作出于美人香艳之口,读之尤齿颊生芳。凡绣阁名姝、萧斋韵士,诚不可不一寓目也。洋装一册,封面时妆美女雅淡有致,书已出版,价洋六角。欲购者请从速惠临上海棋盘街

扫叶山房及各省各埠书局均有发售。北京惟德图书局启。”(至4月20日,刊登3次)

5月10日 刊载《〈小说丛报〉》广告,录第一期杂志目录,文末称:“都十余万言,精装一厚册,定价大洋四角,第一期减售九折,批发从廉。总发行所:小说丛报社,美界七浦路六百廿七号;本外埠代售处:国华书局、文明书局、扫叶山房、神州图书局、及各大书坊。”(至5月12日,刊登3次)

6月28日 刊载《新剧小说社书籍出版》广告,内有小说《恶家庭》、《家庭恩怨记》、《新茶花》3种,文末云:“总售处:上海棋盘街扫叶山房、艺林书局、中华图书馆、科学书局四马路共和图书馆、海左书局、来青阁民鸣新剧社、《甲寅》代发行所、群学社、新民新剧社、世界剧报社。总批发处:四马路中老华商旅馆对门新剧小说社外埠全国各大书坊。”(至7月11日,刊登11次)

7月11日 刊载《新出版札记小说〈莼乡赘笔〉(明末清初之遗事)》广告:“是书为清初顺康间华亭名士董国石先生之原本,当时明社宗墟海内鼎沸先生奔走四方,三入京洛,既而栖迟里门,自少讫老取耳目所及者笔之,于书其间异闻逸事,或得之邸报,或得之目击,或得之交游,要皆确有根据者,奇奇怪怪,足令阅者拍案叫绝。书凡四卷,约十万言,装订四册,首冠绘图十六帧,外加锦套,定价大洋五角,外埠寄费免加,邮票以九五折计算。总发行所:上海新闸聚庆里四百另八号光华编辑处,代售处:(上海)扫叶山房、千顷堂国华书局(苏州)、海左书局、振新书庄、文怡福记图书总汇(天津)、利亚书局新华书局(汉口)、六艺书局教育图书、全国各大书局均有出售。”(至8月18日,刊登8次)

8月22日 刊载《世界皇室奇谈》广告,称“天下尤物其魔力足以迷误英雄,倾覆家国,古今中外莫不皆然。是书搜译欧美各国宫闱秘事,皇族艳闻”,文末称:“总经售处:上海棋盘街科学书局、扫叶山房、北京琉璃厂、富强斋，经售处：本外埠各大书庄，总发行所：六马路松盛胡同东方书局。”（至11月16日，刊登26次）

8月28日　刊载《〈小说杂志〉出版预告》广告：“鄙人酷喜诙谐文字，故组织一《小说杂志》，征求海内大文豪小说家触景生情之作，以贡献于社会，唤醒乎人民。兹已取精舍粕，编辑告成。月出一册装潢精致，纸质洁良，准于阳历九月初出版，定价每册大洋四角。代理总发行所：上海苏州松江扫叶山房。发行兼编辑人杜文馨谨启。”（至8月30日，刊登3次）

9月18日　刊载《第一期〈小说杂志〉定价三角》广告：“纪事小说《郊楼遇艳录》，绝情小说《美满姻缘》，哀情小说《情泪血》，短篇讽世小说《狐哭》，哀戚传奇小说《南楼记》，哀情小说《可怜》，爱情小说《娟娟》，爱情小说《双鸳剑》，短篇小说《情海波》，《弹铗记》（仿西厢记惊艳体），寓言小说《河东狮吼》。总发行所：上海棋盘街五百十三号扫叶山房。”[①]（至9月26日，刊登5次）

10月14日　刊载广告：“本社出版之《老残游记》一书脍人炙口，以风流名士足迹所至，描写上下社会之状态，搜罗古今方外之奇踪……书出无多，请从速购，洋装一巨册，定价洋六角，批发从廉。代售处及通信处：上海四马路麦家圈昌明公司，总代批发处：上海闸北南林里西五弄口新中华书社，代售处新剧小说社、扫叶山房、国华书局、艺林书局各大书庄。”（至10月17日，刊登4次）

11月1日　刊载《世界新婚奇谈》广告，称“是书搜译世界之结婚奇闻异事，共分结婚奇谈、结婚丛话、结婚佳话、日本各地之结婚风俗、中国各地之结婚风俗五大编……至若言艳事则有英俊名流之结婚，言怪诞则有猩猩神怪之结婚”，文末云：“经售处：上海棋盘街扫叶山房，广益书局，科学书局，中国图书公司，四马路国华

---

① 关于《小说杂志》的发行所具体说明详见本书第180页注释②。

书局,北京琉璃厂富强斋,汉口、广州、长沙、开封广益书局,本外埠各大书庄。上海六马路松盛胡同东方书局启。”(至 11 月 6 日,刊登 8 次)

11 月 26 日 刊载百新公司广告,其中“加增批注《老残游记》”云:“是书风行海内无待赘述,惟书中缺漏尚多,本公司编辑部胶州傅幼圃君知之最详。今将全书内容详细修正,加以批注,现已付印,不日出版。洋装一册定价洋二角四分,华装加以布套洋三角。此书尚有后编,今本公司觅得原稿,仍请傅君修加批注,不日出版。”“白新公司《白新新话》已出版未出版书露布”云:“《白新新话》之作延聘名家编辑,数据丰富,趣味深永,以滑稽之笔墨及新颖之思想,而寓讽世、觉民、警醒社会之旨,阅者见之当无不笑口常开也。内容计分六类:一新话,二新译丛,三新评,四新小说:长篇短篇两种、长篇历史小说《党人碑》、警世弹词《后庭花》,五新文苑,六新杂货店。”文末称:“本公司编辑主任吴县骅骊君,余姚戚饭牛。本埠特约发行所扫叶山房,本埠外埠各大书坊均有。上海新马路福海里五四六百门牌百新公司出版。”(至 12 月 11 日,刊登 3 次)

12 月 2 日 刊载“言情小说《补情天》”广告:“此书为江西剑尘先生手笔,先生既专武备,又长文学,诚现世一失势英雄。其所以不将真姓氏示人者,盖有深意也。所著《补情天》一书内容宏富,叙事精详,情节新奇,章法绝妙,诚言情小说中之杰作。此书脱稿,承剑尘先生慨然见赠,是以精益成书,以供众览。现承海上新剧大家编成新剧脚本,不日开演,凡爱阅言情小说者,不可不人手一册,印书无多,购者从速。装订一册,定价洋六角,批发格外从廉。总发行所:上海四马路中新剧小说社,代售处棋盘街艺林书局、锦章图书局、扫叶山房,各大书局均有出售。”(至 12 月 9 日,刊登 7 次)

1915年

1月3日 刊载广告,列小说4种:香艳小说《古今艳史》洋装二册定价六角、《海外新奇丛话》洋装一厚册定价二角半、滑稽小说《曼倩新语》洋装一厚册定价二角半、痴情小说《野鸳鸯》洋装一册定价二角,文末称:“总发行所:上海老北门内清盈里晋益书局,寄售处:扫叶山房、广益书局、中华图书馆、国华书局。”(至1月8日,刊登3次)

3月3日 刊载东方书局广告,列书籍8种,内有说部书籍《泰西轩渠录》洋装一册定价四角、三版《世界皇室奇谈》六角、再版《世界新婚奇谈》六角、军事小说《破天荒》四角。文末称:“经售处:上海棋盘街扫叶山房、广益书局、科学书局、锦章书局、四马路图华书局、时务书馆、北京琉璃厂富强斋及本外埠各大书庄。总发行:上海六马路松盛胡同东方书局。”(至3月18日,刊登16次)

9月14日 刊载《现已出版艳情小说〈掷果缘〉》广告:“是书叙刘生与沈女结婚,刘为金姓之师,金沈昆邻而居,书声人影,若即若离。幸有沈婢为力延,母舅蹇修,缘卜三生,事经百折,女母勉徇舅氏之情,迫以留学,继而女母西归,佳人东渡,直至毕业回国,以主婢而作英皇。书中情节离奇,文笔浓郁,措词皆丽,命意尤新。以饱满之妙文,写温柔之艳福,不淫不亵,宜雅宜风,俾阅者可忽喜忽叹忽惊忽羡,洵说林中之善本也。全书十万余言,封面印彩色时装仕女图,洋装一册定价大洋六角。总代发行:上海四马路国华书局,特约所:棋盘街扫叶山房、中华图书馆、锦章书局。”(至10月30日,刊登12次)

9月20日 刊载《精印〈正续三希堂法帖〉有六大特色,廉价发售预约券广告》,其中文末列说部书籍《后聊斋志异》六角,同文本《聊斋》二元,《栖霞阁野乘》四角,《奁艳丛话》五角,《夕阳红泪录》三角,《避暑录话》一元,《俞曲园琐记》一元,《随园随笔》五角,《阅微草堂笔记》一元,《女聊斋》六角,《三异笔谈》三角,《静厂奇异志》三角,《吴门画舫录》四角,《梦厂杂著》四角,"总发行所上海棋盘街中华图书馆,分售处:上海广州北京开封长沙汉口广益书局,上海文明书局,上海扫叶山房,上海中国图书公司各端口大书坊"。(至9月22日,刊登3次)

10月6日 刊载《半价将满,购者从速〈金屋梦〉》广告:"《金屋梦》全书六十回,紧接金瓶梅一百回编起,共四十余万言,十二册一函。第一回至第五回已登载《莺花杂志》备受各界欢迎,纷纷来函要求单行出版,现已赶印,不日出版,样本函索,收费一分,定价二元,特价一元,邮费一角一起,收足当付收条,出版付书特价截止。经售处:本埠中华图书馆、会文堂、锦章书局、国华书局、千顷堂、古今图书馆、文明书局、扫叶山房、中华书局,各省分局各大书坊。总发行所:上海帕克路十八号新中华图书馆。"(10月9日重刊)

12月14日 刊载《〈金屋梦〉出版》广告:"是书紧接金瓶梅一百回编起共六十回,回目已全登过申、时、新、华四报。第一回生前造孽好色贪财,将一部金瓶梅包括在内,使阅者一目了然;紧接处,死后报应孤儿寡妇,是种种果因从兹编起。至于内容之奇趣,笔墨之佳妙,实为古今中外小说所未有。出版以来备受各界欢迎,纷纷邮购争先恐后。装订十二册一函,定价二元,特价一月一元四角,邮费不加,邮购立寄。经售处:中华图书馆、扫叶山房、锦章书局、文明书局、会文堂及本埠外埠各书坊。总发行所:上海帕克路十八号新中华图书馆。"(至12与31日,刊登4次;翌年1月4日至3月15日,刊登6次)

1916年

5月27日 刊载《醒世小说〈金屋梦〉再版出书》广告:"今日

随书附送十彩石印玉体图一张。是书紧接金瓶梅一百回编起，其立意遣词无一不与前书吻合，至于笔墨之佳实为古今小说所未有。出版以来备受各界欢迎，现已重校再版，可知此书之价值。共六十回十二册，一函定价二元，外埠邮购保险寄上。经售处：中华图书馆、扫叶山房、锦章书局及本埠外埠各书坊。总发行所：帕克路十八号新中华图书馆。”(至 6 月 10 日，刊登 3 次)

1917 年

8 月 30 日 刊载《怪异小说〈道听途说〉》广告：“是书乃泾县潘君所撰，早已脍炙人口，行销巨万，今以重价得其原稿，较前刊本多十分之八，事实之离奇，文笔之高雅，实非时下小说可比。兹特付印，以公同好，洋装二厚册，定价大洋八角。精印五彩绘图《九尾龟》洋装六册，特价售实洋一元，外埠函购邮费加一。经售处：文明书局、中华书局、三育公司、扫叶山房、江左书林、四马路中国图书公司、来青阁及各大书局。尚友山房启。”(至 10 月 20 日，刊登 10 次)

9 月 27 日 刊载《最近女界之黑幕〈帘外桃花记〉》广告，称：“上海一埠，淫靡成风，脂粉女儿，习于逸乐，于是所谓红粉党也、磨镜党也、十姊妹会也、女拆白党也、女总会也，脂怪粉妖，黑幕重重。本书费十年调查，尽情揭露。所述自小家偏户至宦室宫闱，荡妇隐事淫娃奇闻，形形色色应有尽有。书中主人史云兰一生事迹且隐射清民两朝政事，为留心政教者所不可不看，尤为注意女界秘闻者所不可不看，更为主持家政者所不可不看，熟悉上海北京社会情状者亦不可不看。全书都六十万言分集出版，每册四角，代理发行者：上海四马路泰东图书局、中华图书局、交通图书局、扫叶山房、群学社。”(至 10 月 10 日，刊登 12 次)

1918 年

5 月 7 日 刊载《〈秘幕异闻〉》广告，称“世风不古人心日趋险，诈奸淫邪僻之事愈出愈奇，热心世道之士，本抑恶儆邪之旨，作摘奸发伏之文，俾世人一经寓目知所趋避，此黑幕之所以日出不穷也。惟是流行各书分类阐发，笔墨繁冗，读之易生厌倦，不若本书之分章分回，仿照长篇小说体裁，揭发种种秘幕情形，无一不备，无事不奇，而且笔致曲折，文字简洁，兼附精细影图数十幅，按图披阅，较读《上海秘幕》、《中国黑幕大观》等别饶趣味，诚茶余酒后之第一消遣品”，文末云：“分售处上海棋盘街扫叶山房、锦章书局、四马路启新书局、泰东书局，总发行所上海闸北海宁路南林里新中华书社。”(至 5 月 24 日，刊登 8 次)同日，刊载《〈醒迷〉一名〈色迷〉再版出书》广告，称“专以破人迷惑为主，语语针砭，字字药石，如晨钟暮鼓，最能发人猛省。然其描写迷惑之处，情浓意厚，我见犹怜，真可谓无字不香，无语不艳，洵与坊间寻常小说不可同日而语。卷首更增最足动人兴味，发人感想之裸体美人名画多幅，尤得未曾见”，文末曰：“上海英界四马路望平街口百新公司总发行部启，代售处棋盘街扫叶山房、锦章书局、新世界、大世界商场书店、北京玻璃厂自强书局，以及各外埠均有本公司书发行。”(至 7 月 5 日，刊登 7 次)

6 月 8 日 刊载《中国痛史》广告：“际兹国是凌夷，民气涣散，内讧朱靖，外患频仍，行见吾黄胄遗族，披发左衽，而争印度朝鲜之继。本书局因痛于亡国之惨，特撰《中国痛史》一书，书中历述吾国外交失败之史，如前清国际之退让，交涉之失败以及民国以后主权之丧失，今日条约之秘密等，凡外交亡国之事实，莫不包罗万象，详细述明，阅之足以警民心而发猛省。至事实之明确，文笔之雅驯，尤非坊间之普通外交史所可同日语。爱国同胞允宜人手一编，藉资股鉴也。每部一册,定价四角七折,邮票九五折算,外埠加寄费一成。发行所四马路百新公司、泰东书局、棋盘街扫叶山房、锦章书局。总发行所上海美界七浦路永庆里十一弄启新书局。”(至8月10日,刊登3次)

7月11日 刊载《请快看〈销魂集〉之价值》广告,列艳情小说《销魂集》、《民国日报》以及《中华新报》,称《民国日报》“以时局为骨,而以香艳之文字出之,足当有字皆香无词不艳之评”,称《中华新报》“以香艳之文演时局之大势,一洗寻常小说旧习”,文末曰:“上海经售处:抛球场会文堂、四马路中市国华书局、启新书局、震亚书局、棋盘街扫叶山房、交通路交通图书馆、北浙江路鸣报编辑所。”(7月14日重登)

11月1日 刊载《艳情小说〈销魂集〉》广告:“是书为艳情小说别开生面之作,有五彩美人图四幅,读之真有能令人真个销魂者。上海各报无不赞美,可见是书之价值。存书无多购请从速,布面金字洋装一册,定价一元,六折发售,外埠函购加邮费、挂号费一角,竟寄北四川路横浜桥崇福里二百四十八号绮社编译部。上海代售处:棋盘街扫叶山房、交通路交通图书馆、四马路国华书局、启新书局、震亚书局。”(至11月3日,刊登3次)

1919年

3月17日 刊载《明朝宫闱秘史》广告,称“前明宫闱之事最为珍秘名贵,当时因多忌讳不便轻易传世,迨满清入主后偶有故老秘记,又不敢揭露,故二百数十年来迄无传本。兹者禁网已弛,本馆以重资觅得此稿,其内容皆从清初私家秘载中辑出”,文末云:“发行所:上海棋盘街五百十六号中华图书馆,总发行所:上海四马路第一楼对面中华图书集成公司。上海商务书馆、扫叶山房代售启。”(至4月16日,刊登10次)

4月13日 刊载《孙剑秋编著〈清朝奇案大观〉,特价五百部》广告,称"大众注意剑秋先生为当今文学界之巨子,先生见坊间所出中国侦探小说及笔记之类,阅者生厌,因竭三年心血辑为此书",文末云:"经售处:上海棋盘街五马路口五百十六号交通路四马路第一楼间壁中华图书馆、扫叶山房、交通图书馆、泰理书局、朝记书庄、启新书局。"(至5月23日,刊登20次)

7月3日 刊载《〈满清十三朝宫闱秘史〉附送〈太平天国宫闱秘史〉》广告,称"余自辛亥光复之岁,身经丧乱,挂冠退隐以还,目击世事日非人心不古,因此灰心进取,惟日与诸戚友及素识之年老宫监数辈抵掌谈往事,以相消遣,偶有涉及清宫者,归必纪之,积五六载已不下百数十,则检旧笥又得我祖若父所记天命以下六七朝之宫闱秘载,综而合之得五百余篇",文末云:"代售处棋盘街中华图书馆、锦章图书局、扫叶山房、交通路交通图书馆、四马路启新书局、大东书局、泰东书局、海左书局、朝记书庄、群学社,外埠各大书坊。"(至10月12日,刊登10次)

1920年

3月29日 刊载《中国侦探奇案〈霹雳雷〉》广告,称"是书为玉峰拙鸠所编,案中之一切疑难离奇皆本事实,无一毫造饰,其侦探手续悉本经验阅历,故自始至终皆从智计武力以及心思精密,上奏功足以一扫仿袭外国侦探小说之弊,的为中国侦探家切实之导师",文末云:"经售处上海棋盘街中华图书馆、扫叶山房、著易堂书局、交通图书馆,四马路大东书局、泰东图书局,各省中华书局以及本外埠各大书局。"(至5月5日,刊登7次)

4月8日 刊载《女子剑侠大观》广告,列前八回回目,文末云:"尚有二十四回不及细载,请诸君购置一编便知全豹。全书洋装二册,共三十二回,特价洋七角二分。经售处上海四马路棋盘街

大东书局、泰东书局、扫叶山房、中华图书馆、国华书馆。”(至5月1日,刊登13次)

7月12日 刊载《〈太平天国演义〉出版了》广告,称“太平天国的历史在民国以前凡私空记载多不敢出版,所以到得现在尚不见有一种好的洪杨信史。是书虽托名演义,然所叙各种太平天国情事,却是作者亲闻亲见,毫无虚假,故与坊间所出信笔叙述之书大不相同”,文末云:“发行所:上海棋盘街文明书局、上海棋盘街扫叶山房、上海尚文路尚文书店,各省中华书局。”①(至8月2日,刊登4次)

1921年

7月21日 刊载《武侠大观》广告,称“国民性弱以武侠救之则强,国民性懒以武侠救之则勤,国民自私以武侠救之则公,国民自利以武侠救之则义。武侠者今国民之兴奋而又补养之圣药也,欲以精神救国除武侠外无良法,我人欲以武侠救国不可不看《武侠大观》。是书编辑叶小凤、程瞻庐、周瘦鹃、闻野鹤四十余人,计二百余篇武侠小说”,文末云:“上海四马路昼锦里口中华图书集成公司发行,中华图书馆、大东书局、文明书局、广益书局、扫叶山房、锦章书局、千顷堂、会文堂经售。”(至8月9日,刊登9次)

12月10日 刊载《近代小说汇海》广告,称“选辑者:姜泣群,评订者:潘飞声、杨南村、程南园、毕篛影,题序者:(以姓名笔画多寡为序)李定夷、沈卓君、周瘦鹃、范君博、张丹斧、张冥飞、庄病骸、恽铁樵、杨尘因”,列该书组织、评定、取材、性质、宗旨、功用、内容等八大特色,称“是书共二百五十六编,其十之七为纳肝披胆之忠

---

① 因该书并未在扫叶山房的书目广告中出现,故虽然将扫叶山房标注为发行所,本附录仍将其视为代售小说作品。

臣，轻利挥金之义士，黄衫白卫之豪侠，绝世骁勇之健将。或雪国耻，或御夷侮，或报公仇，或卫社稷，使国民读之浚其爱国之思想，扩其豪杰之心胸。其十之三为明清宫闱之轶事，名士美人之韵史，或哀艳奇伟，或魁诡谲怪，事事物物，备极诸体，诚可谓钩玄索奥，极寰宇之奇观，玉帙珠篇，粹绝世之完璧者也”。总经售处：上海四马路中海左书局，代售处：上海棋盘街中华图书馆、扫叶山房。

1922 年

4 月 7 日 刊载《刘氏原本增批加注上下两编〈老残游记〉第五次预约》广告，称“京津沪各书坊摘抄印成石印小本，错误处不必言，且改动其原文。本公司以是为之憾，故不惜巨大之代价牺牲两阅寒暑之光阴，觅得刘氏原稿本，计四十章上下两编，订聘胶州名宿傅幼圃君详细校勘，加增批注，印行出版，备受全国欢迎，名重一时，出版至今已再版十七次，预约四次……敝公司成立时期适逢十周，为酬报殷殷慰问各界起见，特再第五次预约五千部，四月十五为限，满额即止，月终准期出版，外埠宽期十天，书分上下两编精装两厚册定价大洋一元八角预约对折大洋九角”，文末云：“上海英租界新马路西福海里五四六号百新公司总发行部启，经售处：四马路启新书局、海左书局、来青阁、棋盘街扫叶山房。”(至 4 月 11 日，刊登 3 次)

1923 年

10 月 13 日 刊载《新式标点〈阅微草堂笔记〉》广告：“全书三册定价一元四角，特价八角四分。本书为曾国藩所推许，屡嘱其子阅看，其价值可知，因不但其文字可知效法，且阅及于道德上亦大有进益，而其趣味之浓厚，尤为文学书中所罕觏，现加新式标点印刷明了，尤裨益于读者不浅，是诚研究文学者不可不读之书也。总代发行所：上海四马路泰东图书局、棋盘街扫叶山房。”

11 月 11 日 刊载广告：“加新式标点符号分段的《阅微草堂笔记》，全书三册原价一元四角特价八角四分，外埠加寄费一角；《历代剑侠大观》全书二册原价一元二角特价七角二分，外埠加寄费一角；《江南剑侠草上飞》特价一角八分，外埠加寄费六分。总发行所：上海大东门校经山房、棋盘街扫叶山房、四马路泰东图书局，各省各大书局。”（至 12 月 4 日，刊登 6 次）

12 月 2 日 刊载《上海棋盘街扫叶山房特设年假廉价部》广告，文末云“本号经售各家图书”，列各类经售书籍 147 种，内有说部《智囊补》一元，《详注阅微草堂笔记》二元，《寄园寄所寄》二元，《绘图凤双飞全传》本纸五元洋纸四元，《绘图儿女英雄传》一元六角，《今古奇观》一元六角，《绘图东西汉》六角。

1924 年

5 月 25 日 刊载《英国名著〈昕夕闲谈〉上集出版》，称：“此书为西洋章回小说之最佳者，我国翻译外国小说以此书为最早。初译时内容多未惬，当今请英国名进士傅君重译，并由颜君删润，始臻完美。书分上下两集，今将上集先付诸排印，以饷爱读西洋小说者。书中写婚姻不自由与财产遗袭制两种毒害，致社会发生种种问题，影响及于国家。有侠客义士、有佳人才子、有侦探律师，至于奸盗诈伪、忠孝节义无不兼全，情节之离奇，结构之佳妙，实使人钦羡，不愧名著。装订两册，定价五角，特价二角半。上海英租界四马路升平楼下百新公司，分发行部新马路西福海里门牌五四六总发行部同启，代售处棋盘街扫叶山房、锦章书局。”（5 月 29 日重登）

1929 年

5 月 15 日 刊载《〈死幸〉柳叶著》广告：“《死幸》是军阀时代

不能刊印的书,《死幸》是描写军阀罪大恶极的书,《死幸》是揭穿军阀狡诈秘史的书。内容用生动的笔墨,酣畅淋漓写惊奇的事实,神出鬼没有缠绵的情史,香艳细腻述秘奥的仙术,不可思议。实价大洋三角美术装订,道林纸精印。剪此广告可打九折,寄费两分半,挂号簿另加六分邮票代现十足通用,惟以一分四分为限。代售处麦家圈山东路 A 字一号礼拜六报馆,棋盘街扫叶山房,南京路邮政局对面上海冲晒公司。特请名画家周炼霞女士绘封面,吴青霞女士题书签,上海海宁路北南林里西四弄坠红出版社谨启。”

11 月 25 日 刊载《大通书局广告》,内有“笔力横扫千军,描写超人一等的赵焕亭先生传世名作,北派武侠长篇《惊人奇侠传》”,“揭露淫妇罪恶的大胆惊人著作《海上活地狱》”,另有《人兽关头》、清代剑侠丛书《南北剑侠传》、侠情大说部《侠血情魂》、哀情小说《未婚夫妻之哀史》、哀情小说《情场血泪史》、哀情小说《战场喋血惨史》、武侠小说《神剑奇侠传》、武侠小说《三剑侠》、《子不语》全集。文末云:“上海帕克路牯领路口益寿里内大通书局总发行,上海四马路大东书局、校经山房、大星书局、棋盘街扫叶山房、锦章书局、启新书局均有代售,外埠函购直寄上海大通书局购买为妥,保险寄上,负责不误。”

12 月 2 日 刊载《杂志界明星,出版张有斐主编〈秋罗〉预告》:“本社为发扬固有文化起见,抱完全牺牲主义,创办大规模之半月刊,特约当代数十文豪撰稿,内容异常丰富。长短篇小说有哀感顽艳之写情杰作,真情实理之社会现状,夺目惊人之武侠小说,离奇曲折之侦探案件,突梯滑稽之捧腹文字……总发行所及函定处:秋罗杂志社,分发行所及面定处:上海爱多亚路九一六号春华书社,上海零售处四马路中大东书局、麦家圈青青出版社,苏州面定及零售处阊门内扫叶山房、观前街文怡书局。外埠函购函者直接寄向总发行所。汇票不通处邮票代现,九五折计算,苏州胥门外横泾镇秋罗杂志社谨启。”(翌年 1 月 21 日重登)

附录四
《申报》所刊雷瑨的谢赠文字[①]

1905年

4月8日 刊载《志谢〈东方杂志〉》告白:"《东方杂志》刊行于去岁,采葺颇为繁富。昨承以第二年第一期见赠,其中内政、外交、军事、财政、教育、宗教各门,采取广博,识论精凿,末附小说,亦新奇可喜,诚有志经世者不可阅之书也。(颠)[②]"

5月31日 刊载《志谢第三十二期至三十四期〈绣像小说〉》告白:"仆生平有小说癖,而于摹写人情世态诸书,尤百读不厌。南亭亭长小说名家也,所著《文明小史》描写社会情形,寓褒贬于言外,挽回薄俗,裨益良多。至《月球殖民地》、《珊瑚美人》、《回头看》、《卖国奴》诸作,亦皆措词新颖,寓意深远,是诚有功世道之文,不仅作小说观也。特书数言,以志钦佩,并以申谢悃焉。(颠)"

7月9日 刊载《志谢三十五期〈绣像小说〉》告白:"昨承商务印书馆以新出三十五期《绣像小说》见赠,撰著则托情绵邈,译述则

---

① 雷瑨担任《申报》主笔期间,在该报上刊登了若干谢赠文字,包括书籍、杂志、药品、花卉等,本附录仅收录雷氏与小说相关的谢赠文字(为了保持完整性,少数条目出现了若干种其他类型的书籍),其对于小说和小说杂志的观念可以由此窥见一斑。

② 雷瑨,字君曜,别号雷颠、娱萱室主,笔名有均耀、颠公、晋玉、云间颠公、松江颠公、老颠、涵秋、修竹乡人、缩庵老人等。"颠"是雷瑨任《申报》主笔期间撰写谢赠文字时使用的笔名。

寓意新奇,长夏消闲,此焉为最。(颠)"

8月16日 刊载《志谢商务(印)书馆惠赠书籍》告白:"第四十九、五十册《绣像小说》。读史者读近代之史,较之古史易于融会,以时代近而风尚同也,小说亦然。南亭亭长所撰《文明小史》,事实皆有所指,而人名地名则寓言八九,颇耐人寻味。至此外词曲各种,亦多新奇可喜,询(按:疑此字讹误,当为"洵")足开智慧而娱闲情也。(颠)"

10月19日 刊载《志谢商务印书馆赠书》:"……《昙花梦》小说一册,叙俄国虚无党事颇者(按:疑此字讹误,当为"著"),怵白警心之处,合书数语以志谢忱。(颠)"

12月7日 刊载《志谢商务印书馆惠赠〈绣像小说〉》告白:"昨承商务印书馆惠赠第四十五、六两期《绣像小说》各一册,阅之可以挽陋俗、儆官邪、兴教育、振商业,体裁虽仿稗官,而关系于社会颇不浅也。爰志数言以告读者。(颠)"

1906年

1月2日 《赠书志谢》:"昨承商务印书馆赠以第七册《初等小学国文教科书》及《女子国文读本》各一册,《撒克逊劫后英雄略》、《巴黎繁华录》、《卖国奴》等小说各一部,第四十七、四十八两期《绣像小说》各一本。合书简末,藉志谢忱。(颠)"

2月7日 《志谢惠赠〈斐州烟水愁城录〉》:"是书为商务印书馆《说部丛书》第三集之第六编,与《鬼山狼侠传》似联非联。中述戈德门与巴洛革至斐州探险时,从火山穴底得白种人部落,是殆哈氏之寓言,然笔墨诙谲,读书忘倦,说部中佳构也。(颠)"

2月28日 《志谢〈绣像小说〉》:"昨承商务印书馆赠《绣像小说》第四十九期至五十二期共四册。读《文明小史》可以箴砭近日之学界;读《活地狱》可以警告近日之官场;读《扫迷帚》可以祛除社会上之迷信；读《生生袋》可以发明生理学之功用。盖小说也，而改良政教整齐风尚，亦寓于其中矣。（颠）”

4月23日 《赠书志谢》：“商务印书馆（赠）以新出五十三、四两期《绣像小说》，中有《玉佛缘》、《幻想翼》两种均系新著之书，颇可破社会之迷信，增科学之新理；余则接续前期，甚有可观。又法国派对公司专在中国销售活动电气影戏器具，昨将《图说》一册见赠，合书之以志谢忱。（颠）”

5月27日 《志谢赠书》：“商务印书馆赠《一束缘》小说一册，描写西国社会上欺诈情状与夫妇女贪憎妒嫉之心，颇足箴砭愚顽醒世俗；又《声学》一册，为新会伍光建所编中学教科书中善本也。（颠）”

5月31日 《志谢赠书》：“昨承商务印书馆赠以《简易国文课本》、《简易数学课本》各二册，《简易历史地理》、《修身》、《格致》等课本各一册，语甚浅显，而事实颇完备，最合于半日学堂、夜学堂、星期学堂等之用。又《绣像小说》五十五、六两期，其中《文明小史》已成全编，以立宪结穴，颇具含蓄不尽之意；新编之《花神梦》哀感顽艳，凄入心脾，不堪于冷风凄雨时读之。（颠）”

6月11日 《赠书志谢》：“昨承广智书局赠以《妖塔奇谭》上册，变幻虽奇莫可方物，读之不能不令人思结穴处；《中国侦探谭》一册系录中国传记所载之合于侦探学者，颇足开人智慧；《地心旅行》一册则从科学中特辟奇思，虽无此事而未必无此理也。合书数语以志谢忱，并以告世之好读小说者。（颠）”

7月16日 《志谢商务印书馆惠赠小说》：“《寒牡丹》二册译自日文，叙述丽查志趣之高洁，性情之贞娴，境遇甚苦，而操守益坚，洵足为中外妇女之模范；《阱中花》二册中叙俄国警察部大臣之恣睢不法，俄主虽甚仁厚而贵族迭肆奸谋，以致激成虚无党实行暗杀，主义专制政体之国可为殷鉴；《天方夜谭》四册为阿拉伯著名说部,所纪奇事四十则,虽近荒渺无稽,亦可见各回部古时风俗;《鲁滨孙海岛漂流记》二册系赓续前记而成,叙述鲁滨孙第二次出洋,探地奇思壮采,令人冒险精神为之一振,译者为闽县林畏庐,文笔尤精警可诵,是皆小说之佳者也。合书之以志谢忱。(颠)”

7月21日 《赠书志谢》:“乐群小说社赠以《斯文变相》、《学生现形记》各一册,语甚恢奇,蒙庄之寓言欤,抑方朔之谲谏欤,读者虽无从揣测,作者殆别有会心也。(颠)”

7月30日 《赠书志谢》:“昨承商务印书馆赠以《动电学》一册,为新会伍光建所编辑,图说详明,为物理教科书之佳者;又《红柳娃》小说一册,为美国柏拉蒙原著,其言于汗漫恣肆滑稽,隐射中时有见道语,而叙述僬侥国情状,尤足为研求人种学之一助云。(颠)”

8月6日 《谢赠书》:“昨承商务印书馆赠以五十七八期《绣像小说》两册,《活地狱》、《世界进化史》、《市声》、《学究新谈》、《玉佛缘》、《汗漫游》、《花神梦》等皆系赓续前期。作者于改良社会、警醒痴迷之心,时时见于言外,诚有功世道之作,不仅作小说观也。合并鸣谢。(颠)”

8月20日 《赠书志谢》:“《红礁画桨录》二册为英人哈葛德原书,译之者闽县林畏庐氏。中述婀娜利亚之骄蹇放纵,时时以恶语诮让其夫,以叛语挟制其夫,女权伸而夫妇之道苦。西国殆先有此弊俗,与若毗亚德利斯之深于情,而不及于乱,至情极势逼,而以死自明事,虽不可为训,而志则大可哀已;《白巾人》二册叙述一车中命案,为侦探所缉获,情节离奇颇饶趣味。书数语以志谢悃。(颠)”

9月1日 《志谢商务印书馆赠书》:“《海外轩渠集》(按:此处疑为《海外轩渠录》)为英国狂生斯威佛传原著,译之者闽县大文豪林畏庐氏。上卷述人类之极渺小者,下卷述人类之至伟大者,其荒渺甚于《洞冥记》之未多国,《河图玉版》之龙伯国。畏庐氏谓作者借寓言以讽执政,理或然欤。《绣像小说》第五十九、六十册,译著名种仍赓续前编而成,另有三'疑案'为前书所未见者。合书之以鸣谢悃。(颠)"

10月1日 《志谢赠书》:"昨承商务印书馆以新译《血蓑衣》、《七星宝石》、《炼才炉》小说三种见赠,情事之曲折离奇均令可惊可愕,《炼才炉》中所叙奇僧尤有精采(按:此处应为"彩")诚佳构也。(颠)"

10月15日 《惠赠小说志谢》:"《绣像小说》第六十一至六十四期共四册,内容各种均赓续前期;惟自六十三期起又添《苦学生》一种,历叙学生赴外洋求学之艰难,阅之令人生无限感情;《泰西历史演义》一册共三十六回,叙述法之拿破仑、美之华盛顿、俄之彼得各种事迹,引据赅洽,文理显明,欲知西国战争历史者,不可不一浏览也。以上商务书馆赠。《情魔》一册,美国某君著,译之者无歆羡斋。中叙美国富人王咏仙被戕一事,经几许艰难始将凶手查出,情节曲折耐人寻味不尽;《毒蛇圈》中编二十回,法国鲍福原著,上海知新室主译。以华文起笔,就父女问答之词闲闲引起,是小说中别开生面者,译笔亦隽雅可诵;《九命奇冤》十一卷十二回,为岭南茧叟编纂,所述仍系中国旧社会情状,而笔墨灵动便觉可观。以上广智书局赠。《丰太合》一册十二卷,叙述日本大合容吉之事雄才大略,如或见之,所插图画尤精妙绝伦。以上新智社赠。(颠)"

1907年

1月21日 《志谢〈绣像小说〉》:"昨承商务印书馆以六十八、六十九、七十等三号《绣像小说》见赠,除《文明小史》、《活地狱》等仍赓续前期外,又添译《灯台卒》、《山家奇遇》两种,趣味浓郁,情节奇幻,颇足餍阅者之目。书此以志谢忱。(颠)"

参考文献

一、近代报纸杂志、档案资料

1. 申报[N]. 申报馆发行,上海图书馆藏.

2. 新闻报[N]. 新闻报馆发行,上海图书馆藏.

3. 时报[N]. 时报馆发行,上海图书馆藏.

4. 神州日报[N]. 神州日报馆发行,上海图书馆藏.

5. 新小说[J]. 新小说社、广智书局发行,上海图书馆藏.

6. 绣像小说[J]. 商务印书馆发行,上海图书馆藏.

7. 月月小说[J]. 月月小说社、乐群书局、群学社发行,上海图书馆藏.

8. 小说林[J]. 小说林社发行,上海图书馆藏.

9. 文艺杂志[J]. 扫叶山房发行,上海图书馆藏.

10. 织云杂志[J]. 扫叶山房发行,人民大学图书馆藏.

11. 小说杂志[J]. 扫叶山房代发行,上海图书馆藏.

12. 上海书业公所书底挂号簿[B]. 档案号 S313 - 1 - 77,上海市档案馆藏.

13. 清朝书业公所文昌会账簿[B]. 档案号 S313 - 1 - 82,上海市档案馆藏.

14. 上海书业公所落成全体大会开会词[B]. 档案号 S313 -1 - 2 - 8,上海市档案馆藏.

15. 书业公所创始人黄熙庭及书业崇德学校第七届全体师生照片[B]. 档案号 S313 - 1 - 30,上海市档案馆藏.

16. 清朝书业公所翻印的商部巡警部学部会定的《大清印刷物专律》[B]. 上海市档案馆藏,档案号 S313 - 1 - 118,上海市档案馆藏.

17. 清朝书业公所石印古籍草议[B]. 上海市档案馆藏,档案号 S313 - 1 - 119,上海市档案馆藏.

18. 民国三年书业公所职员表丁巳秋季调查[B]. 上海市档案馆藏,档案号 S313 - 1 - 23,上海市档案馆藏.

19. 清朝重建书业公所防止贸易欺诈、禁止淫书出版及赈灾等有关文稿留底[B]. 上海市档案馆藏,档案号 S313 - 1 - 100,上海市档案馆藏.

20. 清朝书业公所同业交涉事件公判留底簿及同业交涉报告缘由簿[B]. 上海市档案馆藏,档案号 S313 - 1 - 100,上海市档案馆藏.

21. 清朝书业公所同业挂号原函汇存簿[B]. 上海市档案馆藏,档案号 S313 - 1 - 76,上海市档案馆藏.

22. 民国三年书业公所职员表[B]. 上海市档案馆藏,档案号 S313 - 1 - 23,上海市档案馆藏.

23. 书业同行一览表(丁巳秋季调查)[B]. 档案号 S313 - 1 - 26,上海市档案馆藏.

二、工具书

1. 郑方泽. 中国近代文学史事编年[M]. 长春: 吉林人民出版社,1983.

2. 江苏省社会科学院明清小说研究中心文学研究所. 中国通俗小说总目提要[M]. 北京: 中国文联出版公司,1990.

3. 丁锡根. 中国历代小说序跋集[M]. 北京: 人民文学出版

社,1996.

4. 刘世德. 中国古代小说百科全书[M]. 北京：中国大百科全书出版社,1998.

5. 石昌渝. 中国古代小说总目[M]. 太原：山西教育出版社,2002.

6. 樽本照雄. 新编增补清末民初小说目录[M]. 贺伟,译. 济南：齐鲁书社,2003.

7. 周振鹤. 晚清营业书目[M]. 上海：上海书店出版社,2005.

8. 刘永文. 晚清小说目录[M]. 上海：上海古籍出版社,2008.

9. 刘永文. 民国小说目录(1919—1920)[M]. 上海：上海古籍出版社,2011.

10. 陈大康. 中国近代小说编年[M]. 北京：人民文学出版社,2014.

三、文学

1. 陈平原. 二十世纪中国小说史[M]. 北京：北京大学出版社,1989.

2. 高兴. 洪迈笔记小说价值浅论[J]. 安徽大学学报(哲学社会科学版),1992,(4).

3. 陈伯海,袁进. 上海近代文学史[M]. 上海：上海人民出版社,1993.

4. 黄霖. 近代文学批评史[M]. 上海：上海古籍出版社,1993.

5. 柯文. 在传统与现代性之间——王韬与晚清革命[M]. 雷颐,罗检秋,译. 南京：江苏人民出版社,1994.

6. 陈平原. 陈平原自选集[M]. 桂林：广西师范大学出版社,1997.

7. 陈思和. 陈思和自选集[M]. 桂林：广西师范大学出版社,1997.

8. 周密. 癸辛杂识[M]. 北京：中华书局,1997.

9. 许奉恩. 兰苕馆里乘[M]. 合肥：黄山书社,1998.

10. 陈美林,冯保善,李忠明. 章回小说史[M]. 杭州：浙江古籍出版社,1998.

11. 苗壮. 笔记小说史[M]. 杭州：浙江古籍出版社,1998.

12. 孟昭连,宁宗一. 中国小说艺术史[M]. 杭州：浙江古籍出版社,1998.

13. 上海书店出版社. 中国近代文学的历史轨迹[M]. 上海：上海书店出版社,1999.

14. 范伯群. 中国近现代通俗文学史[M]. 南京：江苏教育出版社,2000.

15. 袁进. 近代文学的突围[M]. 上海：上海人民出版社,2001.

16. 宋莉华. 清代笔记小说与乾嘉学派[J]. 文学评论,2001,(4).

17. 张祝平. 夷坚志论稿[M]. 北京：中国文史出版社,2002.

18. 宋莉华. 明清时期说部书价述略[J]. 复旦大学学报,2002,(3).

19. 王璇.《桐阴清话》校注[D]. 南宁：广西大学硕士学位论文,2003.

20. 任明华. 中国小说选本研究[D]. 上海：华东师范大学博士学位论文,2003.

21. 刘永文. 晚清小说的广告宣传[J]. 上海师范大学学报,2003,(2).

22. 陈平原. 文学的周边[M]. 北京：新世界出版社,2004.

23. 周海波,杨庆东. 传媒与现代文学之间[M]. 北京：中国社会科学出版社,2004.

24. 柳珊. 在历史缝隙间挣扎——1910—1920 年间《小说月报》研究[M]. 南昌：百花洲文艺出版社,2004.

25. 潘建国. 清末上海地区书局与晚清小说[J]. 文学遗产,2004,(2).

26. 邱明正. 上海文学通史[M]. 上海：复旦大学出版社,2005.

27. 陈平原. 中国现代小说的起点——清末民初小说研究[M]. 北京：北京大学出版社,2005.

28. 陈平原. 触摸历史与进入五四[M]. 北京：北京大学出版社,2005.

29. 洪迈. 容斋随笔[M]. 北京：中华书局,2005.

30. 蒋晓龙. 中国近代大众传媒与中国近代文学[M]. 成都：巴蜀书社,2005.

31. 程光炜. 大众传媒与中国现当代文学[M]. 北京：人民文学出版社,2005.

32. 程光炜. 都市文化与中国现当代文学[M]. 北京：人民文学出版社,2005.

33. 潘建国. 中国古代小说书目研究[M]. 上海：上海古籍出版社,2005.

34. 关爱和. 中国近代文学论集[M]. 北京：中华书局,2006.

35. 陈大康. 古代小说研究及方法[M]. 北京：中华书局,2006.

36. 袁进. 中国文学的近代变革[M]. 桂林：广西师范大学出版社,2006.

37. 夏晓红,等. 文学语言与文章体式：从晚清到“五四”[M]. 合肥：安徽教育出版社,2006.

38. 樽本照雄. 清末小说研究集稿[M]. 陈薇,监译. 济南：齐鲁出版社,2006.

39. 潘建国.铅石印技术与明清通俗小说的近代传播[J].文学遗产,2006,(2).

40. 王颖.俞樾及其《右台仙馆笔记》研究[D].南京:南京师范大学硕士学位论文,2007.

41. 高玉海.古代小说续书序跋释论[M].北京:中国社会科学出版社,2007.

42. 郭延礼.中国文学的变革:由古典走向现代[M].济南:齐鲁书社,2007.

43. 文革红.清代前期通俗小说刊刻考论[M].南昌:江西人民出版社,2008.

44. 付建舟.小说界革命的兴起与发展[M].北京:中国社会科学出版社,2008.

45. 杜新艳.晚清报刊诙谐文学与谐趣文化潮流[J].中国现代文学研究丛刊,2008,(5).

46. 袁进.中国小说的近代变革[M].桂林:广西师范大学出版社,2009.

47. 杜新艳.吴趼人的笑话小说[J].华北电力大学学报(社会科学版),2009,(1).

48. 王军.论洪迈〈容斋随笔〉中的女性形象[J].淮北职业技术学院学报,2009,(4).

49. 张振国.晚清民国河北文言小说集四种叙考[J].邯郸学院学报,2010,(1).

50. 付建舟.近现代转型期中国文学论稿[M].南京:凤凰出版社,2011.

51. 朱琴.苏州古代笔记研究[D].苏州:苏州大学博士学位论文,2011.

52. 邱培成. 描绘近代上海都市的一种方法——《小说月报》(1910—1921)与清末民初上海都市文化研究[M]. 南京: 凤凰出版社,2011.

53. 张天星. 报刊与晚清文学现代化的发生[M]. 南京: 凤凰出版社,2011.

54. 蒋芳. 谢堃戏曲小说研究[D]. 上海: 华东师范大学硕士学位论文,2011.

55. 储可艳. 近代岭南文言小说研究[D]. 广州: 暨南大学硕士论文,2011.

56. 周瑾锋.《唐人说荟》研究[D]. 上海: 华东师范大学硕士学位论文,2012.

57. 杨剑兵. 论《板桥杂记》的两部续书[J]. 湖北第二师范学院学报,2012,(10).

58. 李杨.《履园丛话》小说作品研究[D]. 济南: 山东师范大学硕士学位论文,2013.

59. 袁进. 中国近代文学编年史: 以文学广告为中心(1872—1914)[M]. 北京: 北京大学出版社,2013.

60. 施晔. 近代城市黑幕小说的再审视[J]. 社会科学,2013,(3).

61. 李九华. 晚清报刊与小说传播研究[M]. 北京: 中国社会科学出版社,2014.

62. 张郅婧.《容斋随笔》贤臣形象研究[D]. 临汾: 山西师范大学硕士学位论文,2014.

63. 谢仁敏. 晚清小说低潮研究[M]. 北京: 中国社会科学出版社,2014.

64. 辛明玉. 王渔洋文言小说研究[D]. 济南: 山东师范大学博士学位论文,2015.

65. 张婷婷.《板桥杂记》研究[D]. 昆明：云南大学硕士学位论文,2015.

四、历史、文化

1. 吴圳义. 清末上海租界社会[M]. 台北：台北文史哲出版社,1971.

2. 汤志钧. 近代上海大事记[M]. 上海：上海辞书出版社,1989.

3. 姚公鹤. 上海闲话[M]. 上海：上海古籍出版社,1989.

4. 张仲礼主编. 近代上海城市研究[M]. 上海：上海人民出版社,1990.

5. 刘东海. 中国书坊与市民文化[J]. 出版与印刷,1992,(2).

6. 马敏,朱英. 传统与近代的二重变奏[M]. 济南：巴蜀书社,1993.

7. 唐振常. 近代上海繁华录[M]. 香港：商务印书馆,1993.

8. 张岂之,陈国庆. 近代伦理思想变迁[M]. 北京：中华书局,1993.

9. 费正清. 剑桥中国晚清史[M]. 北京：中国社会科学出版社,1994.

10. 熊月之. 老上海名人名事名物大观[M]. 上海：上海人民出版社,1997.

11. 杨国强. 百年嬗蜕——中国近代的士与社会[M]. 上海：上海三联书店,1997.

12. 陈伯海. 上海文化通史[M]. 上海：上海人民出版社,1998.

13. 布迪厄. 关于电视[M]. 许钧译. 沈阳：辽宁教育出版社,2000.

14. 陈伯熙. 上海轶事大观[M]. 上海：上海书店出版

社,2000.

15. 安宇. 冲撞与融合——中国近代文化史论[M]. 上海：学林出版社,2001.

16. 李慈铭. 越缦堂读书记[M]. 沈阳：辽宁教育出版社,2001.

17. 马长林. 租界里的上海[M]. 上海：上海社会科学院出版社,2003.

18. 李泽厚. 中国近代思想史论[M]. 天津：天津社会科学院出版社,2004.

19. 周郁滨. 珠里小志[M]//上海市地方志办公室. 上海乡镇旧志丛书(七). 上海：上海社会科学院出版社,2005.

20. 竹天润,李柏田,傅军龙. 晚清文化地图[M]. 北京：团结出版社,2006.

21. 马学强. 江南席家[M]. 北京：商务印书馆,2007.

22. 包天笑. 钏影楼回忆录[M]. 北京：中国大百科全书出版社,2009.

五、出版

1. 郑远梅. 书报旧话[M]. 上海：学林出版社,1983.

2. 史和,姚福申,叶翠娣. 中国近代报刊名录[M]. 福州：福建人民出版社,1991.

3. 董国清. 馆藏《容斋五笔》介绍[J]. 档案天地,1999(增刊).

4. 周林,李明山. 中国版权史研究文献[M]. 北京：中国方正出版社,1999.

5. 宋原放,等. 上海出版志[M]. 上海：上海社会科学出版社,2000.

6. 杨扬. 商务印书馆：民间出版业的兴衰[M]. 上海：上海教育出版社,2000.

7. 潘建国. 档案所见1906年的上海书局与书庄[J]. 档案与史学,2001,(6).

8. 王清原,等. 小说书坊录[M]. 北京: 北京图书馆出版社,2002.

9. 卓南生. 中国近代报业发展史[M]. 北京: 中国社会科学出版社,2002.

10. 陈玉申. 晚清报业史[M]. 济南: 山东画报出版社,2003.

11. 张静庐. 中国近现代出版史料初编[M]. 上海: 上海书店出版社,2003.

12. 王永进. 档案里的《书底挂号簿》[J]. 档案春秋,2003,(1).

13. 孟兆臣. 中国近代小报史[M]. 北京: 社会科学文献出版社,2005.

14. 秋和,少莉. 旧时书坊[M]. 北京: 生活·读书·新知三联书店,2005.

15. 沈冬丽. 17世纪末—19世纪初苏州书坊刻书[D]. 上海: 复旦大学硕士学位论文,2005.

16. 杨丽莹. 扫叶山房创始年代考[J]. 图书馆杂志,2005,(3).

17. 陈平原,夏晓红. 图像晚清[M]. 天津: 百花文艺出版社,2006.

18. 汪耀华. 民国书业经营规范[M]. 上海: 上海书店出版社,2006.

19. 王建辉. 出版与近代文明[M]. 开封: 河南大学出版社,2006.

20. 黄林. 晚清新政时期图书出版业研究[M]. 长沙: 湖南师范大学出版社,2007.

21. 周利荣. 文明书局考[J]. 出版史料,2007,(6).

22. 严佐之. 近三百年古籍目录举要[M]. 上海: 华东师范大学出版社,2008.

23. 杨丽莹. 扫叶山房史研究[M]. 上海: 复旦大学出版社,2013.

24. 姚一鸣. 中国旧书局[M]. 北京: 金城出版社,2014.

还在路上
(代后记)

即将迎来桂花盛放的季节。看着手提大小行李来到丽娃河畔,即将开始人生新征程的"90后"研究生们,我想起了自己。

2000年,也是这样的9月,懵懂的我第一次告别父母与家乡,离开山清水秀的小城桂林,只身来到上海这座繁华的大都市,走进华东师大优雅的校园,与恩师陈大康先生和郭豫适先生相遇,开启了我的近代小说研究之旅。

一切都还历历在目。曾经穿过丽娃河边的绿色水杉小径,到老图书馆的过刊室翻阅近代各种小说杂志,那一本本泛黄的刊物陪着我度过了三年的硕士时光;曾经在图书馆的玻璃窗前嗅到过樱花的淡雅,栀子的芬芳,桂花的清甜,腊梅的幽香。多少次都是听到管理员说"我们要下班了",才开始匆匆收拾记录的本子,合上翻开的杂志寄存好,预备第二天再来。

所有都仿佛是昨天。曾经沿着湖南路的梧桐树荫,到上海图书馆的近代阅览室,查看上百本厚重的《申报》;寻觅多姿多彩的小说广告,触摸一个真实的近代小说世界,是我博士三年的理想。曾经在资料室入口前的那个小庭院,看着院中的修竹,吃过多少次自带的干粮,已经记不清楚,唯一印象深刻的是那一枚刻着上图标识,进入阅览室之前用来替换读者证的古铜色号码牌。报纸一页一页在我的手中翻过,缩微胶卷一张一张在投影仪中放映出来,发现新史料时那种按捺不住的欣喜,似乎能抵消所有的疲惫与枯燥,似乎能抚平所有的不快与烦恼。每次听到管理员说“闭馆时间就要到了”,都是意犹未尽,恋恋不舍。

留校之后我于 2008 年和 2011 年两次前往韩国任教,第二次出发的时候,由缩微胶卷输出打印而成的十三本《文艺杂志》和两本《织云杂志》构成的随身行李,占据了大部分行囊,在国际航班中随着我跨越千山万水。在那座名叫春川的娴静美丽韩国小城,可以在盛放的金达莱旁阅读,也可以在黄叶飞舞的银杏树下思考,但是我却不得不面临一个最为现实的问题:关于扫叶山房的研究资料实在太少,学界对于其说部与杂志刊行的研究几乎是一个空白,无论是史料还是观点,一切都需要自力更生。

工作结束,回到上海的那个春天,在紫藤花开的时候,突然得知导师郭豫适先生罹患胃癌。到华山医院看望病中的先生,为全胃切除手术作准备的他,依旧在病床上修订文集的书稿。那偶尔扶一扶老花镜的动作,让我想起了博士毕业那一年,先生在春日的阳光中,与我一起对照着《申报》小说广告的数码照片,校订论文附录的情景。在那份严谨的触动之下,我开始在繁重的教学任务之余,见缝插针,往返于上海图书馆、上海档案馆与华东师大之间,甚至远赴北京查找资料,一如当年读博士的时候一样。

一直相信天道酬勤,可是当发现竟有如此之多的扫叶山房小说广告在静静地等着我去发掘、去梳理的时候,还是怦然心动。随之而来的是,许许多多个“没想到”赫然出现。

没想到《蝶阶外史》、《雨窗寄所记》、《聊斋志异》、《履园丛话》等作品会出现在光绪年间扫叶山房的小说广告中;没想到原来只在《文艺杂志》的夹页中见到过的《骗术奇谈》、《满清官场百怪录》、我佛山人《札记小说》、《滑稽谈》等书籍的广告，还能在其他报刊中同时看见；没想到扫叶山房也会在报刊上数次对其所发行的《文艺杂志》和《织云杂志》进行宣传；没想到发现了《小说杂志》、《快乐杂志》、《百新新话》、《莺花杂志》与《艺文杂志》这五种较少见到著录的刊物，而杜文馨编辑的《小说杂志》正是由扫叶山房代为发行出版的；没想到扫叶山房还为新剧小说代售过由剧本改编而成的小说书籍；没想到 20 世纪 20 年代之后，扫叶山房的书籍营销模式是如此丰富多彩，关于长篇通俗小说的宣传是如此生动传神，不遗余力，甚至还会为小说书籍发售预约券，通过折扣预售的方式进行促销；没想到经过辛苦的付出，此前出版的《申报馆与中国近代小说》中我所辑录的《近代〈申报〉小说广告编年》，还可以增加不少关于扫叶山房的内容……这些“没想到”，促使我对自己 2012 年春天写作的书稿，进行了大幅度的增删与重写，然而由于近代小说史料的丰富性，即使如此，也仍然可以说本书关于扫叶山房小说与杂志的研究，只能算作一个抛砖引玉的开始。

随着史料的新发现而不断完善著述，我的硕士导师陈大康先生所撰的《中国近代小说编年史》就是一个最经典的例子。该书从最初一卷本的《中国近代小说编年》，在十余年间已经逐渐增补修订为目前的六卷本“编年史”，而其中资料收集与辨析过程的艰辛，或许只有作者自己才能深深体会。不过，这既是近代小说研究的苦累所在，也是乐趣所在。陈先生一丝不苟、潜心钻研、精益求精、持之以恒的严谨治学精神，透过现象思考本质的深刻洞见力，从偶然中探求必然，从无序中寻找有序，从凌乱中总结规律的学术敏感，都是我深深佩服与仰慕的。

2000 年那个秋天，与近代小说结缘的时候，我对自己说，无论花开花落，我的心都属于这一片天空；2006 年那个春天，博士论文完成的时候，我告诉自己，这不是结束，而是新的起点与开始；现在,我知道,是这段缘分教会了我静心与潜心、用心与恒心,是纷繁尘世之中的大美。

诗人说过:“树林美丽、幽暗而深邃,我有诺言尚待实现。还要奔行百里方可沉睡。”我明白,念念不忘,必有回响。从乐群书局与群学社,到申报馆,再到扫叶山房,一直以来都不曾忘记当年的初心,已近不惑之年的自己还在路上,还将奔行百里、千里、万里……

在此书即将付梓之际,我要感谢我的父母,他们对我深深的爱,对我无怨无悔的付出,对我的有求必应,我终其一生都难以回报。有他们陪伴的日子,于我而言,日日皆是锦绣时光。多么希望时间能慢些走,让他们永远永远陪伴在我身旁。

我要感谢我的丈夫李政涛。是他在我每次想要放弃时,给予我坚定的支持;是他专研学问那种全力以赴的毅力,给了我莫大的鞭策;是他一次次耐心地倾听我的各种诉说;是他让我知道,人世间善良与感恩的美好;是他让我逐渐明白,宽容对于真挚情感的弥足珍贵。这些年,或者我去往韩国工作,或者他远赴德国访学,我们有时相聚有时分离,互相之间的等待成为常态,然而我们都知道,生命中最糟糕的是等待,而最美好的是有值得等待的人,值得等待着一起携手看细水长流的人。

我要感谢我的博士导师郭豫适先生。大病之后的他已经行动不便,书写困难,却依然用颤颤巍巍的手为我的书稿写下了百余言的题词,先生的关爱尽现其中,令我感动不已,对于我这个没有什么学问慧根的愚钝学生而言,实在是一种莫大的鼓励。先生所居住的半砖园总是鸟语花香,与我工作的对外汉语学院相距咫尺,那里仿佛就是我心灵的一个港湾,每次经过,都觉得宁静与心安。

我也要感谢本书的编辑同时也是我的大学同学农雪玲,没有她的催促，恐怕书稿的修改计划尚在酝酿之中；也正是因为她的精心编辑，杂乱的书稿才有机会呈现出如此雅致的风采。我所认识的她是一个充满耐心的温润之人，其文字功底和文学素养以及编辑眼光都令我羡慕与佩服。

是为记。

2012 年初春撰于韩国春川

2015 年夏末改定于上海心斋